近代汉语
复杂"被"字句研究

Research on the Complex Patterns of
Bei-Sentences in Pre-Modern Chinese

刘 进 著

中国社会科学出版社

图书在版编目（CIP）数据

近代汉语复杂"被"字句研究/刘进著．—北京：中国社会科学出版社，2019.12
ISBN 978-7-5203-5208-6

Ⅰ.①近… Ⅱ.①刘… Ⅲ.①汉语—句法—研究—近代 Ⅳ.①H146.3

中国版本图书馆 CIP 数据核字（2019）第 209231 号

出 版 人	赵剑英	
责任编辑	卢小生	
责任校对	周晓东	
责任印制	王　超	
出　　版	中国社会科学出版社	
社　　址	北京鼓楼西大街甲 158 号	
邮　　编	100720	
网　　址	http：//www.csspw.cn	
发 行 部	010－84083685	
门 市 部	010－84029450	
经　　销	新华书店及其他书店	
印　　刷	北京君升印刷有限公司	
装　　订	廊坊市广阳区广增装订厂	
版　　次	2019 年 12 月第 1 版	
印　　次	2019 年 12 月第 1 次印刷	
开　　本	710×1000　1/16	
印　　张	20.5	
插　　页	2	
字　　数	376 千字	
定　　价	110.00 元	

凡购买中国社会科学出版社图书，如有质量问题请与本社营销中心联系调换
电话：010－84083683
版权所有　侵权必究

国家社科基金后期资助项目

出 版 说 明

后期资助项目是国家社科基金设立的一类重要项目，旨在鼓励广大社科研究者潜心治学，支持基础研究多出优秀成果。它是经过严格评审，从接近完成的科研成果中遴选立项的。为扩大后期资助项目的影响，更好地推动学术发展，促进成果转化，全国哲学社会科学工作办公室按照"统一设计、统一标识、统一版式、形成系列"的总体要求，组织出版国家社科基金后期资助项目成果。

全国哲学社会科学工作办公室

序

刘进的《近代汉语复杂"被"字句研究》即将出版，我读了他的书稿，觉得很有收获，愿意在这里写几句话。

"被"字句是汉语中很重要的一种句式，在近代汉语阶段，"被"字句有多种复杂的格式，有不少"被"字句不但无法翻译成英语的"be + pp"被动句，而且在现代汉语中也很少见。对近代汉语的"被"字句作一全面的研究，特别是研究那些复杂"被"字句，无疑是十分必要的。刘进的《近代汉语复杂"被"字句研究》做的就是这个工作。

这部书给人的印象首先就是语料全面，基础扎实。作者选取了从唐代到清代的35部文献作为基本语料，共有"被"字句8632例。在此基础上，考察其中"被"字句的情况，力图在把握"被"字句发展的整体性规律的前提下探讨"被"字句的各种复杂格式，研究这些格式的结构和语义特点，探索这类句子形成、发展和演变的规律。书中在讨论复杂"被"字句的各种类型以及各时期的发展时，都列出大量例句，并有详细的统计数据。在语料方面，作者是下了功夫的。

这部书的另一个特点是分析深入，条理清晰。本书将运动学中的"向心"与"离心"的术语引入"被"字句的研究中，将"被"字句分为"向心结构"和"离心结构"两种。"向心结构"是指"被"字后动词结构的动作性是指向整个"被"字句的主语的，这是常见的被动句。"离心结构"是指"被"字后动词结构不是指向句子的主语，而仅仅跟施事者构成主谓关系，这种"被"字句基本上不表示被动关系。这部书对"离心结构"的产生与发展做了分析，认为"被"字句是从"遭遇事物""遭遇动作"发展到"遭遇事件""遭遇状况"，"遭遇事件""遭遇状况"中就有不少"离心结构"。作者还按照主语同"被"字的远近关系以及主语是否出现，将所有的"被"字句分为四类：（1）紧贴主语类；（2）顺承主语类；（3）省略主语类；（4）与主语无关类。然后，分析了"被"字后动词带宾式的发展，将"被"字后动词带宾式的各种情形分为"松散的带宾结构"和"紧密的带宾结构"两大类,并讨论了"被"字后动词带宾式发展演变过程中的重要问题——"复指"和"领属"。最后,讨论了"被"字后多 VP 结构的发展,以及"被"字后动词带补语结构的发展。通过这样多层面的分析,展示了近代汉语"被"字句的全貌以及复杂"被"字句的各种情况。这把"被"字句的研究推进了一步。

这部书中还对复杂"被"字句的各种类型在不同历史时期的发展作了研究,指出其发展趋势。如书中第六章说:"被"字后多 VP 结构的"开放式"(最后一个 VP 和主语不构成被动关系),在宋元时代用例较少,明代猛增,清代又减少,现代汉语中就很少见了。这样的考察和概括是很有意义的。

"被"字句是一个很大的研究课题。刘进对"被"字句已经做了全面的研究,但还有一些可继续深入的问题,希望能在现有研究的基础上,做进一步的研究。刘进是一位勤奋、扎实的青年学者,能坐得下来做学问,相信他能取得更多的成果。

蒋绍愚

2018 年 6 月

前　言

"被"字句是汉语语法研究的热点之一。目前学术界对"被"字句的产生和发展脉络达成了一定的共识，对各个时期的材料的描写和分析也很细致，结论大多可信；在此基础上总结出来的"被"字句的发展演变规律也较有说服力。另外，学术界对一些比较特殊的句式也进行了较多的研究。不够深入的地方是：对"被"字句发展的整体性规律把握不足；对"被"字句不表示被动的情况认识尚待深入，应将这类句子放在"被"字句的整体演变历史中进行考察；对"被"字句所表示的语义色彩问题有较大的争议；某些特殊形式的句子结构的形成机制尚需进一步论证；等等。对这些问题的探讨能进一步深化我们对汉语被动式的认识，推动对"被"字句历史发展演变的研究，在汉语史研究中也有着重要的意义。本书选取从唐代到清代的35部文献作为基本语料，共有"被"字句8632例，考察其中"被"字句的情况，力图在把握"被"字句发展的整体性规律的前提下探讨"被"字句的复杂格式，描述"被"字句在近代汉语时期的各种表现形式，探索这类句子形成、发展和演变的规律，争取较合理地解释学术界关于近代汉语"被"字句中一些看法不甚统一的问题。本书共分为七章：

第一章介绍本书研究的意义、研究现状、所涉及的语料范围以及研究的理论方法，将运动学中的"向心"与"离心"的术语引入"被"字句的研究中，将"被"字句分为"向心结构"和"离心结构"两种，并按照这种思路分析"被"字句的各种复杂格式。

第二章讨论什么是被动意义、"被"字的词性、"被"字句和被动式的关系以及"被"字句所表达的语义色彩。

第三章对"被"字句不表示被动关系的格式进行分析，论述"被"字从"遭遇事物""遭遇动作"到"遭遇事件""遭遇状况"的过程。将"被"字后出现"离心结构"的各种情形按不同标准进行详细分类："两栖类"和纯非被动类；非被动式的"遭遇事件"类和"遭遇状况"类；

"他被式"和"自被式"。讨论这种格式的功能及其在现代汉语中的状况。

第四章按照主语同"被"字的远近关系以及主语是否出现，将所有的"被"字句分为四类：(1) 紧贴主语类；(2) 顺承主语类；(3) 省略主语类；(4) 与主语无关类。学术界所提出的"零主语"的处理方式涉及对"被"字句的认识，我们不主张"零被句"的处理方式。

第五章将"被"字后动词带宾式的各种情形分为"松散的带宾结构"和"紧密的带宾结构"两大类。讨论"被"字后动词带宾式发展演变过程中的重要问题：NP1 和 NP3 之间两种基本关系——"复指"和"领属"。

第六章总结"被"字后多 VP 结构的格式，对"被"字后多 VP 结构的"施事转换"与管辖关系进行详细说明。对"被"字后出现多 VP 结构的各种情形按不同标准进行分类："向心结构"和"离心结构"；"连续被动"和"不连续被动"；"封闭式"和"开放式"。讨论"被"字后多 VP 格式的功能、发展趋势及其在现代汉语中的状况。

第七章探讨"被"字后"V + C"结构的情况，将"被"字后动词带补语的句式按照结构类型的不同分为"被 + 时间词/时间短语""被 + 处所词/处所短语""被 + 动宾/介宾结构""被 + 表示结果的动词/形容词"等九种类型，统计分析各时期各种补语的数量及比例的发展变化，并分析补语的复杂化和一个"被"字带多个补语的情况。

目 录

第一章 近代汉语中的复杂"被"字句 ············· 1

 第一节 关于近代汉语的复杂"被"字句 ············ 1
 第二节 目前的研究现状 ····················· 3
 第三节 本书所涉及的语料范围 ················· 7
 第四节 关于"被"字句研究的理论方法 ············ 10

第二章 汉语的被动意义及语义色彩 ············· 14

 第一节 汉语的被动意义与"被"字句 ············· 14
  一 "被"字句中"原"和"被"的对立 ············ 14
  二 "被"字句中"被进"和"被抑"的对立 ········· 15
  三 "被"字句的历史发展与被动式的关系 ········· 16
  四 关于"被"字词性的讨论 ················ 16
 第二节 "被"字句表达的语义色彩 ·············· 18
  一 已往学者的研究状况 ·················· 18
  二 目前研究存在的主要问题 ··············· 25
  三 需要讨论的问题 ···················· 25
 本章小结 ···························· 34

第三章 "被"字后"离心结构"的产生与发展 ········ 35

 第一节 已往学者的研究状况 ················· 35
  一 "被字句不表示被动关系"的格式 ··········· 35
  二 学术界的主要观点 ·················· 36
  三 目前研究存在的主要问题 ··············· 44
 第二节 "NP1 + 被 + NP2 + CF"产生的原因及过程分析 ······ 47
  一 "被"字从"遭遇事物""遭遇动作"到"遭遇

　　　　　　事件" …………………………………………………… 47
　　　　二　"被"字从"遭遇事件"的进一步发展 …………………… 57
　　　　三　"被"字表示"遭遇状况"的产生 …………………… 58
　　第三节　"被"字后出现"离心结构"的各种情形 …………… 59
　　　　一　"被"字后出现"离心结构"的所有情形 …………… 59
　　　　二　分类标准之一："两栖类"和"纯非被动类" ………… 63
　　　　三　分类标准之二：非被动式的"遭遇事件"和"遭遇
　　　　　　状况" ………………………………………………… 66
　　　　四　分类标准之三："他被式"和"自被式" …………… 72
　　第四节　"NP1＋被＋NP2＋CF"格式的功能及其在现代
　　　　　　汉语中的状况 ………………………………………… 75
　　　　一　"NP1＋被＋NP2＋CF"格式的功能 ……………… 75
　　　　二　"NP1＋被＋NP2＋CF"格式在现代汉语中的状况 … 76
　本章小结 ……………………………………………………… 76

第四章　"被"字句的主语与"零主语"问题 …………………… 77
　　第一节　已往学者的研究状况 ………………………………… 77
　　　　一　学术界的研究情况及主要观点 …………………… 77
　　　　二　当前研究存在的主要问题 ………………………… 83
　　第二节　近代汉语中"被"字句主语的情况 ………………… 86
　　　　一　分类标准 …………………………………………… 86
　　　　二　分类情况和例句 …………………………………… 88
　　第三节　"零主语"的分析方式所牵涉的问题 ……………… 102
　　　　一　句子成分的省略问题 ……………………………… 102
　　　　二　"零被句"中的 R1 式牵涉近代汉语的
　　　　　　两种"被"字句句型 ………………………………… 104
　　　　三　对于"被"字句的研究 …………………………… 104
　本章小结 ……………………………………………………… 104

第五章　"被"字后动词带宾式的发展 ………………………… 106
　　第一节　已往学者的研究状况 ………………………………… 107
　　　　一　"被"字后动词带宾式的格式 …………………… 107
　　　　二　学术界对此问题的研究状况 ……………………… 107
　　　　三　目前研究的成绩及存在的主要问题 ……………… 113

第二节　"被"字后动词带宾式的各种情形 …………… 115
　　　一　分类标准 …………………………………………… 115
　　　二　"被"字后动词带宾语的"松散的带宾结构"类 …… 118
　　　三　"被"字后动词带宾语的"紧密的带宾结构"类 …… 127
　　第三节　"被"字后动词带宾式发展演变过程中的几个问题 …… 143
　　　一　NP1 和 NP3 之间两种基本关系："复指"和
　　　　　"领属" ……………………………………………… 143
　　　二　关于"复指性宾语" ………………………………… 143
　　　三　关于"领属性宾语" ………………………………… 146
　　本章小结 …………………………………………………… 150

第六章　"被"字后多 VP 结构的发展 …………………… 151

　　第一节　已往学者的研究状况 …………………………… 152
　　　一　"被"字后多 VP 结构的格式 ……………………… 152
　　　二　学术界对此问题的研究状况 ……………………… 153
　　　三　目前研究的成绩及存在的主要问题 ……………… 164
　　第二节　关于"被"字后多 VP 结构的"施事转换"与管辖
　　　　　关系 ………………………………………………… 167
　　　一　"施事转换"与管辖关系的详细说明 ……………… 167
　　　二　"被"字所管辖的 VP 之间的层次关系 …………… 171
　　第三节　"被"字后出现多 VP 结构的各种情形 ………… 172
　　　一　分类标准之一："向心结构"和"离心结构" ……… 173
　　　二　分类标准之二："连续被动"和"不连续被动" …… 177
　　　三　分类标准之三："封闭式"和"开放式" …………… 190
　　　四　其他分类标准 ……………………………………… 192
　　第四节　"被"字后多 VP 结构格式的功能及其发展趋势 …… 194
　　　一　"被"字后多 VP 结构格式的功能 ………………… 194
　　　二　"被"字后多 VP 结构的发展趋势 ………………… 195
　　　三　"被"字后多 VP 在现代汉语中的状况 …………… 196
　　本章小结 …………………………………………………… 197

第七章　"被"字后动词带补语结构的发展 ……………… 198

　　第一节　已往学者的研究状况 …………………………… 198
　　　一　学术界对此问题的研究状况 ……………………… 198

二　目前研究的成绩及存在的主要问题……………………… 203
第二节　"被"字后动词带补语的大致情形及分类原则………… 204
　　一　"被"字后带补语的复杂情形举例…………………………… 204
　　二　"被"字后动词带补语的分类原则…………………………… 205
第三节　"被"字后动词带补语的类型……………………………… 207
　　一　被＋V＋时间词/时间短语…………………………………… 207
　　二　被＋V＋处所词/处所短语…………………………………… 209
　　三　被＋V＋表示程度的副词/形容词…………………………… 212
　　四　被＋V＋"个/一个"结构…………………………………… 214
　　五　被＋V＋数量词/数量短语…………………………………… 218
　　六　被＋V＋"得/的"字结构…………………………………… 223
　　七　被＋V＋动宾/介宾结构……………………………………… 227
　　八　被＋V＋表示趋向性动作的动词…………………………… 235
　　九　被＋V＋表示结果的动词/形容词…………………………… 243
第四节　"被"字后动词带补语结构的发展变化及其复杂化…… 252
　　一　各时代各种补语的数量及比例的发展变化………………… 252
　　二　补语的复杂化及多个补语的情况…………………………… 254
本章小结……………………………………………………………… 259

结　　语……………………………………………………………… 260

附　　表……………………………………………………………… 263
　第三章附表一　"被"字后"被＋NP"与"被＋V"格式的
　　　　　　　　数量统计……………………………………………… 263
　第三章附表二　"两栖类"和"纯非被动类"的"被"字句的
　　　　　　　　出现情况……………………………………………… 264
　第三章附表三　"纯非被动式"的"被"字句的分类情况……… 265
　第三章附表四　"自被式"的出现情况………………………… 267
　第四章附表一　"被"字句按照主语情况分类的数量统计…… 268
　第四章附表二　"被"字句按照主语情况分类的比例统计…… 269
　第五章附表一　"被"字后动词带宾语所有例句统计………… 270
　第五章附表二　"被"字后动词带宾式的"紧密的带宾结构"和
　　　　　　　　"松散的带宾结构"统计……………………………… 272
　第五章附表三　"松散的带宾结构"的出现情况统计………… 273

章节	标题	页码
第五章附表四	"复指性宾语"和"领属性宾语"的出现情况及所占比例统计	274
第五章附表五	"复指性宾语"的出现情况统计	275
第五章附表六	"领属性宾语"中"狭义领属"和"广义领属"的数量及其比例	277
第六章附表一	"被"字后多VP结构句子的数量及其在所有"被"字句中的比例	278
第六章附表二	"被"字后多VP结构中的"向心结构"与"离心结构"数量统计	279
第六章附表三	"连续被动"和"不连续被动"的数量统计	280
第六章附表四	"封闭式"和"开放式"的数量统计	282
第六章附表五	"被"字后多VP结构的项数分布	283
第七章附表一	"被"字后动词带补语的数量、比例及各时代分布情况	284
第七章附表二	"被"字后动词所带各类补语的数量及所占比例（一）	286
第七章附表三	"被"字后动词所带各类补语的数量及所占比例（二）	287
第七章附表四	"被"字后动词所带各类补语的数量及所占比例（三）	288
第七章附表五	"被"字后动词所带多个补语情况统计	290

参考文献 292
 一 专著类 292
 二 论文类 293
 三 文献类 311

后 记 313

第一章　近代汉语中的复杂"被"字句

第一节　关于近代汉语的复杂"被"字句

主动和被动是语言中的两种重要的表达方式，或者说是一对既互相对立又互相依存的语法形式。一般来说，主动式的应用范围比较广，而被动式的应用范围则窄得多，并且视语言的不同而略有差异；一个普遍的看法是：汉语中被动式的运用比英语等西洋语言中被动式的运用要少而且容易受限制。对于汉语的被动式，特别是"被"字句的研究是汉语语法研究（包括古代汉语、近代汉语、现代汉语）的热点之一，近年来研究成果颇丰，但也有研究不够深入的地方。仅就"被"字句的研究而论，学者对"被"字句的产生和发展脉络达成了一定的共识，对各个时期的材料的描写和分析也很细致，结论大多可信；在此基础上总结出来的"被"字句的发展演变规律也较有说服力。另外，学术界对一些比较特殊的句式，如不表示被动语义的"被"字句、零主语"被"字句、"被"字表原因，以及"被"字句所表示的语义色彩等问题也进行了较多的研究。研究不够深入的地方有：对"被"字句（"被"字结构）发展的整体规律性把握不足；对"被"字结构不表示被动的情况认识尚不深入，没有将这类句子放在"被"字句的整体的发展演变历史中进行考察；对"被"字句所表示的语义色彩问题有较大的争议；某些特殊形式的句子结构的形成机制尚需进一步论证；等等。对这些问题的探讨能进一步深化我们对汉语被动式的认识，推动对"被"字句历史发展演变的研究，在汉语史研究中也有着重要的意义。

本书选择近代汉语复杂"被"字句研究，力图在把握"被"字句（"被"字结构）发展的整体规律性的前提下探讨"被"字句的复杂格式，描述"被"字句在近代汉语时期的各种表现形式，探索这类句子形成机制、发展演变的规律,争取较合理地解释学术界关于近代汉语"被"字句中一些看法不甚统一的问题。本书所探讨的"复杂被字句"中的相当一部分都是学术界所说的"特殊被字句"。之所以不采用"特殊"而代之以"复杂"二字,主要出于以下考虑:

一是名称问题。我们今天感觉近代汉语中的"被"字句有些"特殊",是因为我们的出发点是将它与现代汉语中的"被"字句相比较。从文献来看,这些"特殊"的"被"字句在特定的历史时期中的使用比较普遍,当时的说话人大概不会感觉这些句子是"特殊"的;既然是"特殊"的,在当时也应该很少有人使用才对。所以,我们选择了"复杂被字句"的名称而不用"特殊被字句"的叫法。

二是"复杂"问题。"复杂"是相对的,相对于"被"字句的最初形式"N被V"而言,"N被某V"就是复杂的,在这个基础上"被"字句进一步复杂化。

三是历史问题。现代汉语中也有复杂"被"字句的格式,是从古代汉语和近代汉语中继承与发展而来的,例如,"被"字后动词带宾式和"被"字后多VP结构在现代汉语中也是常见的。但是,这些古今都有的格式并不是一成不变的,而是经历了一定的发展变化。这些变化正是我们应该着重加以研究的。

从"被"字句的历史来看,后代的各种格式都是从最初的"N被V"格式发展而来的。从上古、中古、近代到现代,"被"字句经历了一个从简单到复杂又从复杂到相对简单的过程。某种"特殊"形式的"被"字句式(如不表示被动的"被"字句、主语与"被"字后动词所带的宾语同形的"被"字句等)表现了该时期"被"字句在语法结构上的特点;这些表现形式是"被"字句在其发展演变历史中的重要环节,同时也是推进"被"字句式向下一个环节发展演变的重要因素。近代汉语时期(尤其是宋元明时期)是"被"字句在结构上最复杂的阶段,但到了现代汉语又趋于简单化。① 因此,研究近代汉语中"被"字句的复杂格式的语法特点并进一步摸索促使这些格式出现、发展以至消失的内在因素,是探讨"被"字句发展演变规律所必不可少的重要方面。从以上几个方面考虑,本书选择为近代汉语复杂"被"字句研究。

学术界所探讨的"特殊被字句"大体上有以下五种。

---

① 现代汉语中的"被"字句("被"字结构)是相对于近代汉语而言简化的,当然,比刚产生时期的"N被V"格式仍要复杂得多。

(1) 不表示被动关系的"被"字句（包括表示原因的"被"字句）；
(2) 主语与"被"字后动词所带的宾语同形的"被"字句；
(3) 受动者在"被"字句动词之后的"被"字句（"零主语被字句"）；
(4) "被"字和"将""把"结合的"被"字句；
(5) 否定词位于"被"字之后的"被"字句。

我们所讨论的"复杂被字句"指的是以下五种。
(1) "NP1＋被＋NP2＋CF"格式的"被"字句；
(2) "被"字后为多 VP 结构的"被"字句；
(3) "被"字后动词带宾语的"被"字句；
(4) 主语和"被"字之间被其他 VP 隔开、有时候省略主语的"被"字句；
(5) "被"字后动词带补语的"被"字句。

复杂"被"字句的格式并不仅仅限于本书第三章至第七章所讨论的几种，其他复杂格式也值得进一步研究，比如，"被"字句和"把""将"字结合的格式、"被"字后的递系式结构（兼语结构）等。

"被"字句和"把""将"字结合的格式在近代汉语和现代汉语中也很常见，我们在讨论的时候将其归于其他格式之中而没有单独列出。学术界对此进行了较多的研究。

"被"字后的递系式结构（兼语结构）也较为常见。例如：

王婆是他儿子领去，止有妇人尸首，丢了三四日，**被**守备府中买了一口棺木，差人抬出城外永福寺那里葬去了。（《金瓶梅》词话：88）
小张**被**我派小李去追了。（此例引自吴庚堂，1999）

这样的句子，"被"字后构成被动关系的 VP 并不是施事者 NP2 发出的，如第一例"妇人尸首"不是"守备府中"所"抬出"和"葬"的，而是由"守备府中"所差的"人""抬出"和"葬"的。第二例的"小张"同样，是"我""派小李"，然后"小李"去"追"的。这样的句式也值得进一步研究。

第二节　目前的研究现状

被动式作为汉语的基本表达方式之一，产生的时代很早。王力

(1958)认为:"在远古汉语里,在结构形式上没有被动和主动的区别,直到甲骨文金文里也是这种情况。真正的被动式在先秦是比较少见的,而且它的出现是春秋以后的事。"蒋绍愚(1994)说:"被动式在汉语中是自古就有的。但用'被'表示的被动式却是后起的,它的广泛运用是在唐以后。用'教''叫''让''吃''给'等表示被动更是后来的事。"早期的被动句除了"於"字句①,还有"见"字句和"为"字句。"为"字句除单用外还有汉代以后的"为……所"句;"见"字句也发展为"为""见"并用、"见……於"句等。后来又出现了表示被动的"被"字句,后者成为被动式的最主要的句式。一般认为,"被"字句出现于战国后期,但那时候的"被"字句还是"被"字直接加动词的,后边不带关系语(施动者)。不带关系语的"被"字句还不能说是完全意义上的被动式,因为这种格式可以认为是动词"被"加宾语,这里的"被"字的动词性很强。但这可以说是"被"字句的萌芽(蒋绍愚,1994)。袁宾(2002)提到本内特(P. A. Bennett,1981)和太田辰夫(1958)对"被"字句形成的原因及过程所做的探讨,本内特认为,"国被攻"这样的句子由"NP+(V+NP)"重新分析为"NP+?+V"。他认为,"被"字后的词的词性不能确定到底是动词还是名词(如"被辱""被攻"),而只有在这个词的前面有修饰语的时候,才能确定是名词(如"**被**水旱之害"),重新分析的关键在于"被"字后面的词能确认为动词,当"被"字后面可以插入施事者之后,出现的就是被动句(亮子**被**苏峻害。)太田辰夫(1958)认为,表示"蒙受、承受、遭受"之意的动词"被"字后面可以带名词作宾语(如"身被数十创"),而当"被"字后面的词可以理解为动词的时候,其中的"被"字就已经是助动词了。蒋绍愚(1994)指出,重新分析的关键主要不在于"攻"或"害"是名词还是动词,而在于它们和"被"构成什么关系;如果"被"字后面是一个动词,"被"字仍然可能是一个动词而不是被动的标志。"被"字后面跟一个动词的情况提供了重新分析的可能性。带关系语的"被"字句出现在汉末,南北朝大量应用。"被"字句发展到后面带关系语(施事者)的阶段可以说是关键性的一步,这时才可以说真正的表示被动关系的"被"字句已经形成了。根据唐钰明(1988)、袁宾(1989)等学者的统计显示,"被"字后带关系语的句式已经成了"被"字句的主要形式。"被"字句的复杂化就是从"被"

---

① 后来王力著《汉语语法史》的时候又修正了自己的看法,认为"於"字句不是被动式。这种看法为后来的许多学者所接受。

字后面带关系语开始的。从唐宋时代开始,"被"字句越来越复杂,而且每个时期都有其鲜明的特点。王力(1958)提到了带宾语、与使成式等结合以及"脱离了被动式的正常结构甚至脱离了被动的意义而单纯地表示不幸"等几种类型。唐钰明(1988)提到了宋代开始的"被"字句与处置式相结合、元明清时代的"被"字句动词前后成分复杂化等类型。在现代口语中,"被"字句已经有让位给"叫"字句和"让"字句的趋势。除了"被"字句,近代汉语中还出现了用"教(叫)""吃""给""让"等表示被动的句式。"被""吃"用作表示被动的标志是由"遭受""蒙受"义发展而来的,"教(叫)""让"用作表示被动的标志是由表"使役"义发展而来的,"给"字用作表示被动的标志则似乎是从表"给予"义发展而来的。它们经历了不同的历史发展过程。

以上是学者对"被"字句的历史发展演变所得出的主要结论,也是目前学术界对"被"字句的发展变化较为统一的认识。下面介绍一下主要的研究成果。研究"被"字句的著作和文章可以说是浩如烟海,其中名作如林。我们能收集到的或许只是其中的一部分。以往学者关于"被"字句的研究成果大致可以分为如下七个方面①。

(1)一般性研究("被"字句研究概述、"被"字句的范畴、句式、结构特点、"被"字的词性或者语法书里提到有关"被"字句式的论述等),比如:黎锦熙(1924),箫斧(1952),丁声树等(1961),梁东汉(1962),赵元任(1979),金湘泽(1979),朱德熙(1980),李临定(1980),李人鉴(1980),匡群(1980),周斌武(1981),朱德熙(1982),吕景先(1982),邓宗荣(1983),严耀华(1983),张世禄(1984),刘叔新(1985),韩陈其(1985),李临定(1986),解惠全、洪波(1987),谢佰良(1988),袁义林(1989),蒋绍愚(1990),袁宾(1992),董治国(1993),杨美宇、杨耀普(1993),岑玉珍(1994),史国东(1994),志村良志(1995),杨宗兵(1996),张云徽(1996),蒋冀骋、吴福祥(1997),魏占元(1997),蒋冀骋(1998),刘捷(1998),金波生(1999),张潜(1999),周崇谦(2000a),周崇谦(2000b),史国东(2000),丁建川、曹贤香(2000),程相伟(2000),汲传波(2001),赫琳(2001),袁宾(2002),邵桂珍(2002),杨国文

---

① 这里所分的七个方面,不是严格的"非此即彼"意义上的分类,而是根据已往学者的著作在某一方面比较突出的特征而作的简单归类,各类之间也有明显的交叉,其中,我们认为,在几个方面都比较突出的,则同时归入几个类别之中。关于这些著作的内容,我们在这里不打算详述,在本书各章中遇到相关的问题时,再加以详细介绍。

(2002)，曹翔（2003），熊仲儒（2003），张蓉、余颖（2003），王改改（2003），陆俭明（2004），劲松（2004），邰峰（2004），王玉彪（2004），何继军（2004），吴门吉、周小兵（2004），蒋绍愚、曹广顺主编（2005）①，吴门吉、周小兵（2005），梁锦祥（2005），常文芳、邰峰（2005），石定栩、胡建华（2005），石定栩（2005），石田琢智（2005），朱英贵（2005），王振来（2006），蒋绍愚（2009），刘进（2009）等。

（2）规律性研究（研究"被"字句发展演变的规律），比如：王力（1944），王力（1958），吕景先（1980），王力（1983），太田辰夫（1987），桥本万太郎（1987），唐钰明（1987a），唐钰明（1988a），唐钰明（1988b），袁宾（1989），顾穹（1992），蒋绍愚（1994），薛凤生（1994），李珊（1994），金允经（1996），王静（1996），潘海华（1997），吴庚堂（1999），冯春田（2000a），杨爱娇（2000），莫红霞（2002），熊学亮、王志军（2002），熊学亮、王志军（2003），洪波（2003），牛保义（2003），张谊生（2003），邓思颖（2004），莫红霞（2004），蒋绍愚（2005），蒋绍愚、曹广顺主编（2005），木村英树（2005），邵敬敏、赵春利（2005），游舒（2005），周红（2005），范晓（2006），仇栖锋（2006），范晓（2007），朱军（2010），曹道根（2011），曹道根（2012），王国栓（2012）等。

（3）特殊句式研究，比如：许绍早（1956），王力（1958），梁东汉（1962），吕叔湘（1965），李临定（1980），王力（1983），杨学军（1985），袁宾（1987），唐钰明（1987a），唐钰明（1987b），袁宾（1989），谢质彬（1989），俞光中（1989），曹小云（1993），蒋绍愚（1994），刁晏斌（1995a），刁晏斌（1995b），刘继超（1997），刘继超、高月丽（1998），刘慧英（1998），刘继超（1999），俞光中、植田均（1999），艾芹（1999），三生（1999），张伯江（2001），崔宰荣（2001），朱琳（2001），邰峰（2003），吴福祥（2003），邢福义（2004），曾常红（2004），蒋绍愚（2005），刘进（2005），辛承姬（2005a），辛承姬（2005b），吴友纯（2006），袁宾（2006），唐韵（2006），王红梅（2006），王红梅（2006），游舒（2008），彭淑莉（2008），彭淑莉（2009），彭淑莉（2010），刘杰、邵敬敏（2010），张延

---

① 蒋绍愚、曹广顺主编《近代汉语语法史研究综述》（2005）一书，第十二章"被动句"部分的执笔者是宋绍年。为统一体例，本书引该著作内容时，仍称"蒋绍愚、曹广顺主编（2005）"。特此注明。

俊（2010）等。

（4）来源及发展演变研究，比如：许绍早（1956），刘世儒（1956），王力（1957），王力（1958），吕景先（1982），王力（1983），唐钰明、周锡（1985a），唐钰明、周锡（1985b），唐钰明（1987a），沈锡伦（1988），江蓝生（1989），董志翘（1989），沙扬（1990），蒋绍愚（1994），张洪明（1994），魏培泉（1994），冯英（1998），江蓝生（1999），岳立静（1999），林红（2000），崔宰荣（2001），蒋绍愚（2003），蒋绍愚（2005），蒋绍愚、曹广顺主编（2005），石毓智（2005），曾柱、袁卫华（2010），刘进（2012），刁晏斌（2013）等。

（5）专题文献"被"字句研究，比如：许绍早（1956），向熹（1958），张心武（1987），袁宾（1989），曹小云（1990），许仰民（1990a），许仰民（1990b），曹小云（1993），刁晏斌（1995a），刘子瑜（1997），冯春田（2000b），杨明义（2000），周崇谦（2001），张洪超（2001），王明华（2001），施发笔（2001），黄锦君（2002），张美兰（2003），吴福祥（2003），吴福祥（2003），暴拯群（2003），郑剑平（2003），王敏红（2003），周崇谦（2003），高霄、王慧青（2005），殷相印（2005），许巧云、蔚华萍（2006），谢燕琳（2006），丁勇（2006），许巧云（2007）等。

（6）英汉被动句对比研究，比如：王还（1983），蔡岚岚（2001），曹广涛（2002），赵宏（2002），朱小舟（2002），谷婷婷（2003），谢景芝（2004），邹先道（2004），李巧玲（2005），柯贤兵（2005）等。

（7）有关或者侧重于语义色彩方面的研究（主要是讨论汉语中的"被"字句是表示"不如意""不幸"色彩还是可以表示"如意"色彩的问题），比如：王力（1944），刘世儒（1956），王力（1958），梁东汉（1962），刘世儒（1963），王力（1983），李奇瑞（1988），李思明（1990），李润桃（1996），陈颖（1997），李岚（1997），祖人植（1997），杨奔（2001），李宗江（2004），袁宾（2005），潘文（2006），刘进（2010）等。

第三节　本书所涉及的语料范围

本书选取从唐代到清代 35 部文献作为基本语料，主要考察其中的"被"字句，特别是复杂"被"字句的情况，并按照需要引用学术界已经发表的作品中出现的唐宋以前的和现代汉语中的材料。之所以选择这些文献作为语料，出于以下三个方面的考虑：一是尽量选取当时口语化程度比较高的文献；二是选取在当时影响比较大的文献；三是选取"被"字句的复杂程度比较典型的文献。综合这三个方面，有的文献如《三国演义》《镜花缘》等虽然口语化程度不是很高，也被列入了我们的语料范围。从各时代的情况来看，唐宋时代"被"字句的文献较少，而元明清时代"被"字句文献较多。

现依照蒋绍愚（2005）和章培恒、骆玉明主编（1996）中对有关文献的断代情况，将所选用语料依年代次序分列如下：

1. 唐代

（1）《朝野佥载》（张鷟：约660—740，《朝野佥载》虽然基本上是用文言写的，但其中也包含一些口语成分）

（2）《广异记》（戴孚大约生活于唐中期，《广异记》大抵作于唐代宗大历年间）

（3）《入唐求法巡礼行记》（日僧圆仁：794—864，于日本承和五年即838年入唐求法，到大中元年（847）回国，《入唐求法巡礼行记》是他在这十年中所写的日记）

（4）《伍子胥变文》（敦煌文书中"被"字句较多的一篇）

2. 宋代

（5）《朱子语类》（朱熹：1130—1200，《语类》由黎靖德于1270年编辑出版）

（6）《大唐三藏取经诗话》（宋人话本，有的研究者认为是晚唐五代作品，有的认为在元代前后经过修改）

3. 元代

（7）《大宋宣和遗事》（历来认为是宋代作品，但实际上可能成书于元代）

（8）《武王伐纣平话》（元代刊本，"但口语程度不太高"）

（9）《新编五代史平话》（历来认为是宋代作品，但实际上可能成书于元代）

（10）《三国志平话》（元至治年间刊，"但口语程度不太高"）

（11）《大元圣政国朝典章·刑部》（元世祖至英宗）

（12）元杂剧，依照《元人杂剧选》《新校元刊杂剧三十种》。

4. 明前期（元末明初）

（13）《三遂平妖传》（明初）

(14)《三国演义》(一般认为是元末明初作品)①
(15)《水浒传》(一般认为是元末明初作品)
(16)《元朝秘史》(原为蒙古文,明洪武年间译成汉文,总译部分是把各段内容译成白话,反映的是明代初年的口语)

5. 明中期
(17)《西游记》(元末明初出现,最早刊本为万历二十年,明中期)

6. 明后期
(18)《金瓶梅》(明万历年间,明后期)
(19)《牡丹亭》(汤显祖:1550—1616,《牡丹亭》作于晚年,明后期)
(20)《封神演义》(天启年间,明后期)
(21)《喻世明言》(刊于天启元年,明后期)
(22)《警世通言》(刊于天启四年,明后期)
(23)《醒世恒言》(刊于天启七年,明后期)
(24)《初刻拍案惊奇》(天启七年,明后期)
(25)《二刻拍案惊奇》(崇祯五年,明后期)
(26)《型世言》(刊于崇祯五六年间,明后期)
(27)《醒世姻缘传》(明末清初)②

7. 清前期
(28)《长生殿》(康熙,1688年,清前期)
(29)《桃花扇》(康熙,1699年,清前期)

8. 清中期
(30)《儒林外史》(乾隆,1740—1750年,清中期)
(31)《红楼梦》(乾隆,1754年抄本,1784年正式题为此名,清中期)
(32)《镜花缘》(李汝珍约1763年至约1830年,清中期)

9. 清后期
(33)《儿女英雄传》(清道光末咸丰初,清后期)

---

① 章培恒、骆玉明主编《中国文学史》认为,根据《三国演义》中作者附加的小字注所提及的"今地名"系指元代地名的情况,以及某些重要地名变更的年代,大致可以判定此书完成于元文宗天历二年(1329)以前,按习惯可以说是元后期。另外,关于《水浒传》的成书年代,章培恒、骆玉明主编《中国文学史》认为,该书的施耐庵本比《三国演义》迟二三十年,也是元后期的作品。
② 《醒世姻缘传》一般被认为是清初作品,章培恒、骆玉明主编《中国文学史》引近年来研究者的说法,小说中称明朝为本朝,称朱元璋为"我太祖爷",且不避康熙名讳,大体可以断定为明末之作。

(34)《官场现形记》(1901年后,清后期)
(35)《老残游记》(1903年刊,清后期)

第四节 关于"被"字句研究的理论方法

语法研究的方法多种多样,当前学术界从语言本身的实体和功用两方面出发,将语法研究分为两大学派:形式学派和功能学派(有人认为应是三大学派,外加一个认知学派;两分法把后者归入功能学派)。各种学派又可细分为不同的流派,而且各流派又有不同的分支(参看陆俭明,2003)。长期以来,学术界较为熟悉和通用的是形式学派中的美国结构主义的理论方法。另外,形式学派中的以乔姆斯基为代表的生成学派的理论方法也渐趋流行。近年来,功能学派中的系统功能语法、语言类型学、社会语言学、认知语言学也得到了相当的重视并逐步发展。从汉语语法研究的实践来看,从较传统的结构主义到当前较为流行的生成、功能、认知、类型学等,语法分析的理论方法日趋多样化,但最基本的手段无外乎两种:描写和解释。在对语言中的语法现象进行详尽描写的基础上进行较有说服力的解释,是语法学家孜孜以求的目标。本书主要采取传统的方法,但在此提出几个针对"被"字句研究的概念与方法。一个是"被"字后动词的"反向性",另一个是"被"字结构中的"向心结构""离心结构"①。

---

① "向心"与"离心"是运动学中的概念。圆周运动是一种常见的运动方式,具有一定质量和速度的物体在某一圆周上运动,需要某一定数值的指向圆心的力。如果实际给它的力恰好等于它的需要,它就在这轨道上做圆周运动;如果实际给它的指向圆心的力大于它需要的向心力,它的向心加速度就会过大,因而拐弯拐得过多而进入原来的圆内;如果实际给它的指向圆心的力小于它需要的向心力,它就会脱离原来的圆周而偏离到圆外。要使物体作圆周运动,一定要给物体一个向着圆心的力,这个力叫作向心力(centripetal force)。根据牛顿第一定律,一切物体在没有受到外力作用的时候,总是保持匀速直线运动状态或静止状态,因而做圆周运动的物体自身有一种离心力(centrifugal force),离心力的方向是物体运行到圆周的某一点的时候,该点与圆周的切线方向(如图箭头所指的方向):

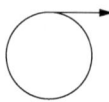

若作圆周运动的物体的线速度突然增大,而物体所受外力无法提供所需的向心力,则物体将产生离心运动。

在汉语语法研究中，一提到"向心"与"离心"的概念，我们总会想到布龙菲尔德的"向心结构"和"离心结构"。这里需要详细说明这个问题。布龙菲尔德《语言论》根据某个合成短语跟其中的一个（或多个）直接成分是否属于同一个类型并是否具有同样的功能为区分标准，将语言中的句法结构分为向心结构和离心结构。比如说，英语中的并列结构（Bill and John）和从属结构（very fresh milk）是向心结构，而施事—动作结构（John ran）和关系—轴心结构（in the house）则是离心结构。朱德熙（1984）结合汉语的实际，给向心结构做了进一步的补充，认为除语法功能外，还应该考虑语义选择限制的因素。向心结构和离心结构的区分无疑对句法结构的分析起着重要的作用。然而，布龙菲尔德所说的"向心结构"和"离心结构"，其着眼点是某个合成短语跟其中的一个（或多个）直接成分是否属于同一个类型并是否具有同样的功能，这是对合成短语根据它与其直接成分的关系从句法功能上进行的静态分类，明显不是从运动学的意义上引申出来的。我们今天把它们称作"向心结构"和"离心结构"，是布龙菲尔德著作的中文译者在翻译的时候，恰好使用了与之看起来很类似然而含义完全不相同的另一对概念。正是由于这种翻译的结果，语言学界将这两种结构与运动学意义上的"向心"与"离心"相混淆。"endocentric"一词，一般词典译作"内心的""内向的"，"exocentric"一般译作"外心的"，这两个词指的是物体的存在或者排列的状态而非运动方式，如绝大多数花卉的花瓣在未盛开时的花瓣的形状是"内心的"（指的是花瓣向内弯曲，末端指向花心），而盛开的花瓣的形状则是"外心的"（指的是花瓣外展，末端不指向花心）。这都是对事物形状的静态描写，而非动态的分析。因此，我们认为，将布所说的两类结构称作"内心结构"与"外心结构"才更能显示作者的本意[①]。如下图所示：

[①] 与该术语相关的还有，徐通锵（2001）借用布龙菲尔德的概念将字组分为"向心字组"和"离心字组"，也是对"字组系族"进行的静态分类。他说："向心、离心这两个概念原来是由美国语言学家布龙菲尔德根据分布的标准提出来的，意思是指……我们这里使用的向心、离心是语义概念，是根据核心字在字组构造中的地位和作用提出来的，与分布的标准关系不大。当然，我们也可以说，核心字的前、后位置本身就是一种分布，但我们的着眼点是语义的组配关系，不是动、宾之类的语法功能。所以，有些术语看起来好像相同，但在不同的体系里的含义可能很不一样。"

内心结构　　　　外心结构

本书将运动学中的"向心"与"离心"的术语引入"被"字句的研究中有什么用处呢？本书是试图从历时角度描述"被"字句的发展与演变的过程并分析"被"字句的复杂格式的，而"被"字句的发展演变历史本身就是一种运动的过程。"被"字句发展到后面带关系语（施事者）的阶段之后，"被"字句的基本形式是："NP1 + 被 + NP2 + VP"，句子的结构层次是："NP1 + ［被 +（NP2 + VP）］"。如果将"被"字句的发展演变比作一个圆周运动的过程，那么"被"字后的主谓结构（NP2 + VP）就是在进行圆周运动的物体。它因受句式的制约，后边的 V 必须指向整个句子前边的主语 NP1，这是它所受到的"向心力"，从而维持整个句子作为一个"合法"的"被"字句存在；但同时作为一个主谓结构，通过类推的力量，后边的 V 不一定会指向整个句子的主语 NP1，这是它所受到的"离心力"。

受"离心力"影响而产生的句子就是学术界所说的"脱离常规"的"被"字句。有些句子看起来"脱离常规"，实际上是 NP1、NP2、VP 之间关系调整的结果。

出现施事者之后，"被"字后面施事者之后的动词或者动词结构与前面的 NP1 的关系出现了两种可能性：

（1）多数动词仍指向整个"被"字句的主语，在"NP1 + 被 + NP2 + VP"中，V 仍指向 NP1，这种句式可以转换成"NP2 + VP + NP1"。

（2）少数动词可能只跟施事者 NP2 有关系，而没有对整个"被"字句之前的主语 NP1 的指向，如：

于是大王怜爱太子，将向后宫，令遣嫔妃，遂交育养。其时**被**诸大臣道："大王！太子本是妖精鬼魅，请王须与弃亡。"（八相成道变文）

《太史公书》：项籍垓下之败，实**被**韩信布得阵好，是以一败而竟毙。（《朱子语类》卷第一百三十五）

对于"被"字后的动词结构而言，如果其动作性（或者说支配性）是指向整个"被"字句的主语 NP1 的，本书称之为"向心结构"（Centripetal Constructions, CP）；反之，如果是仅仅跟"被"字后的施事者构成主谓关系，那么就称之为"离心结构"（Centrifugal Constructions，CF）。后文在分析"被"字句的格式时采取简写的方式，如"被"字后的 VP 为"向心结构"的，记作"NP1 + 被 + NP2 + CP"；"被"字后的 VP 为"离心结构"的，记作"NP1 + 被 + NP2 + CF"；"被"字后为多 VP 结构的，按照其句式构成的实际情况记作"NP1 + 被 + NP2 + CF1 + CF2""NP1 + 被 + NP2 + CF + CP""NP1 + 被 + NP2 + CP + CF"等。

与"向心结构"和"离心结构"有关的一个术语是"反向性"。举例来说明，学术界认为，"被"字句萌芽于战国后期，"被"字后直接加动词。如：

今兄弟**被**侵必攻者，廉也，知友**被**辱随仇者，贞也；廉贞之行成，而君上之法犯矣。（《韩非子·五蠹》第四十九）

"侵"是个动作性（或者说支配性）很强的动词，既然它用在"被"字之后，它的动作必然指向"被"字前面的主语。即"兄弟被侵"，"侵"的是"兄弟"。"被"字后的动词 V 对主语 NP1 的指向，称作"被"字后动词针对 NP1 的"反向性"，其实质是"被"字后动词 V 对整个"被"字结构的受事主语 NP1 的动作指向性。在"被"字后出现施事者之后，"向心结构"中的 CP 对"被"字句的主语 NP1 具有"反向性"，而"离心结构"中的 CF 就没有对"被"字句的主语 NP1 的"反向性"。

另外有两点先交代一下：一是本书只对近代汉语中的"被"字句进行考察（有时候会涉及少量现代汉语的例子），而对其他表示被动关系的标志词如"让""叫""给"等基本上不论及；本书将"被"与"让""叫""给"等区别看待，不采取有些研究现代汉语语法的学者把"让"字句等也看作"被"字句的做法。二是本书所统计的"被"字句包括各种各样的"被"字结构，包括表示"遭受"义的（被 + NP）、已经凝固化的用法（"被告"—"原告"，以及由此而省称的"被"—"原"）等，因此，"被"字句的总数比其他学者所统计的要多，我们认为，这样会更好地体现"被"字句的面貌和历史发展的过程。

第二章 汉语的被动意义及语义色彩

本章讨论汉语的被动意义和"被"字句的语义色彩。研究汉语的"被"字句，首先应该清楚到底什么是"被动式"，其次是被动式和"被"字句的关系，再次是"被"字句表示被动关系的历史发展情况，最后是"被"字句的语义色彩。

第一节 汉语的被动意义与"被"字句

一 "被"字句中"原"和"被"的对立

"原"和"被"是近代汉语中（元明时代）对于"原告"和"被告"的称呼，是"原告"和"被告"的缩略形式。这里，我们分别用来指主动式和被动式。"原"和"被"在语言中是既相互对立又相互依存的。一般语言中都有主动式和被动式的对立，至于哪一种语言主动式用得多一些，哪一种语言被动式用得多一些，具体情况有所不同。根据系统功能语法的观点，语态的功能，归根结底，是解决语序问题的；既然有的过程要求两个参与者，语言的使用者必然面临从哪一个参与者说起的选择。被动式从根本上来说，应该是用来解决语序问题的。

周斌武（1981）在讨论被动式的性质时认为，主动式和被动式是所谓动词谓语句在表达上的两种句式，它用来表示句子里主语和作为谓语的动词之间的一种逻辑关系——施受关系。同样一件带有动词活动的事情，用语言来表达可以选用两种表达方式：如果说话者把注意力集中在动作活动的发出者上面，把动作的发出者（施事）作为句子的主语，那么这种表达方式就是所谓"主动式"；如果说话者把注意力移到动作活动的对象上面，把动作的对象（受事）作为主语，那么就是所谓"被动式"。因此说，被动式的基本内容就是句子里的主语是句子里所陈述的动作活动的对象。

我们基本上同意这种看法。如果把动作的对象（受事）（如"我"）作为主语，那么事件的发生就不是以"我"的意志为转移的①，是"我"所遭受到的事情，是别人发出的而对"我"施加一定影响的动作或者事件，无论是"好"的事情（如"表扬"）还是"坏"的事情（如"打"）的承受者都是前面的受事主语"我"。被动式的基本特点是：主语是"不由自主"的，动作是别人发出的而对"我"产生影响的，其中或许是好的动作（如"表扬"），也可能有"坏"的动作（如"打"）。王力有关"来自上位者的恩宠和灾祸一样是不可避免的"这种说法，用现在的眼光来看，也隐含有主语是"不由自主"的这个意思。而对其是否是表示"遭遇不幸"的，也就是被动式表达什么样的语义色彩，那是下位的一对意义范围："被进"和"被抑"所体现出来的。

关于汉语的主动与被动的区分，我们采取宽泛的确定被动式的办法，包括无标记的"受事主语句"，有标记的"被""为""见""叫""教""给""让""得""蒙"字句等。有标志的被动式的判定标准，一般来说，判定一种句式是否是被动式，有两条标准：一是是否符合"NP1＋被动标记（＋NP2）＋VP"格式；二是其中VP的动作是否指向前边的NP。

二 "被"字句中"被进"和"被抑"的对立

关于"被"字句（有些学者讨论的是被动式）从古代开始是否专门表示"不幸""不如意"的这个问题，有许多学者举出了以下例子：

> 臣以为善御者必识六辔盈缩之势，善政者必审官方控带之宜，故仲由以兼人**被抑**，冉求以退弱**被进**，汉高八王以宠过夷灭，光武诸将由抑损克终。（《晋书·张华传》）

他们认为，"被"字既可以表示"不如意"色彩（前一个"被"字），又可以表示"如意"色彩（后一个"被"字），在古代汉语中就是这样的②。这可以称作是"被进"和"被抑"，相对于"原"和"被"来讲，这是一对下位的领域。有关这一对领域的论述，学术界讨论很多。总起来讲，有一个需要注意的问题是，"被进"和"被抑"这对领域不能超

---

① 汉语的主动式也有"自主"和"非自主"的区别，参看马庆株《自主动词和非自主动词》，《中国语言学报》1988年第3期。

② 有关论述见下文："被"字句（"被"字结构）表达的语义色彩。

越"原"和"被"的领域,即不能将"被"字句(或者被动式)所表达的语义色彩上升到"被"字句(或者被动式)是否从根本上表达"不幸""不如意"色彩这样的高度来谈。因为相对于"原"的领域来说,"被"的领域所表示的本来就是事件的发生是不以主语的意志为转移的。至于这种不以主语的意志为转移的事件的发生对主语来讲是顺心的还是逆意的、是意外的还是可以预料的、是带来好的结果的还是带来消极结果的,这些都是"被进"和"被抑"领域之内所应该考虑的事情。

三 "被"字句的历史发展与被动式的关系

"被"字句与被动式是有很大区别的。并不是所有的"被"字句都是被动式,也不是所有的被动式都用"被"字句来表达,这是学术界久已认同的很明显的一个观点。从"被"字句的历史发展来看,"被"字一开始是表示"遭遇事物"和"遭遇动作"的。后来发展到"遭遇事件"(被+主谓结构)的阶段。我们认为"被+主谓结构"是"被"字句发展到一定阶段的产物(详见第三章),表示的功能是"遭遇事件"(其中少数"被"字句表示"遭遇状况"),所有的"被+主谓结构"都是表示"遭遇事件"或者"遭遇状况"的。那么,"被"字句和被动式之间的关系怎么样?一般所说的被动句只是其中的一类情况(即使是多数情况),基本上指的是其中的"向心结构"一类,所采用的标准就是看"NP1+被(+NP2)+VP"格式中VP的动作是否指向前边的主语NP1;我们认为,一般所说的"被"字句表示被动的句子,是所有的"NP1+被(+NP2)+VP"格式的"被"字句的一部分,而不是采取学术界通行的、相反的做法:所有的"被"字句应该表示被动关系,不表示被动的句子是例外。

四 关于"被"字词性的讨论

关于"被"字的词性,学术界有很多讨论。常见的有"介词说""助词说"以及"动词说"。由于我们认为"被"字所表示的是"遭遇事物""遭遇动作""遭遇事件"和"遭遇状况",我们倾向于认为"被"字是动词的观点。下面对学术界主要的"动词说"做一简单介绍。

李人鉴(1980)认为,"被"字是一个动词,表示"遭受""蒙受"的意义。他认为,三种形式的"被"字句(一是"全句是主谓句,受动者和施动者都出现";二是"无法说出施动者";三是"全句是非主谓句,句首无所谓受动者,只有表示施动者的词语在被字后出现")分别是:①"被"字作谓词,用句子形式(包括单句形式和复句形式)作"被"

字的宾语；②"被"字作谓词，用动词或动词结构作"被"字的宾语；③句首常用表示处所的词语作附加语，中心语"被"字结构是动词"被"带了由句子形式充当的宾语（也有时候是带由动词结构充当的宾语）。

桥本万太郎（1987）认为，如果"被"字被看作介词，其谓语里就缺乏被动词素。如果把"被"字解释为（及物的）动词而把"被"字以后的词组当作这个及物动词的宾语的话，以上所列举的种种困难便都迎刃而解①。因而他主张把现代汉语"被"字句解释为嵌进结构，而不把它看作从相对的主动句派生出来的。

冯胜利（1997）的"被字为动词"说。冯胜利（1997）把"被"字分析为一个动词性语素，认为这是根据约束理论推导的结果，从理论上说是毫无疑义的，能使"被"字句句法上存在的两大难题（宾语"格位"指派的问题和主宾同指的问题）立刻"涣然冰释"。

石定栩（2005）讨论了"被"字动词说的新理据，对动词说的一些成果进行了评价②。

我们认为，各家的分歧根本在于对"被"字词性的认定的着眼点不同。"介词说"与"助词说"基本上是针对现代汉语中表示被动意义的"被"字句而进行的判定，像"他被人打了"这样的结构，"打"被认为是核心动词，"被人"作为介词结构是用来引出施事者的。这样分析的问题在于，在这个被动句中，介词结构"被人"不能表示被动意义而只是起到一个引进施事者的作用，那么表示被动意义功能的任务自然就落到了"打"的上面，而汉语中的动词没有形态标志和词形变化，动词"打"是没有办法从形式上来确定是表示主动意义还是被动意义的，桥本万太郎（1987）所认为的"如果'被'字被看作介词，其谓语里就缺乏被动词素"就是基于这样的考虑而提出的质疑。一个"被"字构成的介词结构

---

① 桥本万太郎认为，这些困难包括："被"字不像普通的前置动词（介词）；"被"字作为介词的严重矛盾是可以不带宾语而出现在动词之前；有些被动句的主语能重复出现在"被"字短语后，因而不能设想其相对的主动句；"被"字句在历史上有许多不表示被动的句子；等等。

② 这些成果有：冯胜利（1997）、Ting（1998）、Huang（1997-1999）、Tang（2001）、邓思颖（2003）、吴庚堂（1999）、熊仲儒（2003）。其中，Ting（1998）为Ting, Jen (1998) "Deriving the *Bei*-Construction in Mandarin Chinese", *Journal of East Asian Linguistics* 4.319-354；Huang（1997-1999）为Huang James (1997-1999) "Chinese Passives in Comparative Perspective", *Tsing Hua Journal of Chinese Studies* [v.1, fall (1997); v.2, fall (1998); v.3, fall (1999)]；Tang（2001）为Tang, Sze-wing (2001) "A Complementation Approach to Chinese Passives an Its Consequences", *Linguistics* 39.2.257-295.

的修饰就能将一个动词由主动意义变为被动意义，这是其他介词结构所不具备的功能。对比英语中的"be + pp + by + X"结构和古代汉语中的"郤克伤于矢"这样的结构，"被"字在"他被人打了"一句中已被边缘化为类似于"by"和"于"——这样用来引进施事者的介词了。而对于不出现施事者的"他被打了"这样的结构，"被"字又没有办法处理为介词，因为汉语中的介词是不能放在动词之前的，因而"被"字在这里只能处理为助词，"被打"在这里表示被动意义，又相当于英语中的"be + pp + by + X"结构里面的"pp"。问题在于，"被打"中的"被"和"被人打"中的"被"为何会有这么大的差异？这恐怕是"介词说"与"助词说"不太容易解释清楚的问题。

从学术界对"被"字的词性分析来看，不管将其归入哪一类，都有一些问题。比如说，归入介词一类，那么"被"字跟其他介词也不同，是一个"特殊介词"；归入动词一类，"被"又是一个"特殊动词"；归入助词一类，而助词是虚词分类中的剩余类，各种助词又千差万别。我们在这里倾向于"被"字是动词的看法，基于以下几点考虑：

（1）"被"字经历了一个从"被 + NP"到"被 + V"再到"被 + NP + VP"的发展过程，而这种发展是"被"字从表示"遭遇事物""遭遇动作"到"遭遇事件""遭遇状况"的发展（见下文第三章分析）；

（2）"被"字句发展到"被 + NP + VP"阶段，产生了大量不表示被动意义的句子（下文所讨论的"NP1 + 被 + NP2 + CF"格式），这是"被"字句发展到一定阶段的必然产物，直到现代汉语中仍能见到用例；

（3）近代汉语中，直到清代仍能见到"被 + NP""被 + 了"的用法（例句见第三章）；

（4）"被"字后可以出现诸如多 VP 结构之类的复杂结构（"被"字后多 VP 结构的发展见第六章），"被"字能够管辖这样复杂的结构，恐怕是介词或者助词难以达到的。

第二节 "被"字句表达的语义色彩

一 已往学者的研究状况

关于"被"字句所表示的语义色彩，学术界主要有两种看法。一种以王力为代表，认为它是表示不如意色彩的，这种主张一直比较流行；另一种针锋相对的看法，认为"被"字句仅表被动而不表示任何附加的语义色彩。除此之外，还有一些折中的看法，认为"被"字句既可表示不如意色彩，也可表示如意色彩。我们按照"表示不如意色彩"和"不表示不如意色彩"两种倾向，对学术界的观点加以介绍。

（一）倾向于"被"字句表示"不幸""不如意"色彩的观点

学术界很早就有"被"字句表示"不幸""不如意"色彩的看法。一般认为，最早的是王力（1943）的论述："凡叙述词所表示的行为为主位所遭受者，叫作被动式……被动式所叙述，若对主语而言，是不如意或不企望的事，如受祸、受欺骗、受损害或引起不利的结果等。"王力（1957）又说："被动式基本上是用来表示不幸或者不愉快的事情的。"这一看法后来为许多学者所认同。如俞光中（1989），俞光中、植田均（1999）认为，"零主语被字句"中的 R2 的"被"字可作"不幸""不巧"解，表示后面整句话（也可以是复句）内容对某人来说是不幸与无可奈何的。曹小云（1990）也赞成王力的观点。岳立静（1999）认为，近代汉语中某些"不表示被动的被字句"（如你不在时，**被**达子名敏安说他逃走，将袁彬打了几刀背，将银一条十两与了他。《正统临戎录》）用"被"字只是为了强调所发生的事情是叙述重点（"被"字前的主语）所未料或不希望发生的事情，全句带有不幸的感情色彩。崔宰荣（2001a）专门讨论了被动式的语义色彩，得出两个结论：

（1）唐宋时期被动句的语义色彩以贬义以及不期望、意外为主；

（2）汉语被动句以贬义以及不期望、意外为主的语义色彩是由句式决定的。

崔宰荣（2001b）认为，"零2"总有它自己的牵涉对象（叙述的重点），"零2"的［N施］所作的动作行为总给它的牵涉对象带来某种结果，而这种动作行为所带来的结果对它的牵涉对象来说是某种意外、不幸、不如意和无可奈何的。黄锦君（2002）举出了《二程语录》中的一些"表示不幸、不愉快"的"被"字句。莫红霞（2002）也认为，"被"字句一般含有对主语或说话人而言不如意、不情愿的感情色彩：一些表示知觉的中性动词如"知道、看见、听见"等进入"被"字句中，大都叙述当事人不愿被某个对象"知道、看见、听见"的事。冯春田（2003）则认为，消极、有害、不如意的事情并不成为通常的被动句（如"被"字句）的通常的语义限制条件，但却是"着"字被动句的不可缺少的语义限制条件。李宗江（2004）从"原型范畴"的角度说明了"被"字句为什么表示"不幸""不如意"：被动句不仅仅是形式转换问题，如果给被动句一个统一的语法意义，比如说表示"被动意念"，那么被动句的原型语义或者说最核心的语义就应该是"使主语代表的事物受损"。受事也是个原型范畴，最典型的成员就是动作动词所施及影响的对象，影响的极端就是损害或破坏。蒋绍愚（2005）也指出，被动句的语义可以是表示某事是说话者不期望的事情，"被风吹过酒的香味来"表示的是"风吹过酒的香味来"这种情况是不期而至的，是一种挡不住的诱惑。

对于"被"字句所表示的"不幸""不如意"是针对"谁"的，李临定（1980）和李珊（1994）做了一些补充。李临定（1980）认为，过去一般认为"被"字句所叙述的对主语而言是不如意的或不企望的事，如受祸、受欺骗，或引起不利的结果等，这种说法有道理但不够全面。李临定补充的例外情况是：

你进去，把小缸儿藏起来，省得教四嫂看见又得哭一场①。

李临定（1980）认为，"看见"的行为对"小缸儿"来说无所谓如意不如意，而对"教"字后的"四嫂"来说则是不如意的，要引起不利的结果。另外，有些句子是针对说话的人（未进入句子）的，例不赘。总的观点是：对"被"字句所表示的贬义问题，应从宽理解，不能认为只是针对主语的，或只是动词的褒贬词义问题。在现代汉语里，"被"字句表示中性以至褒义有扩大之势，但总的情况还是以表示贬义为主。

李珊（1994）认为，只有把受事主语、说话人、关系者加以区分，"被"字句所包含的不如意的色彩才能得到比较确切的理解和分析。如：

我还最怕夜间上厕所：因为上一趟厕所回来后，我的位置又被同床的亲人们不自觉地舒展一下身子而侵占了。（冯骥才，《我这个笨蛋》，67）

走近一看，仁慈堂已经被一些执花枪拿刀的教徒围起来。（冯骥才，《神灯前传》，498）

李珊（1994）认为，前一句的"位置"谈不上如意不如意，真正受其影响的是作定语的"我"，这里的不如意是对说话人说的；后一句的"仁慈堂"是无生物，也无所谓如意不如意，真正不如意的是"仁慈堂"

---

① 李临定（1980）和许多研究现代汉语"被"字句的学者，将"教"字句、"给"字句、"让"字句等也归入"被"字句。

的关系者。

吴福祥（2003b）也对"被"字句贬义色彩针对的对象发表了意见。他认为，"被"字句的贬义色彩并非对句子中某个成分而言的，而是对句子所表达的事件而言的。具体来说，"被"字句所表现出来的语用意义（"不幸""不愉快""不如意""不企望发生"）实际上是说话人对句子命题的一种态度或评价，是一种主观性的表现。说话人对句子所表达的内容的态度、评价以及情感色彩并非出现在每个"被"字句里，只有在说话人认为有必要对句子所体现的事件进行褒贬评价时，它才会表现出来。

桥本万太郎（1987）的看法稍有不同，他将"被"字句表示不幸和被动句区分开来，认为那种把汉语的被动句看作表示不幸、不利的情态色彩的看法是"恶性循环论证"，但他认为，"被"字句是表示不幸、不利的情态色彩的，汉语中的由"被"字构成的句法结构与其说是被动式，不如说是"被害式"（inflictive voice）。"被"字句所包含的不利、不幸的意义色彩主要是从动词"被"来的，并不是只因为是个被动式，因为"被"字是个动词而表示遭受一件事，"被"字句有不幸、不利之色彩是理所当然的。

另外，有许多学者基本上认同"被"字句是表示"不幸""不如意"色彩的，但是，对"被"字句表示中性和褒义倾向的现象较多关注。这是对"被"字句表示"不幸""不如意"色彩的补充。

萧斧（1952）举出了"被"字句的意义还有一种介于两者之间，无所谓愉快不愉快的例子，如"河水**被**晚霞照得有些微红"。（老舍）

吕文华（1987）指出，"被"字句的传统用法是表示不愉快、不如意的感情色彩，虽然随着语言的发展，表示中性甚至褒义的"被"字句正在不断出现且有扩大之势，但目前运用"被"字句仍以表示贬义的感情色彩占优势。他认为，"被"字句表示中性或褒义色彩主要出现在以下四种情况中：①情景的描写；②人或事物被适当地处置；③表示某人被选任、某物被赞誉；④表示愉快的心理及含褒义的思维活动。

刁晏斌（1995a，b）提到近代汉语中的"不幸、不如意的意味已经或趋于消失，而表示原因的作用却十分明显的句子"，认为这种句子是《朱子语类》所特有的，后来的文献如《水浒传》中的"被"字句是兼表不幸和原因的。另外，还有表示"中性意味"的"被"字句。

祖人植（1997）对"被"字句表义特征进行了分析，认为"被"字句的语义性质是多重的，多用来表示不如意的事只是"被"字句的一种附加语义性质的体现；"被"字句多用来表示不如意的事这种传统用法在现代汉语书面语中已在很大程度上被打破,用"被"字句来表示非不如意的已达三分之一强。

李岚(1997)认为,"被"字句一般都表示不如意的色彩,随着褒义动词结构进入"被"字句,也可表如意之意。

丁建川、曹贤香(2000)也发现,"被"字句古代一般表示主语不如意、不希望的事情,近来在书面语里的使用范围有所扩大。

王改改(2003)调查了2002年《北京日报》上的104例"被"字句,发现17例是中性意义的,33例是表示积极意义的,两项之和占所有"被"字句的49%,也就是说,在报刊语言这种书面语中有将近一半的"被"字句是表示如意的事情的,但是,跟北京话口语中的"被"字句有很大差别。北京话口语中的绝大部分的"被"字句都表示不如意或不希望的事情。

常文芳、邰峰(2005)认为,大部分被动句都不能表示如意的、愉快的感情色彩(有利局面),但有些被动句的感情色彩很难说是不如意、不愉快的。

以上观点,总起来说,是主张"被"字句是表示"不幸""不如意"色彩的,最起码认为,多数的"被"字句是表示贬义色彩的,也认同现代汉语的"被"字句有表示中性和褒义的趋势,但多数"被"字句仍表示贬义色彩。

(二)倾向于"被"字句不表示"不幸""不如意"色彩的观点

汉语的被动式(学者讨论的主要是"被"字句)表示"不幸""不如意"色彩的主张很早就遭到了许多学者的反对。

刘世儒(1956)认为,被动式既可以表示"不愉快"的事,也可以表示"愉快"的事,从六朝时代就是如此。他认为,现代汉语中表示"愉快""如意"的被动式是"受了西文的影响而产生、只有表示不愉快、不如意的被动式才是被字传统用法"的说法是一种误会。刘世儒(1963)又指出,汉语被动式"但用于凶事""但用于一种不吉之事"的说法更早见于中国人张廷彦、日本人田中庆太郎合著的《官话文法》(1904年东京版)和日本人宫锦舒著的《支那语文典》(1912年东京版)。他针对"被"字表示"不幸""不如意"的观点提出了大量反证,从"被"字的"沾沐"义、"承受"义和"遭受"义,直至"被"字表示被动式,都是既可以表示"不如意",又可以表示"如意"的。他认为,汉语的被动式在用途上向来就是"无色"的,并不以表示不幸或者不愉快为本职;现代汉语中用于表示"幸"或者"愉快"的被动式是汉语被动式历史发展的继承，同西文被动式的影响无关。

梁东汉（1962）也认为，"被"字句的非贬义用法在传统用法中就存在，在《红楼梦》中，不仅有所谓"中性性质"的被动式，而且有所谓"积极性质"的被动式。他认为，"表示贬义"这一语义概括是不恰当的，因为表示不幸或不愉快的事情不限于被动式，主动式同样可以表示不幸或不愉快的事情。对被动式的概括应是：表示被动关系的一种句子格式，这是语法的概括。他认为，现代汉语中的被动式不但可以分成所谓"积极性质""消极性质"和"中性性质"三类，而且每类之下还可以再分出若干小类，但是，这样分类对语法研究是完全不必要的。同时，这种意义上的概括不但不能够发现被动式的结构规律，而且在语言实践中也没有多大的使用价值。

解惠全、洪波（1987）则认为，从直接来源上看，来源于"遭受"义的助动词"被""见"表示不幸、不愉快的事情是很自然的；来源于"获得"义的"被""见"就不一定有这种意义了。他们统计了《世说新语》中的"被"字句，其中表示幸运或好的事情的有 7 例，占四分之一；《春秋三传》《庄子》《墨子》《韩非子》中"见"字表示"坏"和"好"义的比例平分秋色。因此，他们认为，被动句的基本作用是表示不幸或者不愉快的事情的结论不能成立。

袁义林（1989）对先秦被动式进行了具体分析，认为被动式不是受表示不愉快的事情这一语义倾向的影响产生的，它产生后也不是为了表现这种语义倾向。对受事的语义倾向是隐含在动词和受事之间并取决于动词的意义倾向，并不是被动式赋予的句法意义。

李润桃（1996）全面反对"被"字表示不如意色彩说。他从"被"字的原始意义谈起，认为开始"被"字既可以表示愉快义，又可以表示不愉快义。针对"被"字表示"不幸""不愉快"义的各种判定标准，他举出了大量的例子来说明"被"字同样可以表示"愉快"义：①表愉快义的"被"字句，对主语来说是愉快的；②对"被"的宾语来讲是愉快的；③对主语中心语的定语而言是愉快的；④对未进入句子的说话人而言"被"字句叙述的是他所希望、所喜爱的事情。他据此认为，语义色彩的愉快与否并不是主动、被动区分的根本，主动句同样可以表示不愉快的事情。他还谈到了必须使用"被"字句的特定条件。

陈颖（1997）对"被"字用于好义的情况进行了考察，认为现代汉语中用于好义的"被"字句的情形越来越多，并对用于好义的"被"字句的情形进行了分析。

杨奔（2001）对"被"字句用于非遭受义的考察。他在文章中的"非遭受义"指的是"被"字表示"中性义"和"好义"的句子，认为从古到今"被"字句都有"非遭受义"的用法。

邢福义（2004）全面分析了现代汉语中的承赐型"被"字句。他认为，"被"字本来跟不幸、苦恼相联系，但在承赐型"被"字句的称心如意有没有可能是不幸、苦恼的延伸问题上，不能贸然断定古人的心理状态，现代承赐型却是喜悦的、有成就感的。另外，他提出了"主语规约"的问题。他认为，汉语语法重句法，句子的表意受到句法的管控。"主语规约"指的是作为起词的主语，管控着后续语句的配置。表述者针对表述主脑进行叙写，形成顺势而下的语流，在这种情况下，表述者不再关心"被"字句表意上的如意不如意，例如，在"他因为……而被……"格式里，"他"是充当主语的起词，被确定为表述的主脑，后面不管添上拂意的内容还是添上称心的内容都很自然：

他因为参与抢劫而**被**判处有期徒刑十年。
他因为成果获奖而**被**评为科研希望之星。

邵敬敏、赵春利（2005）认为，"被"字句的语法意义表示"不如意"是一种误区。他们认为，句式语法意义的概括不完全是基于频率和概率的归纳定量研究，更重要的是基于演绎的定性研究。不如意或者不可抗拒都是针对主语是有生命的人或者动物的"被"字句而言的，而对主语是无生命的情况来说，不存在如意不如意、抗拒不抗拒的问题，即使主语是人或者动物的"被"字句，也有表示企望的积极意义的事。从本质上说，不如意和不可抗拒既不属于深层语义结构的语义关系，也不属于"被"字句句法结构本身的语法意义，而是对出现频率较高的主语是人的某些"被"字句的心理解释和概括，因此，"被"字句句式的语法意义不可能是不如意或不可抗拒。

许巧云、蔚华萍（2006）认为，关汉卿杂剧中有一部分"零被句"并不表达不幸或不如意的感情；相反，这一部分例句表达了说话人一种肯定、愉快的感情，例如：

在美良川交战，**被**俺统兵围住介休城。（单鞭，《楔子》，白，3、1172）
被老夫智斩了鲁斋郎，与民除害。（鲁，《二折》，白，2、853）

他们认为，这些例子是说话人陈述某一事实，而且此一事实是对说话人一方有利的，表达了一种赞扬英雄战绩的愉悦的感情。

二 目前研究存在的主要问题

关于"被"字句是否表示"不如意"色彩的问题，争论了半个多世纪，至今仍有争论，尚无较为一致的意见。在争论的过程中，对于这个问题的研究逐步深入。

主张"被"字句表示"不如意"色彩的观点，着眼于"被"字句的历史发展，无疑是很有道理的。但是，后来的"被"字句（一直到现代汉语）是否仍然是表示"不如意"色彩的呢？

反对"不如意"色彩的观点，发现"不如意说"有很多例外，难以说明所有"被"字句都是表示"不如意"的。反对"不如意色彩说"的学者对"不如意色彩说"的判定标准提出了质疑。主张"不如意色彩说"的学者认为，判定"被"字句语义色彩的标准主要有三条：①语义色彩的针对对象：受事主语、说话者。②句子成分：谓语动词、补语、宾语、状语、施事；③语境。这些标准确实太多，而且经常出现矛盾。几乎每一个"被"字句，我们都能找到说明它表示"不如意色彩"的标准。有的反对者甚至指出："表示不愉快的事情不仅限于'被'字句，主动句同样也可以表示不愉快的事情，如无情的沼泽地吞没了她年轻美丽的生命。"

三 需要讨论的问题

（一）什么是"如意"与"不如意"

"如意""不如意"如何界定？在"他打了我"这个句子中，能说"他"是"如意"的，"我"是不如意的吗？如果"我"是"不如意"的，那么"我被他打了"就是表示"不如意"色彩的。另外，英语句子：I was beaten by him. 也是表示"我被他打了"，那么其中的"I"是否就是"不如意"呢？英语中没有人讨论这个问题。即使"他打了我"中的"我"是"不如意"的，那么"他看见了我"中的"我"也是"不如意"的吗？"我被他看见了"即使是表示"我不希望被他看见，可是被他看见了"，因为"我"是知道自己的想法的；然而，"他被她看见了"中的"他"，我们怎么知道"他"的想法呢？这些问题是很复杂的。

（二）"被"字句的"如意"与"不如意"色彩的对立与共性

"如意色彩"和"不如意色彩"这两种对立面之间是存在共性的。诚然，被动式所表达的"如意"或者"不如意"色彩是一个对立，但是，在它们之上还有另一个对立：主动式和被动式。我们认为，虽然"被"字句能够区分出表示"如意色彩"的和"不如意色彩"的句子（前者如：我**被**老师表扬了；后者如：我**被**人打了），但是，这两种句子之间也存在着共性，如上文所说：事件的发生不是以"我"的意志为转移的，是"我"所遭受到的事情，是别人发出的而对"我"施加一定影响的动作或者事件，无论是"表扬"还是"打"的承受者都是前面的受事主语"我"。被动式的基本特点是：主语是"不由自主"的，动作是别人发出的而对我产生影响的，其中或许是好的动作（如"表扬"），也可能有"坏"的动作（如"打"）①，而对其是否是表示"遭遇不幸"的，则是其下位领域——"被进"和"被抑"所要考虑的事情。

被动意义中有两对领域，"原"和"被"是一对领域；"被进"和"被抑"是另一对领域。这是汉语被动式发展中的两个方面，前者是主动与被动的对立；后者是"如意"与"不如意"的对立。这两对领域贯穿"被"字句发展演变的始终。探讨"被"字句的语义问题应该具有历史发展的观念。

对"被"字句的语义色彩不可刻意区分。前面提到，主张"不如意色彩说"的学者认为，判定"被"字句语义色彩的标准很多，但有时候难免会出现矛盾。一般来说，如果区分"被"字句的语义色彩，主要标准应该是受事主语和谓语动词，至于其他的如说话者、补语、宾语、状语、施事和语境等则是次要的。如果一定追究"如意""不如意"的话，可看下面的例子：

重重叠叠上瑶台，几度呼童扫不开。刚**被**太阳收拾去，却**教**明月送将来。（《千家诗》，作者为南宋诗人谢枋得，一说作者为北宋诗人苏轼。）

此诗题为《花影》，评"此伤小人在位而不能去之之意也"，此例"被"字句，如果分析其语义色彩，"花影"是作者讨厌的东西，讨厌到"几度呼童扫不开"的地步，如果谁能把它弄走，则是万分的巴不得，所以，"花影被太阳收拾去"，似是对作者来说是非常"如意"的事情，也就是"被"字表"如意"色彩，然而下文的"教"，则是分明是表示"不

---

① 就被动式而言，这是不言而喻的。以前的学者如王力等也说过这一点。这应该是被动式的根本特征，也就是我们所区分的"原"和"被"。

如意"色彩的了。

（三）"被"字句与"得"字句、"蒙"字句的比较

我们想从另一个角度来说明这个问题。我们之所以说"被"字句有相当数量的句子表示"不如意"色彩，是由"被"字的原始意义（"遭受"义）的延伸所造成的，因为有几种几乎完全是表示"如意色彩"的被动式。近代汉语中有一种"得"字句，它所表达的就是如意色彩。"得"字句表被动，是袁宾（1992）提起的。他举的例子为：

适来失脚滑倒，又**得**家童扶起。（《五灯会元》）

我婆婆因为与赛卢医索钱，被他赚到郊外勒死；我婆婆却**得**他爷儿两个救了性命，因此我婆婆收留他爷儿两个在家。（《窦娥冤》）

（石迁）曾在蓟州府里吃官司，却**得**杨雄救了他。（《水浒传》）

险些儿坏了他性命，早是**得**众兄弟谏救了！（《水浒传》）

黄、顾二人，口中还不干净，却**得**马德称抵死劝回。（《警世通言》）

袁宾（2002）认为，这是一类应该引起重视的被动句。"汉语被动句在20世纪之前，一般表示不幸遭遇，但此类得字句恰好相反，多表示合人心意的行为。上举第二例很富于启发性：例中有两个被动句，表示不幸遭遇（勒死）用被字句，表示合人心意的行为（救了性命）则用得字句。在近代汉语被动句中，这类得字句的使用频率不高，但是它突破了传统被动句的意义类型，与其他被动句在表意上具有互补的作用，是被动句发展史上的一个重要现象。"除"得"字句之外，袁宾（2005）又提到了一种表示"如意"色彩的被动式："蒙"字句①。这里，只说"得"字句的情况。

袁宾之后，学术界没有人继续讨论"得"字句的问题。这也涉及被动式判定标准的问题。一般来说，判定一种句式是否是被动式，有两条标准：一是是否符合"NP1 + 被动标记（ + NP2） + VP"格式；二是其中VP的动作是否指向前边的NP。按照学术界的一般说法，被动式中的被动标记主要有：遭受类动词（如"被"）、使役类动词（如"让"）和给予类动词（如"给"）三个来源，由这三类动词语法化而来的被动标记构成

---

① 这里，简单地介绍一下袁宾（2005）有关"蒙"字句的研究情况："被"字句的逆意倾向是学术界关注的热点，袁宾揭示了被动式里拥有顺意倾向的"蒙"字句，它从汉代产生以后被长期频繁地使用，在情感倾向方面与"被"字句形成分工、互补关系。语言的类化机制（同类化和异类化）是"蒙"字句顺意倾向产生并强化的深层动因。

被动式,已经为学术界所公认。"得"字的情况与"被"字类似:"得"字的动词词义是"得到","被"字的动词词义是"遭受"(仅就形成被动式的"被"字的词义来源而言),它们之间的区别只是语义色彩的不同。从语义色彩的角度而言,我们可以说,"被"字和"得"字都有"得到"的意思,"被"字多表示"不愉快"的"得到"(这与"被"字的"遭受"义有关),"得"字多表示"愉快"的"得到",两者语义色彩相反,而所表示的关系基本上相同。从语法化的程度上讲,我们不能因为"被"字一直到清代都有动词"遭受"义的用法("被+NP"/"被了+NP")而说被动式中的"被"字没有语法化为表被动的标志,同样,也不能说"得"字因为其动词词义是"得到"而否认它在某些句式中已经作为被动标志而存在。在近代汉语中,"被"字与"得"字有一系列的平行用法,仅举数例如下(在每一组中,A类为"被"字句,B类为"得"字句):

(1) 被/得+NP:

A. 我使父亲九泉之下**被**一个不美之名,我断不肯。(《儿女英雄传》:8)

B. 刘生道:"若**得**官,当在何处?"(《初刻拍案惊奇》:5)

(2) 被了/得了+NP:

A./B. 那一年发水,家家都**被了**水患,偏我**得了**许真君的护佑,家财房屋一些也没曾冲去。(《醒世姻缘传》:34)

(3) 被/得+CP("被/得"后动词不带宾语):

A. 我等若无号船接应,尽**被**擒捉。(《水浒传》:55)

B. 张让、段珪见董后一枝已废,遂皆以金珠玩好结构何进弟何苗并其母舞阳君,令早晚入何太后处,善言遮蔽:因此十常侍又**得**近幸。(《三国演义》:2)

(4) 被/得+CP("被/得"后动词带宾语):

A. 林冲火烟堆里,争些断送了余生;风雪途中,几**被**伤残性命。(《水浒传》:9)

B. 小可宋江被人陷害,冤屈无伸,今**得**四方豪杰,救了宋江性命。(《水浒传》:41)

(5) 被/得+NP+CF:

A. 正在途中,**被**鲁智深要行便行,要歇便歇,那里敢拗他。(《水浒传》:9)

B. 我们在海船里头不耐烦寂寞,若**得**兄去,在船中说说笑笑,有甚

难过的日子？（《初刻拍案惊奇》：1）

（6）N+被/得+NP+CF+CP（CP中重复出现前边的受事主语）：

A.……董璋乘胜追杀。**被**裴约伏兵四起，将董璋活捉了。（《新编五代史平话》：《周史平话》卷上）

B. 匡军大败，四散奔走。布东西冲杀，如入无人之境。幸**得**乔瑁、袁遗两军皆至，来救王匡，吕布方退。（《三国演义》：5）

（7）N+被/得+NP+CF+CP（CP中的宾语为前面受事主语的一部分，狭义领属）：

A. 小人亲兄武大，**被**西门庆与嫂通奸，下毒药谋杀性命，这两个便是证见。（《水浒传》：26）

B. 妾见其心不良，恐为所逼，欲投荷池自尽，却被这厮抱住。正在生死之间，得太师来，救了性命。（《三国演义》：9）

（8）零主语"被"字句/"得"字句①：

A. 晁宋二人笑道："**被**你杀了四个猛虎，今日山寨里又添的两个活虎上山，正宜作庆。"（《水浒传》：44）

B. 西门庆道："却不交他跟我，那孩子倒乖觉伶俐。"王婆道："若**得**大官人抬举他时，十分之好。"（《金瓶梅》：2）

以上的"得"字，都可以认为是其类似"被"字句中"被"字的用法，区别只是在语义色彩上，而且都是表示"如意色彩"的；因为"得"字在以上句中虚化为表示被动的标志，明显是从其"得到"义而来的。

但表示"如意色彩"的"得"字句被动式为什么没有进一步发展成为被动式中表示"如意色彩"的代表句式呢？有以下原因：

（1）"被"字句虽然以表示"不如意色彩"为主，但仍有少数表示"如意色彩"的。随着"被"字的"遭受"义在"被"字结构中的逐渐淡化，人们渐渐地习惯于用它来表示"如意色彩"，毕竟它是近代汉语中占绝对优势的被动句式。

（2）"得"字的义项太多，在汉语中运用得极为频繁，主要作为动词和助词来使用。其表示被动的用法只是在近代汉语中昙花一现，没有巩固下来。

---

① 我们是不赞成"零主语被字句"的处理方式的，参见本书第四章的分析。这里是按照学术界的一般说法总结的。

（四）"被"字句中表示"不幸""意外"的字眼与表达"如意""预料之中"的字眼

"被"字句是怎样表达"不幸""不如意""不期望"的色彩的？据我们对近代汉语语料的大量观察发现，其实有很多专门表示"不幸""不如意""不期望"的字眼出现在"被"字句之中。如"他被人杀了"一句，有的人就认为是不带褒贬语义色彩的，只是表达受事者的一种遭遇，是受动者在前、施事者在后的一个普通的叙述的句子。但是，如果加上"不幸"的字眼"他不幸被人杀了"，这才是表示"不幸"的；加上"不料"两个字，"不料他被人杀了"，表现的才是说话者没有预料到会发生这样的事情。如：

（生）自从离了父母妻室，来此赴选，本非我意。虽则勉强朝命，暂受职名，将谓三年之后，可作归计。**谁知**又**被**牛相公招为女婿，一向逗遛在此，不能归去见父母一面。(《琵琶记》)

曹洪奋威突阵，正迎袁谭，举刀乱砍，谭**竟被**曹洪杀于阵中，郭图见阵大乱，急驰入城中。(《三国演义》：33)

叔父与侍郎黄奎同谋杀操，**不幸**事泄，皆**被**斩于市，二弟亦遇害。(《三国演义》：58)

圣上道理虽是忠爱，人心难忖，想必是卢俊义嫌官卑职小，不满其心，复怀反意，**不幸被**人知觉。(《水浒传》：100)

李瓶儿只指望孩儿好来，**不料被**艾火把风气反于内，变为慢风，内里抽搐的肠肚儿皆动，尿屎俱出，大便屙出五花颜色，眼目忽睁忽闭，终朝只是昏沉不省，奶也不吃了。(《金瓶梅》：59)

这敬济答应了，**不料**那日**被**崔本邀了他，和几个朋友往门外耍子。(《金瓶梅》：82)

偏偏这小二爷不服教训，撅着张嘴，在中舱里叽里咕噜的说闲话，**齐巧**又**被**文七爷听见。(《官场现形记》：13)

这些专门的表示"不幸""意外"的字眼有："不巧""齐巧""不想""不料""不期""却""谁知""谁想""哪知""可是""倒""竟""竟然""倘或""实在""反""倒反""偏偏""怎么会"，等等。多数是使用一个这样的字眼就能表示"不幸""意外"的意思，但是，有些情况下说话者认为所发生的事情实在太过出乎意料，就会连用两个甚至三个此种字眼，如"却不料""却不料……竟"，等等。这也说明视"不幸"

"意外"的程度不同，表示"不幸""意外"的字眼可以有所选择使用，甚至叠加使用。因此我们认为，语言中"不幸""意外"意思的表达到底是词汇上的，还是语法上的，值得进一步考察和思考。如下面的例子：

见玉帝礼毕，又见如来，申谢曰："始闻那妖猴**被**老君引至兜率宫锻炼，以为必致平安，不期他又反出。"（《西游记》：7）

此例中的"被"字句"那妖猴**被**老君引至兜率宫锻炼"看不出"意外"的意思，而后面的"不期他又反出"却有"意外"的意思；为什么不说"不期**被**他又反出"呢？"（我）**被**他反出"这样的句子近代是很多的。"他又反出"这样的行为在这里是一种"意外"的情况，这是显而易见的，而表达这种"意外"不一定非得用"被"字来表达，用一个"不期"就足够了；相反，如果仅用"被"字的话倒是不见得就能表达"意外"的意思，而可能仅仅叙述了"我遭遇到他反出"这样一种情形。例如：

俺婆婆去取讨，**被**他赚到郊外，要将婆婆勒死，不想撞见张驴儿父子两个，救了俺婆婆性命。（《窦娥冤》）

此句"被"字所表明的"不幸""意外"之义明显不如后面的"不想"突出。

表示"不幸""意外"的字眼可以出现在表示"如意色彩"的句子中。例如：

自从前者相得赵大公子有天子之份，不想**被**朝廷礼聘，见授都点检之职。（《宋太祖龙虎风云会》）

由此例可以看出，即使是对主语比较有利的事情，也有意外的色彩，主要表现在"不想"上面。如果没有"不想"这个表示"不幸""意外"义的字眼，那么仅仅是陈述这件事情，而少有"意外"的色彩。

上面说的是表示"不幸""意外"的字眼出现在"被"字句中，因而"被"字句有"不幸""意外"的意思。与之相反，如果"被"字句中出现了表示"如意""有意""故意"等意思的字眼，那么"被"字句就可以表示"如意""预料之中"的意思。例如：

幸而项王无谋，**被**他这几句话牢笼住了，不曾作出来。(《儿女英雄传》缘起)

此句在整个"被"字句前面加上了"幸而"。"幸而"这个词明显是表示"如意色彩"的，"项王无谋，**被**他这几句话牢笼住了，不曾作出来"这种情况是说话者所希望发生的。以下几个例子都有"天幸""幸亏"等字眼，表达的是"如意"的色彩：

天幸今日**被**擒，乞赐天诛，以绝后患。(《喻世明言》：40)
幸亏宝玉**被**一个林黛玉缠绵住了，心心念念只记挂着林黛玉，并不理论这事。(《红楼梦》：28)
后来**幸亏被**众位师爷劝住，齐说："这事闹出来不好听。"(《官场现形记》：5)
幸亏这两天，文七爷公事忙，时时刻刻**被**统领差遣出去，所以由他一个尽着去干，也没人来管他。(《官场现形记》：14)
幸亏被把门的拦着，没有被他闯进宅门。(《官场现形记》：22)
那三个却都不在行，王二瞎子**幸亏被**钱琼光扶了一把，否则几乎跌倒。(《官场现形记》：45)
藩台下来，气的要告病，**幸亏被**朋友们劝住的。(《官场现形记》：53)

其中，"**幸亏**宝玉**被**一个林黛玉缠绵住了"很有意思，这一句话对说话人明显是"如意"的，因为"宝玉"没有余力来理会"这事"；对主语来说也如意，"宝玉"和自己喜欢的人一起缠绵，肯定巴不得。似乎用了一个"被"字，于人于己都皆大欢喜。能否据此认为"被"字是表示"如意""愉快"色彩的吗？我们认为，这主要是由"幸亏"两个字表现的，跟用不用"被"字没有太大关系。下面几个例子，"被"字句所叙述的事情明显是受事主语所期望发生的，也能预料到会发生的：

话说张奎与杨戬大战，有三四十合，杨戬**故意**卖个破绽，**被**张奎撞个满怀，伸出手抓住杨戬腰带，提过鞍鞒。(《封神演义》：86)
龙香心里暗暗欢喜，已有几分是了。一路行来，已到了金家门首。龙香对媒婆道："老姐你先进去，我在门外张一张罢。"媒婆道："正是。"

媒婆进去见了凤生，回复今日迎亲之事。正在问答之际，龙香门外一看，看得果然是了，不觉手舞足蹈起来，嘻嘻地道："造化！造化！"龙香也**有意**要他看见，把身子全然露着，早已**被**门里面看见了。凤生问媒婆道："外面那个随着你来？"媒婆道："是老媳妇的女儿。"凤生一眼瞅去，疑是龙香。便叫媒婆去里面茶饭，自己踅出来看，果然是龙香了。(《二刻拍案惊奇》：9)

　　第二日，央了个光棍，穿了件好齐整海青，戴了顶方巾，他自做了伴当，走到张家来。那光棍先走到坐启布旁边，叫一声："张二爷在家么？"妇人在里边道："不在家。"光棍便问道："那里去了？"里边又应道："一向广里去还未回。"只见戴巾的对光棍道："你与他一同起身的，怎还未回？"光棍道："我与他同回的，想他不在这边，明日那边寻他是了。"戴巾的转身便去。那妇人听了，不知甚意，故忙叫："老爹，请坐吃茶，我还有话问。"那人已自去了。妇人道："桂香，快去扯他管家来问。"此时这光棍**故意**慢走，**被**桂香一把拖住，道："娘有话问你。"光棍道："不要扯，老爹还要我跟去拜客。"桂香只是拖住不放，扯到家中。妇人问道："你们那家几时与我二爷起身，如今二爷在那边？一定要你说个明白。"(《型世言》：26)

　　第一个例子，从后文可知为何"杨戬""故意卖个破绽"而被"张奎"捉走："张奎"在对"杨戬"实行斩首的时候，"杨戬"施行了法术，砍掉的却是"张奎"的"马"和"老太太"的头。战场之上，刀枪无眼，稍有破绽就会被捉或者丧命，然而，此句中的"杨戬"被捉却是故意的，也是他所能预料到的。

　　第二例的"龙香"是很想让别人（"凤生"，也就是门里面的人）看见自己的，既然"把身子全然露着"，那么"**被**门里面看见"也是在预料之中的。

　　第三例的"他"和"光棍"设计了一个计策，先进行了一场对话，让"妇人"听见，说完之后，"故意"慢走，目的就是"**被**桂香一把拖住"，完全在掌控之中。

　　这三个例子表明"被……"是 NP1 所能预料的，而且非常希望发生的结果，因为前面有"故意""有意"这样的字眼。现代汉语中可以说："幸亏你被他打了（他本来打算要你的命的）"，虽然"被人打"一般是"不如意"的，但在这一句里面却是"如意"的。因此我们认为，"被"字句句式本身很难说是表示"如意"还是"不如意"，语义色彩多通过

"如意"和"不如意"的字眼来表达,即使是主动句中用了表示"不如意""意外"的字眼,同样可以表达"不如意""意外"等色彩。

本章小结

本章对"原"和"被""被进"和"被抑"两对领域进行了区分,明确了它们之间的上下位关系。"被"字句表示被动关系是"被"字句表示"遭遇动作""遭遇事件"中的"向心结构"的句子。关于"被"字的词性,我们认为,"被"字倾向于动词。关于"被"字句的语义色彩问题,应首先顾及被动式的共性。我们还将"被"字句与"得"字句、"蒙"字句进行了比较。另外,我们发现,"被"字句表示的语义色彩跟表示"不幸""意外"的字眼与表达"如意""预料之中"的字眼有关。

第三章 "被"字后"离心结构"的产生与发展

我们所说的"被"字后"离心结构"(NP1 + 被 + NP2 + CF)是指:①"被"字前有明显的 NP1;②"被"字后主谓结构中的动词只同小句主语构成主谓关系,也就是说,主要动词相对于"被"字前面的主语无"反向性"。这类句子以"被"字后出现一个 VP 居多,也有少数多 VP 结构,这里不作区分。

第一节 已往学者的研究状况

一 "被字句不表示被动关系"的格式

学术界很早就注意到"被"字句有"不表示被动"的情形,并且做出了解释。学者所提到的"被字句不表示被动的句子"在句子格式上略有差别,我们可以归结为以下五种句式[①]:

(1)"NP1 + 被 + NP2 + 言说类动词 + 引语"格式;

(2)"NP1 + 被 + NP2 + Vi"格式,主语和动词之间根本不存在施受关系,而动词是不及物动词 Vi;

(3)"NP1 + 被 + NP2 + A"格式,"被"字后的语法成分是形容词或描写性的 A;

(4)"(NP1 +)被 + NP2 + VP + NP3"格式,许多学者认为是无主语的句式,"被"字后是一个一般的"主动宾"结构,和一般的主动句一样,只是句首加上一个"被"字;

---

① 在总结这几种句式时,除参考下文所提到的参考文章外,另有李临定(1980)、沈锡伦(1988)、董志翘(1989)。

(5)"NP1 + 被 + NP1 + VP"格式,即有学者所说的"施事 + 被 + 施事复指 + 谓语"格式。

二 学术界的主要观点

学者提出了各自的观点来解释"被字句不表示被动"这种现象产生的原因或者所表达的语义关系,我们将学者的主要观点归结为"表达不幸遭遇说""突出叙述重点说"和"表示原因说"三种,另有其他说法。以下做一较为详细介绍。

(一)表达不幸遭遇说

许绍早(1956)在论述《水浒传》中的"被"字句时,谈到一种特殊的类型:主语和动词之间根本不存在施受关系,而动词又是所谓内动词的"小人自不小心,**被**他走了"等句子。他认为,这种句子中的"被"字,不能认为是加在一个普通的主动句前面的成分。"这种句子已经很少有被动句的意味,被字是用来表示一种不幸的遭遇的,但是,它有时也很难改成别的形式,而是以用'被'字句为宜。"

王力(1958)谈到了这种不表示被动意义的句子。他认为,最晚在唐代,被动式开始部分地脱离了正常的轨道。在他看来,在唐代以前,被动式的作用基本上是表示不幸或者不愉快的事情的,被动式由于这种基本作用发展的结果,使"被"字句有可能脱离了被动式的正常结构甚至脱离了被动的意义而单纯地表示不幸,因而出现了以下句子:

于是大王怜爱太子,将向后宫,令遣嫔妃,递交育养。其时**被**诸大臣道:"大王!太子本是妖精鬼魅,请王须与弃亡。"(《八相成道变文》)

向熹(1958)提到"非被动关系的被字句",指的是"仍然是主—动—宾的词序,和一般的主动句一样,只是句首加上一个被字"。他认为,类似"**被**你杀了四个猛虎"这样的句子和正常的被动句不同,它们并没有被动的意思,动词前面的不是受动者,受动者仍然在动词后面以宾语的形式出现。他已经注意到这些句子不受构成普通被动式的"动词是个外动词"的限制,不仅内动词、存在动词可以用,系词和形容词也可以用,认为"被"字在这里往往表示一种不幸或意外的情况,有说明理由和解释原因的作用,另举"只是一时间不小心**被**他走了","却**被**村里有个亲戚,在下处说些家务,因此耽搁了些"等为例。

袁宾(1987)所归结的近代汉语中的五类特殊"被"字句,有两类是不表示被动的：一类是动词是"言""道""说"等，后面多带有直接引语；另一类是动词对主动者进行描述，并不直接作用于受动者，这种动词有时带宾语，但并非该"被"字句的受动者。袁宾认为，近代汉语中的"特殊被字句"，动词可以是及物的，也可以是不及物的；可以和受动者发生直接的动宾关系，或者存在意念上的动宾关系，也可以没有这种语法上的关系。他认为，这样的句子所叙说的意思对于受动者来说仍然是"一种不中意的、不幸的或带有压制性的遭遇"，而且，这些句子里的"被"字"仍具有介词性质和表示被动的意义"。

俞光中（1989），俞光中、植田均（1999）所分析的 R2 型"零被句"是不表示被动关系的"被"字句。和他们所说的 R1 型一样，所谓的"零被句"指的是"被"字前无被动受体，且非省略，以此区别于其他"正宗的 N 被句"①。俞光中（1989）主张他们所提到的 R1、R2 类"被"字句无主语，而且不是省略，即使从"话题—说明"角度来分析这样的句子，它们也是"无话题句"。在解释"零被句"的语义框架时，俞光中（1989）赞成王力的"表不幸说"并进一步对"语法不幸者"与"实际不幸者"作了区分。

顾穸（1992）也发现"被"字不表示被动的情况。一种是"被 N"后的谓语形式是非他动性的，是"N 的自动行为"；另一种是"被"字后的语法成分是形容词或描写性的。两类都有表示原因的情况，前者既表原因，但仍有"意念"上的"被动"语义色彩，这原因对相关的人或事是"消极"的。

蒋绍愚（1994）在提到"被"字表示原因时，认为有的表示原因的"被"字仍是表示遇到了某种意外的或不如意的情况，因而导致了另一种情况的发生。

史国东（1994，2000）也谈到了"非被动的被字句的产生"，同样认为是"NV"以"被 NV"的形式出现，"不能做受事句看待"，"被"字看似多余，并同意王力"被字叙述不幸、不如意事情"的看法。

李珊（1994）谈到关于"被"字表"因"的原因，李珊的看法跟江蓝生（1989）类似：历史上的被动式一般表示遭受某种不幸、不如意的事，这种不幸、不如意的事往往也是构成某种事态的原因，因此表原因的

---

① 我们认为，他们所说的"零被句"不仅可以补出主语，甚至在句法上不用补出就是有主语的；他们在分析例句的时候，仅仅截取一个完整句子的一个片断，将其认定为"零被句"，这是其较为突出的一个问题。详见本书第四章的分析。

"被"字其实来自"遭受"义的"被"字,是"遭受"义"被"字的一种引申用法。

刁晏斌(1995a)提到《朱子语类》中有一类"施事+被+复指+谓语"式,举例为:

曾皙**被**他见得高,下面许多事皆所不屑为。(《论语十》)

他认为,此例中"曾皙"并非受事主语,而是施事者,是后边"见"的动作的发出者,而下边的"他"则是复指这个施事者的,在这样的句子中,句首的施事者都有强烈的话题意味。另举句首施事者与"被"字被别的成分隔开的例子:

释老虽非圣人之道,却**被**他做得成一家。(《论语十一》)

他的观点总起来看还是认为"被"字表示"不幸"的,但在一些句子中,"被"字表示不幸、不如意的意味已经或趋于消失,而表示原因的作用却十分明显、突出,并指出"被"字只表原因不表不幸的用例,基本上是《朱子语类》中所特有的,而《水浒传》中的例子如"却**被**客店里人多,恐妨救了"则是"兼表不幸和原因"的。

刁晏斌(1995b)提到了"被字句Ⅱ"("被+施事+谓语"格式,"被"前无受事)中有一种"表示夸饰"的类型。他认为,在"人都贪财好色,都重死生。却被他不贪财,不好色,不重死生,这般处也可以降服得鬼神"(《朱子语类》)。这样的句子中,"被"字的使用主要是帮助表达一种夸饰或突出的意味。作者找出了12例这样"表示夸饰"的句子(占其统计范围的2.5%),认为这类句子有一个共同点:谓语动词都不含"消极"意味,亦即不表示使受动者遭遇不幸或不如意的意义。作者在解释此例句子成因时说:"这类句子的意义正是由一般被字句的'意外'意味而来的,正因为是意外的,所以在表述时才要夸饰、突出,由此形成了这样一类。"

林红(2000)也提到"非被动被字句",认为类似"二将奏曰:**被**汉将诈宣我王有旨"等句子没有表示被动关系的"N受",在语义上不是表示被动的,实际上是"NV"以"被NV"形式出现,引王力的说法:大致是为了叙述一种不幸、不愉快的事情,或者表示人所不如意、不企望的意思,为了达到这样的目的,故拿"被"字句姿态出现而已。林红认为,

"被"字多数情况下相当于"不幸""不巧",有时含有"遭受"动词语义,但语义较模糊,已经是副词了,有时也有突出主语、改变句子视角的作用。

王明华(2001)分析了《金瓶梅词话》中的"被"字句,认为"脱离了正常轨道"的"被"字句作用有二:表明动作的施事者或状态的当事者;"表示一种不幸的遭遇"(王力)。但该文所举例子中有些不妥,如**被**玉箫发讪,一拳一把戏打在身上,打的书音急了,说……①

(二) 突出叙述重点说②

蒋绍愚(1994)提到"非被动关系的被动句",提出了一个非常重要的观点:这种"被"字的用法是和汉语的表达特点有关的,汉语在一个句群中,总有一个叙述的中心或重点,用不用"被"字,常常与这个中心或重点有关。如"二将奏曰:'**被**汉王诈宣我王有敕,赚臣落马'"一例,句子的重点在于叙述甲方的情况如何:"臣"受到汉王暗算,如果去掉"被"字,句子的重点就变成叙述乙方的动作了③。

同样在1994年,另一篇文章提出了极为相似的看法。史国东(1994)认为,"非被动被字句除了具有表贬义的功能外,加被字后整个结构还增出了使主语地位突出、改变句子视点的效果",如"(大王)当时**被**诸大臣道:大王!太子是妖精鬼魅"一例,作者意在突出主语"大王",而非"诸大臣",删去"被"字后,"诸大臣"的地位凸显,会与作者欲强调的人物发生偏差。史国东(2000)对此也有论述。

这种观点是很正确的,影响较为深远,为后来许多学者所赞同。刘子瑜(1997)注意到了《变文》中"远公当即不语,**被**左右道……"这样的句子,观点跟蒋绍愚(1994)相同,认为有无"被"字,句子表达的语意重点不同。岳立静(1999)也持"叙述重点"的说法,认为元明之间有"被 + N1 + VP + N2"式,"被"字后是一个一般的"主动宾"结构,去掉"被"字会改变句子的叙述重点。林红(2000)提到的"非被动被字句","有时也有突出主语、改变句子视角的作用"。崔宰荣(2001b)分析了唐宋时期的两种零主语"被"字句,其中的"零2"与俞光中(1989)所说的"R2"相同,指的是"被"字前面没有受事主语,也没有

---

① 文章认为,该句是"被动句中的动词是不及物"的例子。
② 第(二)、(三)种说法可以说是对第(一)种说法的补充,并不是用来解释所有的不表示被动的"被"字句的。
③ 在个别例子的归类上,我们认为,此例是省略主语"我"的句子,而且"被"字后是多VP结构,后面的"赚臣落马"仍是表示被动关系的,详见本书第四章和第六章的分析。

被动的意味,也不能变换成被动句。崔宰荣在解释"零2"的来源时提出了一个"初步的想法",认为这和汉语的"叙述重点的一致性"表达上的特点有密切的关系,人们就是为了满足汉语表达上的需要而在主动句上有意识地加上了一个"被"字。袁宾(2002)在分析"于是大王怜爱太子……其时**被**诸大臣道:……"这类句子的时候引用蒋绍愚(1994)的说法,认同将其归入"非被动关系的被动句"里,"被"字似乎是多余的,但有无"被"字的叙述重点不同,这种用法关乎句群中的叙述中心或重点。不过,袁宾提出一种假设:从这类句子形成过程来看,似应是来自动词后面带宾语的"被"字句。蒋绍愚、曹广顺主编(2005)也持"叙述重点说"。

(三) 表示原因说

最早谈到"被"字可以表示原因的情况可以追溯到20世纪50年代。向熹(1958)认为,在"非被动关系的被字句"中,有些"被"字往往表示一种不幸或意外的情况,有说明理由和解释原因的作用。后来,江蓝生(1989)作了进一步的阐述,江蓝生举出"吃他忒善了,**被**人欺负""吃我变了脸,恼了,他才……"以及"那时俺便要杀这两个撮鸟,却**被**客店里人多,恐妨救了"等例句,对此的解释为:从逻辑上讲,被动一般表示遭受某种不幸,而这种不幸往往成为某种事态或结果的原因,"被""吃"表示原因的用法正是循着这一逻辑关系产生的。这一观点为后来许多学者所接受,另外也有不少学者对此表示反对。关于"被"字是否表示"原因"的问题,可以归结为以下三种说法:

1. 只表示原因

许仰民(1990b)分析了《金瓶梅词话》中的被动句,认为有一种"被"字"介入事物发生的原因"。他认为,这些介入原因的被动介词,有的本无所介,只是起关联作用,形同连词。

冯春田(2000a)认为,近代汉语中的"被"字被动句在句式上从宋代开始就已经出现了分化,主要表现在"被"字被动句具有"使让"义和表示"原因"两个方面。

崔宰荣(2001b)认为,有的"被"字等于连词"因为"。崔宰荣认为,"零2"中的有些句子连表示"遭遇到某种意外的、不幸的、不如意的或者是无法抗拒的情况"的意义也没有了,"被"字只能看作表示原因的虚词。对"曾晳**被**他见得高,下面许多事皆所不屑为"这个例子,崔宰荣分析得较为详细:这一句,我们不能理解为"曾晳被到他见得高",是因为"他"就是"曾晳",所以,句中的"被"不仅不能看成被动标志,也不能理解为"遭遇"。再者,谓语"见得高"是一种状态,"见"本身是个动词,可以用来表示某种动作,但在此和补语"高"结合之后表示的是一种状态。

施发笔(2001)也认为,《水浒传》中有"被动意味远不如表示原因的意味浓"的"被"字。

郑剑平(2003)引俞光中、植田均(1999)中"被字句在个别情况下确实应作连词因为解"的说法,但所举《金瓶梅》中的几例均不恰当:

武二告道:"小人哥哥武大,**被**豪恶西门庆与嫂潘氏通奸,踢中心窝。王婆主谋,陷害性命。何九朦胧入殓,烧毁尸伤。见今西门庆霸占嫂子在家为妾。见有这个小厮郓哥是证见。望相公作主则个。"

郑剑平仅仅认为,"**被**豪恶西门庆与嫂潘氏通奸"表示原因是不恰当的。"被"字不能仅仅认为只管辖到"通奸",而是一直管辖到"烧毁尸伤",因为"被"字后都是主语"小人哥哥武大"所遭受到的一连串动作,而且是表示被动关系的。详见本书第六章的分析。另外所举的五个例子都是这种情况。

另外,何继军(2004)也提到"被"字表原因的句子;丁勇(2006)提到"被"字句表示原因的状况;许巧云、蔚华萍(2006)发现关汉卿杂剧中脱离常规的、没有定型的、后代逐渐淘汰的"零被句"占有"被"字句超过一半的比例,而且这种用法在现代汉语中仍有使用,其中有一例"不表被动关系的零被句",解释为"似乎相当于因、因为"。

2. 既表示原因,又表示"不幸""不如意""意外"等色彩

顾穹(1992)提到两类不表示被动的"被"字句都有表示原因的情况,但前者既表示原因,又有"意念"上的"被动"语义色彩。

蒋绍愚(1994)也提到了"被"字表示原因的现象,如"**被**丁文雅不善御军,其将孙飞虎半万兵叛"与"崇训……将杀符氏,**被**符氏藏匿帷下,崇训求之不得",但认为后一例的"被"字仍是表示遇到了某种意外的或不如意的情况,因而导致了另一情况的发生。黄锦君(2002)在《二程语录》中找到了8例"动词前虽有被字,但并不表示被动"的句子,在解释时引用蒋绍愚(1994)的说法:例中的"被"字虽然很像连词"因",但是"被"字还是表示遇到了某种意外或不如意的情况,因而导致了另一情况的发生。

李珊(1994)认为,在"被"字表示被动在发展过程中还引申出介

引动作行为的原因，这个表"因"的"被"字，"从近代到现代一直和被动义并行，但略有偏离的轨道上活动"。近代的例子从《朱子语类》到《红楼梦》中的"被"字表"因"，结构上有的是否定词、助动词在"被N"后，有的谓语动词是"有、说、受"，有的 VP 是描写性的主谓结构，语义、结构都多少和表被动的"被"字句乖离。关于"被"字表"因"的原因，李珊的看法跟江蓝生（1989）类似：历史上的被动式一般表示遭受某种不幸、不如意的事，这种不幸、不如意的事往往也是构成某种事态的原因，因此表原因的"被"实来自"遭受"义的"被"，是"遭受"义"被"字的一种引申用法。李珊所引现代汉语的例子如：

每逢开会去通知他的时候，都**被**常有理说他有病给顶回来。（《赵树理》）

李珊认为，这样的句子尽管也可用"因"替换，语义上按"因"解释，但结构上并未脱离正轨，可以不作非被动句分析。

刁晏斌（1995a）认为，《朱子语类》中的"施事＋被＋复指＋谓语"式，"被"字表示不幸、不如意的意味已经或趋于消失，而表示原因的作用却十分明显、突出，并指出"被"字只表原因不表不幸的用例，基本上是《朱子语类》中所特有的，而《水浒传》则有"兼表不幸和原因"的例子。刁晏斌（1995b）提到了"被字句Ⅱ"（"被＋施事＋谓语"）中"表示原因"的类型。

周崇谦（2003）在研究《水浒传》中的被动句时谈到"被动关系词的连词化现象"，他发现，在《水浒传》的"被"字句中有 49 个"被"字可以解释为"因为"，例如：

被他那里人多，救了上山去，闭了这鸟关。①

周崇谦认为，即使在有主语被动句和受事两现被动句中，有时候"被"字也可以解释为"因为"，举例为：

这许多赶来的马军，却**被**花荣拈弓搭箭，射倒当头五七个，（所以）

---

① 此例我们认为是"被"字后的多 VP 结构，"被"字管辖至句末，主语所"被"的，不仅仅是"那里人多"，还有"救了上山去，闭了这鸟关"。详见本书第六章的分析。

后面的勒转马，一哄都走了。（"所以"为笔者所加）

周崇谦认为，不管哪一类被动句，其"被"字解释为"因为"的前提是被动结构充当了一个分句，此分句与后分句之间存在因果关系。他认为，语言的使用者最终没有选择"被"字等被动关系词来表示因果关系，而让"被"字继续专司其职；周崇谦谨慎地说，在近代汉语中，原先就没有必要把"被"字解释为因果连词，因为"被"字始终发挥着引进施动者的作用。

3. 不表示原因

俞光中（1989），俞光中、植田均（1999）反对"被"字表示原因。俞光中（1989）引李思明的统计，《水浒传》因果句"果连词为主，因连词为次"，只有果句有连词的情况居多。俞光中（1989）反问："既然R2有因果关系时多数无果连词，难道反而要把'被'看成是因连词？"他认为，单就《水浒传》而言，把某些"被"字看成等于"因为"是与整体形势相抵牾的。

王明华（2001）认为，"被"字的意义是单一的，"被我慌了"等句式并没有表原因的意义，认为"因"义不是"被"具有的，而是动词性成分之间的关系所赋予的。

（四）其他说法

薛凤生（1994）认为，不是所有的"被"字句都有被动的意思，同时，不是所有表示被动意思的句子都用"被"字。他将"被"字句"A被B+C"的语义特征定义为"由于B的关系，A变成了C所描述的状态"而不是"A如何被B处置"。他举的一个较典型的例子是：老张**被**他太太哭得没了主意。木村英树（2005）的观点与此类似，认为被动句是用来表述客体因施动者的行为动作而发生某种状态变化的句式，该句式关心的是客体发生怎样的非自主性事态，而不是被施加什么行为动作。在这种语义特征的被动句式里，由被动介词标志的参与者既是施事，同时也是促使受事产生某种状态或变化的引发者。他还谈到被动句中被动介词标志的参与者并不限于及物动词所表述行为动作的施事，如"咳嗽"是不及物动词，但"咳嗽"的施事由被动介词标志的被动句就能够成立：他**被**小红咳嗽醒了。

可见，两位学者的出发点都是针对所有"被"字句的，力求找出适合"被"字句的普遍概括，因而不关心"被"字后的VP成分是否构成被动。在此不详细介绍。

三 目前研究存在的主要问题

从上文我们可以看出,"被"字句发展到不表示被动的阶段,学术界很早就注意到了,学者做出了很大的贡献,这是毋庸置疑的:对此类现象分析得很透彻,提出了很多精到的见解,并初步分析了产生此类现象的原因。这里只谈几点不足之处。

(1) 对于这类句式的产生机制的分析还不能说已经很理想了。如果说不表示被动关系的"被"字句是从表示"不幸""不如意"色彩类推而来的,这将很难说服反对"被"字表示"不幸"色彩的人。如果有人认为"被"字本来就不是表示"不幸、不如意"色彩的,那将如何解释这类"被"字句的产生?这种由语义色彩产生的类推的作用有多大?这是不容易说明白的问题。

(2)"被"字的"突出叙述重点说"很有道理,也很有影响,只是有一个关键问题没有解决,那就是"被"字处于什么样的句法地位?为什么在一个"正常的句子"前面多出一个"多余的被字"就能突出叙述重点?上一节提到有学者把这些句子处理为:此类句式的主语仍然是受事主语,句式也是被动句式,"被"字仍具有介词性质和表示被动的意义[①]。我们可以看出,这是不得已而为之的一种处理方式。另外,"不表被动关系的被动句"听起来也是矛盾的,既然不表示"被动关系",那么称作"被动句"也是有问题的。

(3) 关于表示"原因"的"被"字,学术界尚有争论。主张"被"字"表因"的学者认为,"被"字大致来源于两种途径:一是"不幸、不如意"色彩;二是处于特定的因果复句中。有一个明显的问题是:"表示原因"不能解释所有的不表示被动关系的"被"字句;能解释为"表示原因"的只是"被"字句"离心结构"中的一种情形。当然,也没有人用"表示原因"来解释所有的不表示被动的"被"字句,这也说明在将"被"字解释为"表原因"的时候仍有一定的随意性。另外,在有些句子中,"被""因"都出现,如果说"被"字等于因果连词"因",那么"因"字如何解?仅仅"因被"连用的句子,在我们的语料中就有 32 句,另有一些"被……因"连用的句子,如:

问其缘故,那人正是关疑,这老婆婆是他母亲,妻房就是赵烈妇了。

[①] 袁宾(1987),蒋绍愚、曹广顺主编(2005)等学者持此说。

因被王则逼娶不从，自缢而死。(《三遂平妖传》：40)

已而又有一人，身躯矮小，面背青色，自言是武植，因被王婆唆潘氏下药吃毒而死，蒙师荐拔，今往徐州乡民范家为男，托生去也。(《金瓶梅》：100)

头里他再三不来，被学生因称道四泉盛德，与老先生那边相熟，他才来了。(《金瓶梅》：49)

"表因说"不是完全没有道理。我们认为，"被"字由于处于两个其间存在因果关系的分句之前，有衍生出表因的可能；有的学者就认为"被"字句表示的是"会造成某种结果"的（如木村英树等），他们主张应该认为是"被字句表原因"而非"被字表原因"。这种句子跟其他"离心结构"形式上无别，只是有另外一个分句叙述了事件的结果。一个词由于处在一定的句式结构中而产生出另一种毫不相干的词义的现象古已有之，如判断词"是"来源于代词"是"，两种意义毫不相干。关键问题是，代词"是"演变为判断词"是"之后，就不能再作代词"是"来理解了。表示原因的"被"明显没有达到这种程度，"被"字表"因"义还处在随文释义的阶段，之所以可以把"被"字解释为表示原因，仅仅是因为把"被"字替换为"因"字可以解释得通，但这种替换往往会把不相干的两个词相混淆。如果仅仅随文释义的话，"被""吃"字还可以作除"因"义之外的多种解释，如：

西门庆道：你看了还与我，他昨日为剪这头发，好不犯难，吃我变了脸恼了，他才容我剪下这一柳子来。(《金瓶梅》：12)

夜间听得那厮两个做神做鬼，把滚汤赚了你脚，那时俺便要杀这两个撮鸟，却被客店里人多，恐防救了。(《水浒传》：9)

以上两例（我们可以找到更多的例子）中的"吃"字和"被"字都可以用"看"字来代替，"他看我变了脸恼了，才容我……""我看客店里人多，恐防救了"似乎更合乎上下文的意思。如果依据上下文的逻辑关系，上例中的"吃"字解释为"只有"也未尝不可，和后文的"才"相呼应，"只有我变了脸恼了，他才容我……"，能够更加明确此句所表达的是一种条件关系。更有下面的例子：

孙小官也跳进去，拦腰抱住道："亲亲姐姐，我被你想杀了！"(《二

刻拍案惊奇》：35）

此例中的"被"字解释为"因"是不通的，解释为被动式就更不通了，因为此句表达的是"我想你"，如果按被动式解释就是"我被你想"，成了"你想我"的意思了，与原文的意思刚好相反。如果随文释义，把其中的"被"字替换为另外一个可以讲得通的字，那替换为"把"字最为恰当："我把你想杀了"。但实际上"被"字不可能有"把"字的意义①。

"被"字解释为"因"，有时候会打破整个"被"字句的结构，如下文的例子均是"被"字后的多VP结构，如果把"被"字解释为"因"，就使"被"字只管辖后面的一个VP了：

他母舅张团练，来问他母亲借了五十两银子，复谋管事。**被**他吃醉了，往张舅门上骂嚷。（《金瓶梅》：92）

火龙骂曰："畜生，我满眼的孙子，今日**被**你不长进，败得一个也没了，还来怨我父亲！"（《警世通言》：40）

第一句是说，"他母舅张团练……**被**他……往张舅门上骂嚷"；第二句是说，"我满眼的孙子**被**你……败得一个也没了……"。如果解释为"被"字表原因，则完全打破了这些"被"字句的结构。像这样的"被"字句属于"被"字后出现多VP结构的情形，"被"字后的第一个VP不表示被动，而第二个VP才表示被动，详见本书第六章的分析。现代汉语中也有很多这样的句子，如"我**被**他跑过来拦住"（例引自桥本万太郎，1987）。如果一定要打破这种多VP结构将"被"字解释为"因"，这一句就是"我**因**他跑过来拦住"，反正如果"他"不"跑过来"，是没办法"拦住我"的。这样解释并不是完全不可以，只是稍微有些勉强。

---

① 例如，"我被你想杀了"中的"被"字虽然确实可以替换成"把"字而不影响原意，然而，"被"字不可能等于"把"字。这是一种较为特殊的格式，在我们的语料中有9个例子。我们对此种"被"字句出现的可能性尝试着做一下解释。如果将其变成主动式，就是："你想杀了我"。此句有两个含义，其一是："你想我，想杀了"；其二是："你"是主题，"你，想杀了我"，意思是"我想你"。这句话如果按照第二个含义来理解，变成被动式，就成了"我被你想杀了"。

第二节 "NP1 + 被 + NP2 + CF"产生的原因及过程分析

要想比较详细地说明"被"字后"离心结构"(NP1 + 被 + NP2 + CF)的产生与发展,需要从"被"字句的产生谈起。本节讨论"被"字句从"被 + VP"的产生及其从"被 + VP"到"被 + NP + VP"的发展以及"被 + NP + VP"分化为"被 + NP + CP"与"被 + NP + CF"的原因及过程。

一 "被"字从"遭遇事物""遭遇动作"到"遭遇事件"

先秦两汉的"被"字句格式基本上是"被 + N"和"被 + V"格式,也就是"被"字后出现名词和动词两种情形。王力(1957,1958)认为,被动式的"被"字来源于表示"蒙受""遭受"义的"被"字,这一观点已为学术界所广泛接受。太田辰夫(1958)也认为,"被"字原是动词,为"蒙受""承受""遭受"之意。"被"字在一开始是以后面出现名词性成分和单个动词形式为常见,下面是王力(1957)和太田辰夫(1958)所举的一些例子:

"被 + NP"格式:

下施之万民,万民**被**其利。(《墨子·尚贤中》)
百姓无**被**兵之患,髡有璧马之宝,于王何伤乎?(《战国策》)
身**被**数十创。(《史记·魏其武安侯列传》)
竟**被**恶言。(《史记·魏其武安侯列传》)

"被 + V"格式:

今兄弟**被**侵必攻者,廉也,知友**被**辱随仇者,贞也;廉贞之行成,而君上之法犯矣。(《韩非子·五蠹》第四十九)
错卒以**被**戮。(《史记·酷吏列传》)
信而见疑,忠而**被**谤,能无怨乎?(《史记·屈原列传》)
以万乘之国**被**围于赵。(《史记·鲁仲连传》)

学者对这个时期"被"字后的成分到底是名词还是动词区分不是很严格。太田辰夫(1958)认为,汉语的多数抽象名词本身也就是动词,他将被动式的产生机制概括为：动词"被"字后边可以带名词作宾语（如"身被数十创"），但有时候出现的成分可以理解为动词，如"被谤""被戮"，而当"被"字后边的词可以理解为动词的时候，其中的"被"字就已经是助动词了。

蒋绍愚（1994）指出，在汉语中，名词固然常常充当宾语，但动词充当宾语，也是很常见的现象。重新分析的关键不在于"攻"或"害"是名词还是动词，而在于它们和"被"构成什么关系，如果"被"字后面是一个动词，"被"字仍然可能是一个动词而不是被动的标志。

蒋绍愚（1994）的观点是很正确的。汉语中，许多情况下动词可以充当句子的主语和宾语，古代汉语也不例外。但我们还可以进一步思考，既然"被"字后可以出现动词作宾语，那么主谓结构充当动词"被"的宾语也是可能的。汉语中主谓结构充当句子成分而其功能相当于一个动词的情况也是常见的，作主语和宾语都很常见。如果把"被"字和动词之间出现的施事者看作"被"字后主谓结构的一部分，那么仍然也可以认为"被"字可能只是一个动词而不是被动的标志。如果能采取这种看法，而不仅仅局限于"被"字出现了施事者之后就形成了"真正的被字句"，那么，关于所谓的"特殊被字句"不表示被动的问题就迎刃而解了。

"被"字后出现主谓结构，最早大概可以追溯到《韩非子》时代，该书中有"被"字后出现"N+之+V"的例子：

圣人为法国者，必逆于世，而顺于道德。知之者，同于义而异于俗；弗知之者，异于义而同于俗。天下知之者少，则义非矣。处非道之位，**被众口之谮**，溺于当世之言，而欲当严天子而求安，几不亦难哉！此夫智士所以至死而不显于世者也。（《韩非子·奸劫弑臣》第十四）

这个例子是王力（1957）举出的。王力举这个例子为了证明助动词"被"是从表示"遭受"意义的动词"被"演变而来的，他认为，"被众口之谮"减去"之"字就成为"被众口谮"，"这是宾语转为被动词的情况，显示了被字的虚化过程"。

我们认为，这个例句可以看作"被"字后出现主谓结构的萌芽。在先秦时期，主谓结构作句子成分在一般情况下是中间加入"之"字的，加上"之"字之后，表明这个主谓结构的指称化，或者解释为取消句子的独立性，以表明这个主谓结构是作为一个句子的主语或者宾语而不是谓语出现的。《世说新语》时代，主谓结构直接以不加"之"字的形式出现在

"被"字之后，如王力（1957）所举的例子：

祢衡**被**魏武谪为鼓吏。（《世说新语·言语》）
亮子**被**苏峻害。（《世说新语·方正》）
若官未通显，每**被**公私使令，亦为猥役。（《颜氏家训·杂艺篇》）
举体如**被**刀刺。（《颜氏家训·归心篇》）

关于如何看待"被"字后出现主谓结构的问题。本内特（1981）对"被"字后到底为动词还是名词的看法类似于太田辰夫（1958）。汉语中，"被"字后兼属名词和动词的词很多，认为"国一日被攻"可以产生重新分析，而《世说新语》中出现的"亮子被苏峻害"一例，"被"字后出现施事者之后，出现的就是被动句了，因为这个句子除非很勉强地解释为"亮子受到苏峻的杀害"才能把"被"看作动词，把"害"看作"被"的宾语。我们认为，解释为"亮子受到苏峻的杀害"不应该是这个句式的本意，而且确实勉强，但是，解释为被动句也不一定稳妥。如果解释为"亮子遭遇到苏峻杀害这件事情"，则较为说得通，在句式上，"苏峻害"是作为"被"字的宾语出现的。在"被"字句的发展过程中，凡是"被"字后出现名词的，我们称之为"遭遇事物"；凡是"被"字后出现动词的，我们称之为"遭遇动作"；凡是"被"字后出现主谓结构（其中V为动词）的，我们称之为"遭遇事件"。

"被"字作为动词，后面出现的主谓结构确实应该分析为作"被"字宾语的情形，可以从后面偶尔出现的例句加以说明。"被"字后如果出现"着"字，就不能作为被动标志来处理了，如：

撇下个寿高娘，又**被**着疾病缠身体，他每日家则是卧枕着床睡。（《秋胡戏妻》）
（白）老鸦未着裈裆，**被**着张小娘子来叫，厮伴去采茶。（《张协状元》）
差官道："这第二句可不是连太太也**被**着他们糟蹋了么。"（《官场现形记》：49）

这几例，如果没有"着"字，这将是非常普通的"被"字句，同时也是被动式："寿高娘**被**疾病缠身体""老鸦**被**张小娘子来叫""太太也**被**他们糟蹋了"，第一例是一个带"狭义领属"关系宾语的"被"字句

（"寿高娘**被**疾病缠"——"寿高娘**被**疾病缠身体"）。如果加上"着"字，那么表明"被"字是动词是毫无疑问了，但这个句子还能不能算作被动句呢？这样的例子虽然不多，仍能表明"被"字即使用在被动句里，也有很强的动词性①。

"被+主谓结构"（其中V为动词）何以表示"遭遇事件"？我们所说的"遭遇事物""遭遇动作""遭遇事件"，都是从语用角度来说的。一定的语法格式必定表示一定的语用功能，"被"字后出现NP成分，说明"被"字前的主语遭受的是一种事物；出现动词，说明"被"字前的主语遭受的是一个动作；而出现一个主谓结构，我们认为，是"被"字前的主语遭受到了一种事件。主谓结构，从本质上讲，叙述的是一个事件，有主语也有述语，表达一个事件的发出者和事件的大体梗概。近代汉语中，有两种格式的"被"字句，在表明"被"字"遭遇事件"的功能的方面表现得更为极端。下面分析一下这两类例子的情况。

（1）"NP1+被+NP2+代动词"格式：

且如他当时**被**那儿子恁地，他处得好，不将天下与儿子，却传与贤，便是他处得那儿子好。（《朱子语类》卷十六）

如周公**被**管蔡恁地，他若不去致辟于商，则周如何不扰乱！（《朱子语类》卷十六）

有年号了，犹自**被**人如此，无后如何！（《朱子语类》卷七十六）

以上几例中的"恁地""如此"均不是动词，然而出现在"被"字后NP成分后的谓语位置上，所表示的大概是某种不言而喻的动作，由于用此类代词来表示，更能显示"被"字前主语所遭遇的是一种事件。

（2）"NP1+被+详细事件"格式：

妇人闻语，张口大叫一声，忽然面皮裂皱，露爪张牙，摆尾摇头，身长丈五。定醒之中，满山都是白虎。**被**猴行者将金镮杖变作一个夜叉，头点天，脚踏地，手把降魔杵，身如蓝靛青，发似硃砂，口吐百丈火光。（《大唐三藏取经诗话》）

朱温镇日价只是去四散走马趨球，使枪射箭，怎知他浑家曾**被**黄巢亲

---

① "被+着"格式在我们所调查的语料中共有4例，另外一例是：九公曰："是吾女婵玉，也**被**着伤。"（《封神演义》：54）。

到他军营来相寻，因见张归娘生得形容端正，美貌无双，使些泼言语，要来奸污他；奈缘张归娘是个硬心性的人，不肯从允，跪谢黄巢道："妾丈夫朱三，是大齐皇帝的弟弟，大齐皇帝便是妾的伯伯。"（《新编五代史平话：梁史平话》卷上）

老汉只有这个小女，今年方得一十九岁。被此间有座山，唤做桃花山，近来山上有两个大王，扎了寨栅，聚集着五七百人，打家劫舍。此间青州官军捕盗，禁他不得。因来老汉庄上讨进奉，见了老汉女儿，撇下二十两金子，一匹红锦为定礼，选着今夜好日，晚间来入赘老汉庄上。（《水浒传》：5）

因为带将一个女儿，名唤玉娇枝同行。却被本州贺太守，原是蔡太师门人，那厮为官贪滥，非理害民，一日因来庙里行香，不想正见了玉娇枝有些颜色，累次著人来说，要取他为妾。王义不从，太守将他女儿强夺了去为妾，又把王义刺配远恶军州。（《水浒传》：58）

上例中主语 NP1 所遭受的事件，叙述得极为详细，从开端到发展到结局，中间还介绍了"被"字后施事者的各种情况以及一系列的行为动作甚至还有第三方的一些情况，由始至终无不叙述得至为详备。此类句子不可能从被动的角度进行分析，从说话者的主观表达上讲，只能认为是"被"表示"遭遇事件"，所遭受的是一个从头到尾交代得极为详细的一个事件。

附带介绍一下"被"字在近代汉语中可以认为比较明确地用作动词的情况。这可以分为两种类型：一是"被+NP"结构；二是"被+单个动词 V"结构。"被"字的动词义从先秦时代开始，一直延伸到清代末期，几乎贯穿了整个上古汉语、中古汉语和近代汉语时期。在我们所调查的语料中，直到《官场现形记》中仍可看到"被+NP"的例子，虽然所占比例极小，但毕竟有这种用法，而且"被+了"的用法也有几例①。相对于"被+NP"而言，"被+单个动词 V"的例子就更多了。但"被+单个动词 V"与"被+NP"不同，"被+单个动词 V"在被动式形成之后可以作为被动式看待，而"被+NP"只能分析为"被"字用作动词。刘子瑜（1997）注意到《变文》中"被"字的动词性还较明显的现象（"被侵"等），认为"这似乎说明，即使到初唐时期，被字作为被动标志、帮助表

---

① 有的学者将"被+NP"解释为"省略了动词的形式"。如郑剑平（2003）认为，"被春梅两个耳刮子"等于"被春梅打两个耳刮子"，"被外人唇舌"等于"被外人搬弄唇舌"，我们认为，这样做是不甚客观的。

被动的功能还不十分稳定。"下面举一些"被+NP"和"被+单个动词V"的例子,各个文献中所见例句的数量表附于本章之后(见书后本章附表一:"被"字后"被+NP"与"被+V"格式的数量统计)。① 需要指出的是,我们所统计的"被+单个动词V"格式,是指"被"字后仅仅加一个单个动词(单音节或双音节),V前面没有状语,V后面没有补语,也没有"着、了、过"等成分。另外,"被"字和其他动词凝固为固定词的例子也不包含在内(如"被告")②。

(1)"被+NP"在我们所调查的语料中共有181例,占所有"被"字句的比例为2.10%,在各个时代的分布比较零散。唐宋时代共45例,如:

承嗣马**被**箭,乃跳下,夺贼壮马乘之,一无损伤。(《朝野佥载》卷六)

昨因**被**不测罪,唯志心念经尔。"昭叹息舍之。遂削发出家,著大铁铃乞食,修千人斋供,一日便办,时人呼为"三刀师",谓是起敬菩萨。(《广异记·三刀师》)

王曰:"卿父今**被**严刑,囚系于牢……"(《伍子胥变文》)

十五六则日在地下,其光由地四边而射出,月**被**其光而明。(《朱子语类》卷二)

其不欲**被**刑者,乃其外面之私心。(《朱子语类》卷四十二)

九龙咸伏,被抽背脊筋了;更**被**脊铁棒八百下。(《大唐三藏取经诗话》)

元代共21例,如:

表文云:臣丰稷、陈师锡等,叨**被**圣恩,滥居言路,事有当言而不言,臣为旷职。(《大宋宣和遗事》)

表文云:河东节度使臣石敬瑭,叨**被**国恩,滥充戚党,以国家之盛衰,系一身之休戚。(《新编五代史平话·晋史平话》卷上)

绿本人年七十八岁,依旧例,合行收赎,合征元宝钞三十二贯文,入

---

① 关于动词与名词不易区分的情形,我们按照"动词优先"的原则,即能解释为动词的尽量按动词来看待,如"被冤""被冤屈"之类。解释为动词在意思上不通顺的,按名词来看待,如"被死"等。

② 由于这种限制,"被+单个动词V"的数量要比学术界所统计的"不带施事者的被字句"要少。

被死之家。(《元典章·刑部》)

【新水令】(生)一从科第凤鸾飞,被奸谋有书空寄。(《荆钗记》)

明代共79例,如:

话分两头,却说被箭的牡狐,是个老白牝狐所生。(《三遂平妖传》:3)

周泰身被十二枪,金疮发胀,命在须臾。(《三国演义》:15)

杨春转身得迟,被一飞刀,战马著伤,弃了马,逃命走了。(《水浒传》:59)

那妇女放下水饭纸钱,对行者赔礼道:"莫怪,莫怪,我不知你是被难者。"(《西游记》:73)

恐传出去,被外人唇舌。(《金瓶梅》:83)

是吾辈逢此劫厄,不能摆脱;今黄龙真人被如此厄难?(《封神演义》:47)

李元不舍,欲向前拥抱,被一阵狂风,女子已飞于门外,足底生云,冉冉腾空而去。(《喻世明言》:34)

足下三思,休被其惑。(《警世通言》:32)

朱源取名蔡续,特为起奏一本,将蔡武被祸事情,备细达于圣聪。(《醒世恒言》:36)

还京之日,已知好夫被难而亡。(《初刻拍案惊奇》:20)

此时夜已三鼓,王、陆两人已被酒,陆伏几而卧,王倚于椅上,亦鼾声如雷,惟陆仲含自斟自苦茗,时饮时停,与芳卿相向而坐。(《型世言》:11)

那一年发水,家家都被了水患,偏我得了许真君的护佑,家财房屋一些也没曾冲去。(《醒世姻缘传》:34)

小再冬说道:"我从向日被县官三十大板,整整的睡了三个大月。"(《醒世姻缘传》:94)

周相公叫人取出礼去,央了照磨,禀知粮厅,说他偶然被了火毒,不能穿衣,代他给假送礼。(《醒世姻缘传》:97)

又说:"因甚自不谨慎小心,以致被了汤火?"(《醒世姻缘传》:97)

太守合军粮二厅一齐惊诧道:"只道是他自己错误,被了汤火,怎么是被妇人烧的?"(《醒世姻缘传》:97)

直到清代仍有36例，如：

奴家杨玉环鬼魂是也。自从马嵬**被**难，荷蒙岳帝传敕，得以栖魂驿舍，免堕冥司。(《长生殿》第三十出《情悔》)

那知辞官未久，**被**了这一场横祸，受小人驵侩之欺！(《儒林外史》：11)

只是国初四大家，只有高青邱是**被**了祸的，文集人家是没有，只有京师一个人家收着。(《儒林外史》：35)

余二先生道："看虞博士那般举动，他也不要禁止人怎样，只是**被**了他的德化，那非礼之事，人自然不能行出来。"(《儒林外史》：47)

原来这门子本是葫芦庙内一个小沙弥，因**被**火之后，无处安身，欲投别庙去修行，又耐不得清凉景况，因想这件生意倒还轻省热闹，遂趁年纪蓄了发，充了门子。(《红楼梦》：4)

当年有弟兄二人进场，其父曾梦神人云：尔长子本无科名之分，因某年某处猝**被**火灾，他拾得金珠一包，其物是一妇人为他丈夫设措赎罪之资，因被回禄拥挤遗失，亏尔长子细心密访，物归原主，其夫脱罪，夫妇始得团圆；因此今科得与尔次子同榜。(《镜花缘》：63)

一则，他是朝廷重臣，国家正在用他建功立业的时候，不可因我一人私仇，坏国家的大事；二则，我父亲的冤枉，我的本领，阖省官员皆知，设若我作出件事来，簇簇新的冤冤相报，大家未必不疑心到我，纵然奈何我不得，我使父亲九泉之下**被**一个不美之名，我断不肯；三则，我上有老母，下无弟兄。(《儿女英雄传》：8)

走到路上，遇见那些**被**灾的人鬻儿卖女的，他男的不要，专买女的；坏的不要，单捡好的。(《官场现形记》：35)

(2)"被+单个动词V"在我们所调查的语料中共有887例，占所有"被"字句的比例为10.28%。唐宋时代共有102例，如：

连台拗倒者，则天**被**废，诸武迁放之兆。神武皇帝七月即位，东都白马寺铁像头无故自落于殿门外。(《朝野佥载》卷一)

逆徒寻而亦至，皎与流辈数人守扃待命，悉**被**收缚。(《广异记·召皎》)

对见之日复奏，全不许。后复重奏，遂不**被**许，此愧怅者。(《入唐求法巡礼行记》卷一)

平王捉我，事未消宁。傥**被**擒获，百死无生。(《伍子胥变》)

有一士人，以犯法**被**黜，在都中，因计会在梁师成手里直书院，与之打并书册甚整齐。(《朱子语类》卷十)

楚昭王招孔子，孔子过陈蔡**被**围。(《朱子语类》卷十九)

元代共有159例，如：

冬十月，大内火发，自夜至晓，五千余间，后苑广圣宫及宫人所居，几尽**被**焚，死者甚多。(《大宋宣和遗事》)

天帝可怜见三功臣无辜**被**戮，令他每三个托生做三个豪杰出来：韩信去曹家托生，做着个曹操；彭越去孙家托生，做着个孙权；陈豨去那宗室家托生，做着个刘备。(《新编五代史平话·梁史平话》卷上)

陈宫笑曰："非某之过。先杀丞相，当怀篡位之心，后见公孙瓒为事舛讹再投吕布。怎知贼子反乱。今日**被**捉，惟死者当也。"(《三国志·平话》卷上)

前者，月赤察儿**被**差之后，咱上位奏：完泽、阿忽歹两个根底，商量了奏那？(《元典章·刑部》)

(生怒击卓科)你前日在虎头寨上，若没有蒋世隆呵，乱军中遭驱**被**虏，怎全古操？(《幽闺记》)

明代共有477例，如：

又叹口气道："骆生做了和尚，反得升天，朕今犹滞于幽冥，不思黄巢之乱，百年朽骨，重**被**污辱，金玉之类发掘一空，致朕今日环佩雕残，诚羞见卿之面也。"(《三遂平妖传》:6)

卢中郎已**被**逮，别人领兵，我等去无所依，不如且回涿郡。(《三国演义》:1)

林冲**被**打，挣扎不得，只叫道："不妨事，我有分辨处。"(《水浒传》:11)

成吉思又说："我伤既如此，你如何裸身入敌营，倘若**被**擒，你岂不说我**被**伤？"者勒篾说："我若**被**擒，我说本是投降你的人，每得知，将衣服脱去欲杀间，遂扯脱走来。"(《元朝秘史》:5)

想老沙跟我师父一场，也没寸功报效；今日已此**被**缚，就将此性命与师父报了恩罢。(《西游记》:30)

且说平安儿**被**责,来到外边,贲四、来兴众人都乱来问平安儿:爹为甚么打你?(《金瓶梅》:35)

且言冀州探马报与苏护,长公子出阵**被**擒。(《封神演义》:3)

但坟地与荆轲墓相连近,此人在世时,为刺秦王不中**被**戮,高渐离以其尸葬于此处。(《喻世明言》:7)

时管夷吾多取其利,叔牙不以为贪,知其贫也,后来管夷吾**被**囚,叔牙脱之,荐为齐相。(《警世通言》:1)

贾公向**被**冤枉,感我父活命之恩,故将贱妾甚相看待,抚养至今。(《醒世恒言》:1)

后人评论此事,虽则报仇雪耻,不露风声,算得十分好了,只是巫娘子清白身躯,毕竟**被**污;外人虽然不知,自心到底难过。(《初刻拍案惊奇》:6)

若是风不吹去首张,此经今日必然**被**留,非复我山门所有了。(《二刻拍案惊奇》:1)

高秀才道:"贤宁自**被**擒受惊,得患怔忡,不堪任职。"(《型世言》:1)

清代共有149例,如:

别个官儿走的走,藏的藏,或**被**杀,或下狱,或一身殉难,或阖门死节。(《桃花扇》闰二十出《闲话》)

和尚出来问了,不肯收留,说道:"本村失了火,凡**被**烧的都没有房子住。"(《儒林外史》:16)

待我细说与老爷听:这个**被**打之死鬼,乃是本地一个小乡绅之子,名唤冯渊,自幼父母早亡,又无兄弟,只他一个人守着些薄产过日子。(《红楼梦》:4)

兼且春天为我**被**责;今不记前仇,不避祸患,又来苦口相劝。(《镜花缘》:25)

至于我之**被**参,事属因公,此中毫无屈抑。(《儿女英雄传》:13)

庄大老爷听到这里,晓得这事容易了结,便说:"你们先下去商量商量,谁人**被**杀,谁家**被**抢,谁家妇女强奸,谁家房子烧掉,细细的补个状子上来。"(《官场现形记》:15)

十六日早,金四报:昨日太阳落山时候,在西门外十五里地方**被**劫。(《老残游记》:5)

二 "被"字从"遭遇事件"的进一步发展

"被"字发展到后面以主谓结构作宾语也就是表示"遭遇事件"的阶段，后面的主谓结构就有可能按自己的道路继续发展。"被"字后带动词，通过我们的大量观察可知，后面的动词的动作都是指向"被"字前面的主语的。在"被"字后出现主谓结构之后的很长一个时期内，这个主谓结构的动作仍然指向"被"字前面的主语，但也出现了这个动作不指向"被"字前面主语的可能。这种情况从可能性到实现，是通过一类特殊的动词来实现的，那就是"言说类"动词。

言说类动词具有其特殊性。"说"可以带直接引语，也就是以直接引语为宾语。但"说"还隐含一个"对谁说"的问题，虽然在句法上表现不出来，如不能"说他＋引语"，只能"对他说＋引语"，然而，在古代"说×"表示"对×说"的例子是有的，而且带双宾语（"说"的对象和引语），如：

子曰："由也，女闻六言六蔽矣乎？"对曰："未也。""居！吾语女：……"（《论语·阳货》

从配价语法分析的角度来讲，言说类动词应该属于二价动词。配价理论认为，句子里词和词之间有依存或从属关系，名词从属于动词、依存于动词，句子里的词处于互相依存关系的系统中。言说类动词从这个动词和它的行动元的关系来讲，一般来说，只能有两个"钩子"，"钩"住两个名词性成分：主语＋言说类V＋引语。但是，言说类动词有一点比较特殊，那就是它在绝大多数情形下要表明"对谁说"，有听者才会有人说话，即使是自言自语，那听者也是他说话人本人，也就是说，它必须有一个"隐含的行动元"。这种情形反映在《论语》中的动词"语"的例子中，是直接以三价动词的姿态而出现的，而在其他文献中很少见。"NP1＋被＋NP2＋言说类动词＋引语"格式，从某种意义上说，可以认为是"隐含的行动元"提前而形成的"被"字句句式。

学术界举出的较早的"NP1＋被＋NP2＋言说类动词＋引语"的例子是：

其时被诸大臣道："大王！太子是妖精鬼魅……"（《八相成道变文》）

王力（1957）认为，这是"被"字句脱离了被动式的正常结构、脱离了被动的意义而单纯地表示不幸的例子，出现的时间最晚是在晚唐时代。我们也认为，这是较早出现"被"字后为"离心结构"的例子。

除"被"字后的动词为言说类动词以外，还有一类特殊的动词进入了"被"字句，那就是既可以是不及物动词又可以是及物动词的一类动词。同时属于及物动词和不及物动词一类动词的特点是动作性比较弱，在句法上可以带宾语，也可以不带宾语，如：

然世间利害，如何被人趋避了！（《朱子语类》卷八十三）

"趋避"就是一个同时属于及物动词和不及物动词一类动词，这个词用于主动式的时候，既可以指"自己悄悄地跑到一边，躲避起来"，也可以带上宾语"避开他人"。这种动词在这里没有使动的意思，并不是"使他人趋避"。这一类动词在进入"被"字句后所显示出的特点是：针对"被"字前的主语 NP1 来说，V 既可以有"反向性"，也可以没有"反向性"。另外的例子，如：

张占使人来报信，被朱温射了一箭。（《新编五代史平话·梁史平话》卷上）

这样的例子是说，在主动式里，既可以说成"朱温射了一箭"，也可以说成"朱温射了××一箭"。用在"被"字句中，就会有两层意思：一是"张占"仅仅遭遇到"朱温射了一箭"这件事情，"射（箭）"这个动作不指向"张占"；二是"张占"遭受到"朱温射了他一箭"，动作指向"张占"，构成被动式。

此类句子的特点是，"被"字后动词的动作性较弱，在"反向性"上具有模棱两可的特点，在理解为及物动词的时候，整个"被"字句可以认作是被动式；而在理解为不及物动词的时候，就是不表示被动的句子了。这类句子对于"被"字后"离心结构"的产生起到了一定程度上的"推波助澜"的作用。

三 "被"字表示"遭遇状况"的产生

"NP1 + 被 + NP2 + A"格式，"被"字后的语法成分是形容词或描写性的 A，这类句式明显是从"被 + 主谓结构"（其中 V 为动词）类推而来的，因为"NP+A"也是一种主谓结构。出现了这种句子之后，"被"字句就表示"遭遇到"一种状况。如：

他用那心时，都在紧要上用。**被**他静极了，看得天下之事理精明。（《朱子语类》卷一百）

曰："这处是旧日下得语太重。今以伊川之语格之。则其下工夫处，亦是有些子偏。只是**被**李先生静得极了，便自见得是有个觉处，不似别人。"（《朱子语类》卷一百三）

第三节 "被"字后出现"离心结构"的各种情形

这里所分析的是"被"字后的"离心结构"在所有"被"字句中出现的状况。本章重点分析"被"字句不表示被动的情形，然而，有些"被"字后的"离心结构"是出现在我们认定为表示被动关系的句子中的（CF 作为"被"字后多 VP 结构中的一个 VP）[①]，有的"被"字后虽为"离心结构"，但我们可以将其认定为被动式的，如"被"字后动词带"广义领属"关系的宾语[②]和"被"字后动词带指向"被"字前主语的补语两种类型。下文我们将对所有"被"字后出现 CF 的句式作一简单介绍，其中，第一种至第三种，我们认为是被动式，第四种不是被动式，而是本章所着重分析的"不表示被动关系的被字句"。另外，我们对"NP1 + 被 + NP2 + CF"格式按三种不同的标准进行分类。

一 "被"字后出现"离心结构"的所有情形

（一）"NP + 被 + 多 VP"结构中出现"离心结构"的情形

"NP + 被 + 多 VP"结构是"被"字句中在结构上最为复杂的一种类型。"被"字前的 NP 不一定和"被"字后的每一个 VP 发生都被动关系，而可能只和其中的一个或者几个发生被动关系。我们判断一个带有多 VP 结构的"被"字句是否为被动式，就是看这些 VP 中有无"向心结构"CP。我们按照"被"字所能管辖到的 VP 结构中的最后一个 VP 是 CP 还

[①] 这种类型我们将在本书第六章进行分析。

[②] 这种类型我们将在本书第五章进行分析。

是 CF（本书第六章将对"管辖"做详细说明），将"被"字句的多 VP 结构分为封闭式和开放式两种：最后一个 VP 是 CP 的，称为封闭式；最后一个 VP 是 CF 的，称为开放式。这里仅举几例，具体请参见本书第六章的分析。

（1）处于封闭式"NP + 被 + CF + CP"格式中：

是他无状时，不合说他调护甚有功，**被**义兵来，划地坏了他事。（《朱子语类》卷一百二十七）

然小行者**被**他作法，变作一个驴儿，吊在厅前。（《大唐三藏取经诗话》）

猴行者当下怒发，却将主人家新妇，年方二八，美儿（貌）过人，行动轻盈，西施难比，**被**猴行者作法，化此新妇作一束青草，放在驴子口伴。（《大唐三藏取经诗话》）

却说晋王往魏县劳军，自帅马军百余人，沿河而上，要觇觑刘鄩军营。恰天时阴晦下雨，尘雾冥迷，却**被**刘鄩将五千军在河曲田地里藏伏了，四面鼓噪，围了晋王数重。（《新编五代史平话·唐史平话》卷上）

原来马超明知李蒙追赶，却故意俄延；等他马近举枪刺来，超将身一闪，李蒙搠个空，两马相并，**被**马超轻舒猿臂，生擒过去。（《三国演义》：10）

量花荣如何肯反背朝廷？实**被**刘高这厮无中生有，官报私仇，逼迫得花荣有家难奔，有国难投，权且躲避在此。（《水浒传》：34）

他一时慌了，弯下腰去抓那粉汤，又**被**两个狗争着，咂嘴弄舌的，来抢那地下的粉汤吃。（《儒林外史》：10）

两个人在那里吵嘴，**被**钱典史出去出小恭，一齐听了去，就说："贺根，你少爷已经不中进士，不该再骗他钱用。"（《官场现形记》：2）

（2）处于开放式"NP + 被 + CP + CF"格式中：

只见馗龙……**被**猴行者骑定馗龙，要抽背脊筋一条，与我法师结条子。（《大唐三藏取经诗话》）

是夜鳌山脚下人丛闹里，忽见一个妇人吃了御赐酒，将金杯藏在怀里，吃光禄寺人喝住："这金盏是御前宝玩，休得偷去！"当下**被**内前等子拿住这妇人，到端门下。（《大宋宣和遗事》）

那军人们思量要去柳荫树下歇凉，**被**杨志拿着藤条打将来，喝道：

"快走！教你早歇！"(《水浒传》：16)

今年觉道身体好生不济，又撞着如今闰月，趁这两日要做，又**被**那裁缝勒掯，只推生活忙，不肯来做。(《水浒传》：24)

不由他不来，**被**武松扯到家里道："老人家爷父一般。"(《水浒传》：26)

这边后巷也有几个守门军汉，带了些人，驮了麻搭火钩，都奔来救火。早**被**花荣张起弓，当头一箭，射翻了一个，大喝道："要死的便来救火！"(《水浒传》：41)

范进因没有盘费，走去同丈人商议，**被**胡屠户一口啐在脸上，骂了一个狗血喷头，道："不要失了你的时了！"(《儒林外史》：3)

所以含着两包眼泪，"扑嗤"的笑了一声，并抬起头来看了人瑞一眼，那知**被**他们看了这个情景，越发笑个不止。(《老残游记》：13)

(1)类中的"他被义兵来"不能构成被动式，而是和后面的"坏了他事"构成被动，其余例子均如此。(2)类中的"馗龙……**被**猴行者骑定馗龙，要抽背脊筋一条"已经构成了被动式，然而，施事者的动作并未结束，后面还有"与我法师结条子"；下一个例子更明显，"妇人……**被**内前等子拿住这妇人"构成被动式，后面续有施事者的动作"到端门下"。此类句子，后面的 CF 以"……道"结束的为多。另有的例子是"被"字后的多 VP 结构中两头都是 CF、中间是 CP 的，也是开放式的一种，这里仅举一例，如：

说张益，将一万军到绵州，太守张邦瑞与张益交战，邦瑞大败走，**被**张益使两军相交，杀散川军，救了皇叔，与诸葛相见，把绵、汉州金珠赏了官员。(《三国志平话》卷下)

(二)"被"字后动词带"广义领属"关系的宾语

"被"字后动词带宾式"NP1 + 被 + NP2 + VP + NP3"中的 NP1 与 NP3 为"广义领属"关系的句式。

问科举之业妨功。曰："程先生有言：不恐妨功，惟恐夺志。若一月之间著十日事举业，亦有二十日修学。若**被**他移了志，则更无医处矣！"(《朱子语类》卷十三)

郭威从那应募李继韬军下攻取泽州，**被**董璋占了功赏，杀人逃走，来

到此间，逐一细说与知远听了。(《新编五代史平话·周史平话》卷上)

此时昭手下有六千人，**被**姜维绝其路口，山上泉水不敷，人马枯渴。(《三国演义》: 109)

宋江认得这个村口，欲待回身，却**被**背后赶来的人已把住了路口，火把照耀如同白日。(《水浒传》: 42)

昨晚因和知府的小衙内出来看放河灯，**被**黑旋风杀害小衙内，见今走在贵庄，望烦添力捉拿送官。(《水浒传》: 51)

扑鱼的不敢和他争，走回来说向郭大郎道："前面酒店里，**被**人拿了鱼，却赢得他几文钱，男女纳钱还官人。"(《喻世明言》: 15)

小姐道："几乎**被**他坏了我名声，却也亏他救我一命，成就我两人姻缘，还算做个恩人了。"(《二刻拍案惊奇》: 29)

贾政还欲打时，早**被**王夫人抱住板子。(《红楼梦》: 33)

(三) "被"字后动词带指向"被"字前主语的补语："被（N）V"后带补语结构中的"离心结构"

仁本是恻隐温厚底物事，却**被**他们说得抬虚打险，瞠眉弩眼，却似说麒麟做狮子，有吞伏百兽之状，盖自"知觉"之说起之。(《朱子语类》卷六)

问："经历处则无不化。不经历处如何？"曰："此言经历处变化，如在乡则一乡化，在天下则天下化。过者，言其感人之速如此，只**被**后来人说得太重了。"(《朱子语类》卷六十)

杨戬与韦护看见这样光景，二人商议曰："这毕竟是个多年狐狸，极善迷人，所以纣王**被**他缠绵得迷而忘返；又何况这些凡人哉？"(《封神演义》: 97)

朱世远终日**被**浑家聒絮得不耐烦，也巴不能一个搦两开。(《醒世恒言》: 9)

河里的水草都有一丈多长，**被**那河水流**得**摇摇摆摆，煞是好看。(《老残游记》: 3)

到了夜间，林之洋**被**两足不时疼醒，即将白绫左撕右解，费尽无穷之力，才扯了下来，把十个脚指个个舒开。(《镜花缘》: 32)

下面几例参照：这是薛凤生（1994）所举出的"老张**被**他太太哭得没了主意"和木村英树（2005）所举出的"小红**被**他咳嗽醒了"句式的

来源。其实，上面提到的"林之洋**被**两足不时疼醒"这个句子已经是这样的句式了。

老员外只生这女儿，今**被**他日夜啼哭，教我怎么过的日子？（《荆钗记》）

他**被**我一哭，心就软了。（《荆钗记》）

雪娥鼻子里冷笑道："俺们是没时运的人儿，骑着快马也赶他不上，拿甚么伴着他吃十轮酒儿？自己穷的伴当儿伴的没裤儿！"正说着，**被**西门庆房中咳嗽了一声，雪娥就往厨房里去了。（《金瓶梅》：23）

（四）"被"字后"离心结构"——"NP1+被+NP2+CF"格式

和以上三类不同，可以认定为"被"字后"离心结构"的句子，参见下文分析。

二 分类标准之一："两栖类"和"纯非被动类"

这种分类标准，针对的是有一些"被"字后动词在"反向性"上具有模棱两可特点的句子。这些动词在理解为及物动词的时候，整个"被"字句都可以认作被动式，而理解为不及物动词的时候，就是不表示被动的句子了。这样的"被"字句，我们称为"两栖类"，而完全不具有"反向性"的动词的句子，我们称为"纯非被动类"。如下面的句子可以有两种理解：

正在途中，**被**鲁智深要行便行，要歇便歇，那里敢扭他。（《水浒传》：9）

如果将这个句子变为主动式，将会有两种：

A. 正在途中，鲁智深要他们行（他们）便行，要他们歇（他们）便歇，（他们）那里敢扭他。

B. 正在途中，鲁智深（自己）要行便行，（自己）要歇便歇，（他们）那里敢扭他。

（1）"两栖类"的"被"字句，共有178例，占所有"被"字句的比例为2.06%，各时代分布较为零散，但仅《朱子语类》中就有62例，其他文献则较少。唐宋时代共有68例，如：

州县参谒者，呼令入门，但知直视，无复瞻仰，踏蛇而惊，惶惧僵仆，**被**蛇绕数匝。(《朝野佥载》卷二)

比如大礼赦文，一时将税都放了相似，有那村知县硬自捉缚须要他纳，缘**被**他近了，更自叫上面不应，便见得那气粗而理微。(《朱子语类》卷四)

初间说人人同得之理，次又说人人同受之气。然其间却有撞著不好底气以生者，这便**被**他拘滞了，要变化却难。(《朱子语类》卷十七)

问："叔器看文字如何？"曰："两日方思量颜子乐处。先生疾言曰：不用思量他！只是'博我以文，约我以礼'后，见得那天理分明，日用间义理纯熟后，不**被**那人欲来苦楚，自恁地快活。"(《朱子语类》卷三十一)

人读论语，多**被**"子曰"字隔，上下便不接续。(《朱子语类》卷五十九)

然世间利害，如何**被**人趋避了！(《朱子语类》卷八十三)

元代共有23例，如：

二人马项相交，约到百合，不分胜败；又斗到数合，败了祁宏，飞廉后赶，入阵中。**被**太公鞭梢指点，众将挪身，把阵变为八卦阵。(《武王伐纣平话》卷下)

韩建使壮士三百人夜袭存孝军营，**被**存孝设伏兵了出战，建兵大败。(《新编五代史平话·唐史平话》卷上)

那裴约一直赶来，**被**郭威勒回马射了一箭，裴约中箭坠马而死。(《新编五代史平话·周史平话》卷上)

那程婴抱着这孤儿，来到府门上，撞见韩厥将军，搜出孤儿来；**被**程婴说了两句，谁想韩厥将军也拔剑自刎了。(《赵氏孤儿》)

明代共有67例，如：

胡员外亲眼见了女儿好生生在那里，到是满面羞惭，开了口合不得。又**被**妈妈抢白了一场，员外只得含糊过了一夜。(《三遂平妖传》：22)

坚取箭，连放两箭，皆**被**华雄躲过。(《三国演义》：5)

任原却待奔他，**被**燕青去任原左胁下穿将过去。(《水浒传》: 74)

来来往往，战罢多时，盘旋良久，那条龙力软筋麻，不能抵敌，打一个转身，又撺于水内；深潜涧底，再不出头。**被**猴王骂詈不绝，他也只推耳聋。(《西游记》: 15)

李铭把他手拿起，略按重了些。**被**春梅怪叫起来，骂道："好贼王八！"(《金瓶梅》: 22)

当有瘟部神李平，进来将言劝解吕岳，不要与周兵作难，也是天数该然，恰逢其会，常**被**杨任一扇子扇来，李平怎能脱逃。(《封神演义》: 81)

柳翠**被**月明师父连喝三遍，再不敢开言。(《喻世明言》: 29)

七郎**被**他说了几句，无言可答，眼泪汪汪，只得含着羞耐了。(《初刻拍案惊奇》: 22)

只见燕兵来冲左翼，盛总兵抵死相杀，燕兵不能攻入，复冲中军，**被**铁尚书指挥两翼，环绕过来。(《型世言》: 1)

这孟指挥若是个有见识的人，为甚么拿了钱娶这活汉妻做妾？即是前边失了主意，待他来骂的时候，舍吊了这几两财礼，把这个老婆白叫他将了回去，这也就消弭了祸端。不意又**被**那宋明吾的一班伙党作刚作柔的撮合，故意讲和，又与了他四两银子。(《醒世姻缘传》: 63)

清代较少，共有 20 例，如：

那开米店的赵老二，扯银炉的赵老汉，本来上不得台盘，才要开口说话，**被**严贡生睁开眼睛喝了一声，又不敢言语了。(《儒林外史》: 6)

赵姨娘听见，便得意了，忙接过口道："外头丢了东西，也赖环儿！"话未说完，**被**王夫人喝道："这里说这个，你且说那些没要紧的话！"(《红楼梦》: 94)

恐怕人家本来不晓得，现在送个信给他，反**被**他钻了去，此事不可不防。(《官场现形记》: 58)

老残**被**那黑烟冲来，赶忙望后一退，却被一块砖头绊住，跌了一跤。(《老残游记》: 15)

(2)"纯非被动类"的"被"字句，共有 312 例，占所有"被"字句的比例为 3.61%，这里暂不举例，我们接下来进行分析。"两栖类"和"纯非被动类"的例句在我们语料中的出现情况，参见本章附表二"两栖类"和"纯非被动类"的"被"字句的出现情况。

三 分类标准之二：非被动式的"遭遇事件"和"遭遇状况"

我们按照"被＋CF"中VP结构的动词（或形容词）的动作性强弱为分类标准，将上文所提到的"纯非被动式"的"被"字句共有312例分为以下四类。这些句子在我们的语料中的出现情况，参见本章附表三"纯非被动式"的"被"字句的分类情况。

（1）"NP1＋被＋NP2＋VP＋NP3"，其中的VP为涉及第三方NP3的动作，而NP3和"被"字句的主语NP1无关，共有117例。其中，唐代仅1例：

众人笑而问之，云："女初藏己于车中，适缱绻，**被**望舒弹琵琶告王，令一黄门搜诸婢车中，次诸女，既不得已，**被**推落地，因尔遂活矣。"（《广异记·王勋》）

宋元代共有37例，其中，《朱子语类》中就有24例，如：

他如龙如虎，这些艺解都束缚他不住，必决去无疑。也煞**被**他引去了好人，可畏可畏！（《朱子语类》卷四）

如曾点，却**被**他超然看破这意思，夫子所以喜之。日月之盈缩，昼夜之晦明，莫非此理。（《朱子语类》卷四十）

今人解书，如一盏酒，本自好；**被**这一人来添些水，那一人来又添些水，次第添来添去，都淡了！（《朱子语类》卷一百三）

罗汉曰："师曾两回往西天取经，为佛法未全，常**被**深沙神作孽，损害性命。"（《大唐三藏取经诗话》）

白虎精闻语，心生愤怒。**被**猴行者化一团大石，在肚内渐渐会（增）大。教虎精吐出，开口吐之不得；只见肚皮裂破，七孔流血。（《大唐三藏取经诗话》）

却有姜尚未肯投水，**被**姜尚推一大石坠岸，如人落水之声，志气过人。（《武王伐纣平话》卷中）

数箭竟发，老狐逐一将箭绰了，回射一箭，掷着晋主衣袂。**被**打捕司牵得猎犬至，狐且徐徐退走，旁若无人。（《新编五代史平话·晋史平话》卷下）

今小姐坚决不从，那秀才**被**我道了几句言语，两下出门，各不相顾，

若遇不良之人，无赖之辈，强逼为婚，非惟玷污了身子，抑且所配非人。(《幽闺记》)

明代共有62例，如：

话分两头，却说贝州城被文招讨围困住了三月有余。初时城中粮草，都是左黜四处摄来支费。如今**被**玄女娘娘下了天罗地网，一切妖邪符咒，都行开去不得。(《三遂平妖传》：40)

张飞回见玄德曰："军师溯江而来，尚且未到，反**被**我夺了头功。"(《三国演义》：64)

宋江道："观察久等。却**被**村里有个亲戚，在下处说些家务，因此耽搁了些。"(《水浒传》：18)

晁宋二人笑道："**被**你杀了四个猛虎，今日山寨里又添的两个活虎上山，正宜作庆。"(《水浒传》：44)①

那怪**被**老孙上天宫启奏玉帝，玉帝查得他四卯不到，下界十三日，就是十三年了——盖天上一日，下界一年。——随差本部星宿，收他上界，贬在兜率宫立功去讫；老孙却救得令爱来也。(《西游记》：31)

这韩道国听了，大惊失色。口中只咂嘴，下边顿足，就要翅趫走。**被**张好问叫道："韩老兄，你话还未尽，如何就去了？"(《金瓶梅》：33)

未及三四合，**被**哪吒祭起九龙神火罩，响一声，吴龙罩在面，吴龙已

---

① 此例是学术界所认定的"零主语被字句"最典型的例子之一。这里需要多说几句。我们认为，此句出现在对话中，明显是省略了主语"我们"，而"我们"和"被"字后动词"杀"所带的宾语"四个猛虎"没有领属关系，仅仅是"我们遭遇到了你杀了四个猛虎这个事件"。另外，从句子成分的衔接上看，补出主语"我们"也是可以成立的："（我们）**被**你杀了四个猛虎，（我们）今日山寨里又添的两个活虎上山，（我们）正宜作庆"，其中第二个分句的结构是："（我们）/今日山寨里又添的两个活虎上山"，"/"前后是主谓关系，其中的"山寨里/又添的两个活虎上山"又是一个主谓结构，这个主谓结构做上一个句子的谓语。主谓结构做谓语在汉语中很常见，如陆俭明（1990）所举的例子：我们班上的学生名字我一个也叫不上来。该句套叠了四层主语：我们班上的学生、名字、我、一个。此句不宜分析为"我们班上的学生"和"名字"之间有偏正关系。同样，在我们所分析的"（我们）/今日山寨里又添的两个活虎上山"一句里，也不宜分析为"我们"同"山寨里"之间存在偏正关系，因为可以说"我们今日山寨里又添的两个活虎上山"，也可以说"今日我们山寨里又添的两个活虎上山"，如果解释为"我们"与"山寨里"之间是偏正关系的话，则只能说"今日我们（的）山寨里又添的两个活虎上山"。从以上的分析来看，认为"**被**你杀了四个猛虎"一句省略了主语"我们"是可以成立的，而且在与下面两个分句之间的衔接上也是没有问题的。关于主语的判定、省略、补出等问题，见本书第四章的分析。

化道清风去了。(《封神演义》: 89)

梅氏**被**孩儿提起线索，便将十来年隐下衷情，都说出来道："我儿休疑分关之语，这正是你父亲之笔。"(《喻世明言》: 10)

当时高氏千不合万不合，骂了王酒酒这一顿，**被**那厮走到宁海郡安抚司前，叫起屈来。(《警世通言》: 33)

及至告到官司，又**被**那人弄了些手脚，反问输了。(《醒世恒言》: 4)

俺浪子燕青，前日随着柴大官人进城探路。**被**柴大官人计入禁苑，挖出御屏上四字。(《二刻拍案惊奇》: 40)

清代较少，共有 17 例，如：

陈木南正在暗欢喜，又**被**他生出一个劫来，打个不清，陈木南又要输了。(《儒林外史》: 53)

贾琏想他素日的好处，也要上来行礼，**被**邢夫人说道："有了一个爷们便罢了，不要折受他不得超生。"(《红楼梦》: 111)

前者妹子在此闲聚，闻得玉芝妹妹出个红旗报捷，**被**宝云姐姐打个克告于君，这谜却与仕而优是一类的：一是拿著人借做虚字用，二是拿著虚字又借做人用，都是极尽文心之巧。(《镜花缘》: 80)

好端端的话**被**这位太太一下注解，他姊妹听着益发不好意思。(《儿女英雄传》: 38)

也不必实有其事，就是**被**人家造两句谣言，亦就犯不着。(《官场现形记》: 49)

前日闻得玉贤种种酷虐，无法可施；今日又亲目见了一个酷吏，却**被**一封书便救活了两条性命，比吃了人参果心里还快活！(《老残游记》: 17)

(2) "NP1 + 被 + NP2 + VP"，其中的 VP 为 NP2 自发的动作而不指向"被"字句的主语 NP1，共有 142 例。其中唐代尚未发现用例，宋代有 39 例，其中绝大多数出现在《朱子语类》中，《大唐三藏取经诗话》仅有 1 例，如：

如鸡抱卵，看来抱得有甚暖气，只**被**他常常恁地抱得成。(《朱子语类》卷八)

思量此章，理会不得。横解竖解，更解不行，又**被**杜鹃叫不住声。(《朱子语类》卷四十九)

如姜维守蜀，它只知重兵守著正路，以为魏师莫能来；不知邓艾却从阴平武都而入，反出其后。它当初也说那里险阻，人必来不得；不知意之所不备处，才有缝罅，便**被**贼人来了。(《朱子语类》卷一百二十一)

行者放下金镮杖，叫取孩儿入手中，问："和尚，你吃否？"和尚闻语，心敬便走。**被**行者手中旋数下，孩儿化成一枝乳枣，当时吞入口中。(《大唐三藏取经诗话》)

元代共有10例，如：

纣王自点火焚烧了殿宇，仗剑冲兵便走。欲待走**被**北伯侯祁杨广高声叫："众兵将捉住无道之君者！"(《武王伐纣平话》卷下)

老员外只生这女儿，今**被**他日夜啼哭，教我怎么过的日子？(《荆钗记》)

(净上，云)弟子孩儿不中用，烧着一只鹅，却揭开锅盖，可**被**他飞的去了。(《半夜雷轰荐福碑》)

明代例句较多，共有75例，如：

朱大伯劈脚也跟随进来，慈长老着了急，连忙闭门，已**被**老儿踹进一只脚来了。(《三遂平妖传》：8)

孔明急唤入问之，细作告曰："司马懿倍道而行，八日已到新城，孟达措手不及；又**被**申耽、申仪、李辅、邓贤为内应：孟达被乱军所杀。"(《三国演义》：95)

朱仝告道："小人自不小心，路上**被**雷横走了，在逃无获，情愿甘罪无辞。"(《水浒传》：51)

约斗了一个时辰，卢俊义得便处卖个破绽，耶律宗霖把刀砍将入来，**被**卢俊义大喝一声，那番将措手不及，著一枪刺下马去。(《水浒传》：84)

别勒古台也不以为事，流血行间，太祖于树影下看见，问："你如何**被**他这般做？"(《元朝秘史》：4)

李天王道："昨日到此安营下寨，着九曜星挑战，**被**这厮大弄神通，九曜星俱败走而回。"(《西游记》：6)

雪娥鼻子里冷笑道："俺们是没时运的人儿，骑着快马也赶他不上，拿甚么伴着他吃十轮酒儿？自己穷的伴当儿伴的没裤儿！"正说着，**被**西

门庆房中咳嗽了一声，雪娥就往厨房里去了。（《金瓶梅》：23）

杨戬面面相觑，来回子牙曰："弟子只因换手斩他，**被**他挣脱沿土去了。"（《封神演义》：54）

前次程彪、程虎兄弟来时，洪恭虽然送在庵院安歇，却费了他朝暮两餐，**被**那妇人絮叨了好几日。（《喻世明言》：39）

那厮将手中棹竿打一下，**被**我变一道火光走入水里去。（《警世通言》：39）

关上了门，采了他儿子头发，硬着心，做势要打，却**被**他挣扎脱了。（《初刻拍案惊奇》：13）

这一夜晁大尹方才睡去，只见他的父亲走进舱来，说道："源儿近来甚是作孽，凭空领了娼妇打围，把个妖狐射杀，**被**他两次报仇，都是我救护住了，不致伤生。"（《醒世姻缘传》：6）

清代共有 18 例，如：

贾琏见他娇俏动情，便搂着求欢，**被**平儿夺手跑了，急的贾琏弯着腰恨道："死促狭小淫妇！"（《红楼梦》：21）

只听咕咚一声响，不知什么倒了，急忙看时，原来是湘云伏在椅子背儿上，那椅子原不曾放稳，**被**他全身伏着背子大笑，他又不提防，两下里错了劲，向东一歪，连人带椅都歪倒了，幸有板壁挡住，不曾落地。（《红楼梦》：42）

紫芝道："幸亏昨日舅舅又添了几百张椅子，若不早为预备，今日**被**诸位姐姐这边聚聚，那里坐坐，只好抬了椅子跟著跑了。"（《镜花缘》：77）

从杭州到严州，不过只有两天多路，倒**被**这些江山船、茭白船，一走走了五六天还没有到。（《官场现形记》：13）

着要将他们收监，岂不是又**被**他多活了一天去了吗？（《老残游记》：5）

（3）"NP1 + 被 + NP2 + VP"，其中的 VP 仅仅叙述 NP2 的一种状况，而不是一种具体的动作，共有 46 例。唐代尚未发现用例，宋代有 30 例全部出自《朱子语类》，如：

孟子所谓性善，周子所谓纯粹至善，程子所谓性之本，与夫反本穷源

之性，是也。只**被**气质有浑浊，则隔了，故气质之性，君子有弗性者焉。（《朱子语类》卷四）

人都贪财好色，都重死生。却**被**他不贪财，不好色，不重死生，这般处也可以降服得鬼神。（《朱子语类》卷四十七）

本朝韩范张魏公诸人，他只是一个秀才，於这般事也不大段会。只是**被**他忠义正当，故做得恁地。（《朱子语类》卷第一百三十三）

或问："太史公书项籍垓下之败，实**被**韩信布得阵好，是以一败而竟毙。"（《朱子语类》卷第一百三十五）

元明清时代只有 16 例，其中元代有 2 例，明代有 12 例，清代有 2 例，如：

我要娶她，这不消说了；他也常常许道要嫁我，**被**他母亲百般板障，只是不肯通口。（《包待制智赚灰栏记》）

为何不能全胜？却**被**呼延灼阵里都是连环马，官军马带马甲，人披铁铠，马带甲只露得四蹄悬地，人挂甲只露着一双眼睛。（《水浒传》：55）

行者**被**他烟火飞腾，不能寻怪，看不见他洞门前路径，抽身跳出火中。（《西游记》：41）

却表陈敬济，自从西门大姐来家，交还了许多床帐妆奁，箱笼家伙，三日一场嚷，五日一场闹，问他娘张氏要本钱做买卖。他母舅张团练，来问他母亲借了五十两银子，复谋管事。**被**他吃醉了，往张舅门上骂嚷。（《金瓶梅》：92）

单氏千难万难，祈求下两个孩儿，却**被**丈夫不仁，自家毒死了。（《警世通言》：5）

赵一郎止住道："若先嚷破了，反**被**他做了准备，不如竟到官司，与他理论。"（《醒世恒言》：34）

人居世间，总**被**他颠颠倒倒。（《初刻拍案惊奇》：36）

棺材贴头上有字，又**被**那屋上没有瓦，雨淋下来，把字迹都剥落了，只有大明两字，第三字只得一横。（《儒林外史》：23）

（4） "NP1 + 被 + NP2 + A"，其中的 A 是形容词而不是动词，表明的是 NP2 的一种状况，共有 6 例，如：

他用那心时，都在紧要上用。**被**他静极了，看得天下之事理精明。

(《朱子语类》卷一百)

曰："这处是旧日下得语太重。今以伊川之语格之。则其下工夫处，亦是有些子偏。只**被**李先生静得极了，便自见得是有个觉处，不似别人。"(《朱子语类》卷一百三)

夜间听得那厮两个做神做鬼，把滚汤赚了你脚，那时俺便要杀这两个撮鸟，却**被**客店里人多，恐防救了。(《水浒传》：9)

本要跳过来杀公人，却**被**店里人多不敢下手。(《水浒传》：62)

原来文钦**被**山路崎岖，迷入谷中，行了半夜，比及寻路而出，天色已晓，文鸯人马不知所向，只见魏兵大胜。(《三国演义》：110)

安老爷本是位不佞佛的，再加上他此刻正有一肚子话要合安公子说，**被**大家这一路虔诚，虔诚的他搭不上话，便说道："太太，玉格这番更调，正是出自天恩君命，却与菩萨何干？"(《儿女英雄传》：40)

四 分类标准之三："他被式"和"自被式"

《朱子语类》中有非常多"离心结构"的例子，其中有一类尤为特殊：是说某人（主语）"遭受到"自己的某种行为的情况，我们称之为"自被自 V"格式，简称"自被式"；而其他的"离心结构"，主语是遭受另外的人或者事物发出的行为或者状况，则称作"他被式"。在"纯非被动式"的312例"被"字句中，"他被式"共有261例，"自被式"共有51例。"他被式"的例子不用举了，下面是《朱子语类》中"自被式"的例子，共有43例，如：

大抵孟子说话，也间或有些子不睹是处。只**被**他才高，当时无人抵得他。告子口更不曾得开。(《朱子语类》卷四)

如鸡抱卵，看来抱得有甚暖气，只**被**他常常恁地抱得成。(《朱子语类》卷八)

曾皙**被**他见得高，下面许多事皆所不屑为。(《朱子语类》卷二十八)

释老虽非圣人之道，却**被**他做得成一家。(《朱子语类》卷二十九)

参也鲁。鲁，是鲁钝。曾子只缘鲁钝，**被**他不肯放过，所以做得透。若是放过，只是鲁而已。(《朱子语类》卷三十九)

如曾点，却**被**他超然看破这意思，夫子所以喜之。(《朱子语类》卷四十)

恰似使钱相似，日间使百钱，使去九十钱，留得这十钱这里；第二日百钱中使去九十钱，又积得二十钱；第三日如此，又积得三十钱。积来积去，被自家积得多了，人家便从容。（《朱子语类》卷五十九）

邵康节，看这人须极会处置事，被他神闲气定，不动声气，须处置得精明。他气质本来清明，又养得来纯厚，又不曾枉用了心。他用那心时，都在紧要上用。被他静极了，看得天下之事理精明。（《朱子语类》卷一百）

和靖在程门直是十分钝底。被他只就一个"敬"字做工夫，终被他做得成。（《朱子语类》卷一百一）

曰："公不可欲速，且读一小段。若今日读不得，明日又读；明日读不得，后日又读，须被自家读得。"（《朱子语类》卷一百一十六）

曾点不知是如何，合下便被他绰见得这个物事。曾点漆雕开已见大意，方是程先生恁地说。（《朱子语类》卷一百一十七）

又曰："庄周列御寇亦似曾点底意思。他也不是专学老子，吾儒书他都看来，不知如何被他绰见这个物事，便放浪去了。今禅学也是恁地。"（《朱子语类》卷一百一十七）

好底气数，常守那不好底气数不过。且如秦桧在相位十一二年，被他手杀了几个人，又杀了许多人，皆是他那不好底气数到长了。（《朱子语类》卷一百三十一）

他病痛多，又寄居湖湘间，士人稀疏。兼他自立得门庭又高，人既未必信他；被他门庭高，人亦一向不来。（《朱子语类》卷一百四十）①

为什么会有"自被式"的"被"字句呢？我们认为，既然 NP1 可以"遭遇"别人的动作或者状况，那么也有可能"遭遇"自己的某种动作或者状况。这种情况较为极端，但是毕竟有可能。如"须被自家读得""被自家积得多了"即可明显地说明这是一种"自己遭遇自己某种事件或者状况"的一种句式。另有《河南程氏遗书》中的例子，如：

---

① 顺便说一下，为何此例的"被"字不能解释为"因为"。此例包括好几个分句，说的都是"他"如何如何："他病痛多，（他）又……兼他……；被他门庭高，人……"。看来此处只是想说明"他"的各种情况，叙述中心一直是"他"；"被他门庭高"也只不过是说明他自己的一种情况而已；如果解释为"因为"，那么最后两句就是表示因果关系的复句；一般来说，因果关系复句的重心都在"果"上边，那么这个因果关系复句的重心就是表示"人"如何了，跟整个语段的重心不太协调。

坐井观天，非天小，只被自家入井中，被井筒拘束了。(《河南程氏遗书》卷七)

意思是"一个人遭遇到自家进入井中这样的事情，然后就被井筒给拘束住了"。这种"被"字句的格式可以表示为"NP1 + 被 + NP2 + VP"（其中NP2 = NP1），它所表示的根据意义是："上文提到的作为主语的人或者事物，又进一步有了什么样的动作、行为或者状况。"另外，表示"遭受"义的"被"字，在句中不一定都译为"遭受"或者"遭遇"，特别是在"自被式"的句子中，可以按实际情况译为"有……的情况、状况"，如："曾皙被他见得高，下面许多事皆所不屑为"，也就是说，"曾皙有他（自己）见得高远的状况，下面的许多事情都不屑于去做"。另外，我们发现，"自被式"多数出自对白语言中，《朱子语类》无疑全部都是对白语言，其他的例子也大多数是对白语言。关于"自被式"在语料中的出现情况，参见本章附表四"自被式"的出现情况。

《朱子语类》以后，"自被式"很少见到，在我们的语料中，以下是全部"自被式"的例子，共有8例：

却有姜尚未肯投水，被姜尚推一大石坠岸，如人落水之声，志气过人。(《武王伐纣平话》卷中)

却说曹操知得周瑜为元帅，无五七日，曹公问言："江南岸上千只战船，上有麾盖，必是周瑜。"被曹操引十双战船，引蒯越、蔡瑁，江心打话。南有周瑜，北有曹操，两家打话毕，周瑜船回，蒯越、蔡瑁后赶。(《三国志平话》卷中)

守到端午日，看看巳牌时分，雾气渐开。交了午时，天气清爽。蛋子和尚道："惭愧！果有此话。今日被我守着了。"(《三遂平妖传》: 9)

今日五更被我起来张时，看见果然是这贼秃，戴顶头巾，从家里出去。(《水浒传》: 45)

妈妈，寇大官且是有子有财，只是没寿。我和他小时，同学读书，我还大他五岁。他老子叫做寇铭，当时也不上千亩田地，放些租账，也讨不起。他到二十岁时，那铭老儿死了，他掌着家当，其实也是他一步好运。娶的妻是那张旺之女，小名叫做穿针儿，却倒旺夫。自进他门，种田又收，放账又起；买着的有利，做着的赚钱，被他如今挣了有十万家私。(《西游记》: 97)

你道天地间有这等痴人，一个小经纪的，本钱只有三两，却要把十两

银子去嫖那名妓，可不是个春梦！自古道："有志者事竟成。被他千思万想，想出一个计策来。"（《醒世恒言》: 3）

人居世间，总被他颠颠倒倒。（《初刻拍案惊奇》: 36）

这个人我认得他的。他家里从前很有钱，有的是东西。一百钱的东西，时常十个、二十个钱就卖了。如今被他尝着了甜头，包管他明天还要来。（《官场现形记》: 16）

《朱子语类》之后的"自被式"，跟《朱子语类》中的例子有一个显著不同的特点是：没有一个句子的 NP1 是紧贴"被"字的。《朱子语类》中有 NP1 紧贴"被"字的例子，如"曾晳被他见得高"，因而 NP1 不可能再认作是别的 NP（如 *"（我们）被他见得高"、*"（眼界）被他见得高"等），因为 NP1 已经明确了，只能是"曾晳被他（自己）见得高"。而后来的例子没有一例是 NP1 紧贴"被"字的。例如"被曹操引十双战船"一句，此句表达的意思不会是"十双战船被曹操引"，所承接的主语 NP1 也不会是上文对白中出现的"江南岸上千只战船"，省略叙述者"我们"的可能性也不大，所以，主语 NP1 只能是"曹操"，而且整个段落基本上也是叙述"曹操"的行为的。用"被"字的目的大概是表示上文提到的"曹操"又进一步有了"引十双战船，引蒯越、蔡瑁，江心打话"这样的动作、行为。其他的例子也是如此。

第四节 "NP1 + 被 + NP2 + CF" 格式的功能及其在现代汉语中的状况

一 "NP1 + 被 + NP2 + CF" 格式的功能

表示"遭遇事件"和"遭遇状况"是"NP1 + 被 + NP2 + CF"格式的基本功能。另外，"叙述重点说"也可以由"被"字的"遭遇"义来解释。"叙述重点说"认为，在一个正常句子之前多了一个"被"字，就是使"叙述重点"转移到前面的主语上。我们认为，如果将这个"被"字看作动词，那么后面所谓"正常的句子"就是作为"被"字的宾语出现的，那么出现"叙述重点"转移的情况，就自然在情理之中了。但是，"叙述重点说"有一个问题是，"被"字在构成被动式的"被"字句中已经被处理为介词了，偶尔出现在"非被动关系"的句子中，难免按照

"介词"的处理方式来判定"被"字的性质,因而出现了较难处理的情况。

二 "NP1 + 被 + NP2 + CF"格式在现代汉语中的状况

现代汉语中,"被"字句的"纯非被动式"("NP1 + 被 + NP2 + CF"格式)的用法很少,但是也能偶尔遇到。如:

中纪委印证官药勾结网文,转帖者**被**取保候审(图)。(网络新闻标题)

"取保候审"是一个固定短语,在主动式中并不能说"取他的保让他候审"。另外,更常见的是 VP 为表示"离开"一类的动词,如"跑""逃"等,如:

医院监控录像锁定窃贼第一次**被**他跑了,第二次把他逮了。
张某某趁医院电梯人多,偷走一名患者 1000 元现金。患者发现后,与保安合力追赶,不料还是**被**张某某溜掉。
保安闻讯追了过去,但还是**被**张某某逃脱了。(以上3例均引自福州公安网 2006 年 6 月 29 日新闻)

现代汉语中,"NP1 + 被 + NP2 + CF"格式所表达的也是"遭遇"的意义。表示"离开"意义的一类动词在近代汉语中经常在"被"字句中出现,如"被他走了"等。现代汉语口语中,也经常用"叫""让""给",如"叫他跑了""让他跑了""给他跑了",等等。

本章小结

本章讨论的是"NP1 + 被 + NP2 + CF"格式。要点如下:①"被"字从"遭遇事物""遭遇动作"发展到"遭遇事件""遭遇状况";②"被"字解释为"表原因"有一定的困难;③"被"字句"离心结构"的三种分类;④"被"字句的"离心结构"用法一直持续到现代汉语中。

第四章 "被"字句的主语与"零主语"问题

本章讨论近代汉语中"被"字句的主语以及与学术界所说的"零主语被字句"相关的问题。学术界提出一种没有主语，而且不能补出主语的"被"字句类型，也对这种句式的产生和发展做了许多探讨，并区分为两种类别："○被 + NP1 + VP + NP2"格式和"○被 + NP + VP"格式（分别称之为"零1"和"零2"，前者表示被动，而后者不表示被动）。学者提出的这种分析方式既有合理的一面，也有不能完全自圆其说的地方。关于这种句子的讨论，实际上是能否补出主语的问题，也就是其主语到底是省略还是隐含的问题。学术界虽然没有针对这个问题展开明确的争论，但是，已经出现了两种不同的处理"主语"是否存在的方式。

我们认为，"零1"和"零2"都与本书前面几章里提到的"被"字表示"遭遇事件"和"遭遇状况"有关；"零1"与第五章中所分析的两种"被"字后动词带宾语的"被"字句式有关（带广义领属关系宾语的"被"字句和带复指关系宾语的"被"字句）；对"零主语被字句"的分析应涉及篇章分析的内容。本章依据一定的标准对"被"字句做有关主语方面的分类，主要针对"被"字句的主语及"零主语被字句"的相关问题做一些探讨。

第一节 已往学者的研究状况

一 学术界的研究情况及主要观点

伯纳德·科姆里（1981）在他的《语言共性和语言类型》中谈到，世界上有一些语言有所谓无人称被动句，在它的表层结构中，动词没有明显的主语，施事如果有表示的话用施事短语表示，而动词的宾语，包括及物动词的直接宾语，跟在一般主动句里一样被保留。他举的是威尔士语的例子：

（1）主动式：

Lladdodd y ddraig y dyn.

杀死了　那条龙　那个人

(The dragon killed the man.)

(那条龙把那个人杀死了。)

（2）被动式：

Lladdwyd y dyn gan y ddraig.

杀死了-被动那个人　被　那条龙

(The man was killed by the dragon.)

(那个人被那条龙杀死了。)

科姆里认为，在说明主动句与被动句之间的关系时，一个直接的、表面的说明或许是，主动句的主语相当被动句的施事短语，因此被动句没有明显的主语。但是，这个说明违反了关系语法设定的两个共性：按照"有因失业法则"，主动句的主语不可能降级为施事短语，除非有另外某个名词短语已提升到主语位置（也就是说，主语的降级取决于另外某个名词短语被提升到主语位置）；"末层1位法则"规定，小句一律有一个最终的主语，即运用所有循环规则结束后的主语。句子（2）显然没有表层主语……在关系语法内必须假设有一个名词短语被插入无人称被动句的主语位置，从而引起原先那个主语的降级；虚位主语在表层结构里并不出现，或至少没有语音形式。

科姆里所说的威尔士语中的这种"无人称被动句"很类似于某些学者所认定的近代汉语中的"零主语被字句"（具体格式有所区别）。近代汉语中，所谓"零被句"的格式为"○被 + NP1 + VP + NP2"。

关于"被"字句的主语问题，学术界有两种分析方式：一种是倾向于主张"无主句""零主语"的分析方式，另一种是认为"被"字句主语可以补出来的分析方式。下面分别加以介绍。

（一）主张"无主句""零主语"的分析方式

许绍早（1956）在论述"被"做副词用的一节里，认为像以下句子：

朱仝道："**被**原告人执定要小人如此招做故放，以此问得重了。"（《水浒传》：51）

我怕雷横执迷，不会做人情，**被**我赚他打你前门，我在后面等你出来放你。（《水浒传》：18）

他认为，第一例可以认为是因为自述而隐去"被"字前的主语，但第二例则不能认为"被"字前隐去了什么，这是"被字是加在主语前面的成分，而被字前面再不应认为是隐去了什么"。这是有关"零主语被字句"的较早的分析方法，虽然没有明确提出"零被句"这个名称。

王力（1957）对"脱离正常轨道"的"被"字句的分析方式对后来的学术界影响很大。他所分析的"脱离正常轨道"的"被"字句分为两种情况：第一种情况是，施事者在动词前，受事者在动词后，和一般"主动宾"的结构相似，但是，"被"字放在主语的前面；除非词序变换，才能成为被动式。例如：

被猴行者骑定馗龙。
被杨行密拿了庞师古。

第二种情况是，并没有被动的意味，"被"字只是用来表示一种不幸的遭遇，即使词序变换，也不能成为被动式，例如：

白虎精闻之，心生愤怒。**被**猴行者化一团大石，在肚内渐渐会大。（《取经诗话》卷六）

只见馗龙……喊动前来。**被**猴行者隐形帽化作遮天阵。（《取经诗话》卷七）

俞光中（1989），俞光中、植田均（1999）对"零主语被字句"进行了论述。他们对近代汉语中的"被"字式从另一个角度做了观察和分析，不把 VP 作为对"被"字式观察的焦点，而着眼于"被"字前被动受体的有无，指出"被"字式有两大类：一类"被"字前有被动受体，称为 N 被句；另一类"被"字前无被动受体，且非省略，称为"零被句"。他们将"零被句"分为 R1 和 R2 两类，分别对应王力（1957）所提到的第一种情况和第二种情况。后来的学者如崔宰荣（2001a，b）所分析的特殊"被"字句中的"零1"和"零2"；吴福祥（2003b）所分析的《朱子语类辑略》中的两类"非典型被字句"[①]；许巧云、蔚华萍（2006）所分析

---

① 吴福祥（2003b）所分的两类：一类是受事在动词之后而不在"被"字之前，即吕叔湘（1962）所谓"应该作为被字句主语的词被安放在宾语的位置上了"；另一类是句子没有受事，通常也无法根据上下文补出受事，而且句中谓语动词有些是不表动作的谓词性成分。

的表被动关系的"零被句"和不表被动关系的"零被句"都是源于这种分析方式。

许多学者所关注的是第一种类型的无主语的"被"字句（"R1"或"零1"）①，基本上认为"受动者不在被动式主语的位置上而位于被动式的句末，因而句子没有主语"的分析方式，如袁宾（1987）提到的近代汉语著作中的特殊"被"字句，有一类是：受动者位于动词之后，例如"两度**被**我吃你""**被**吕后坏了汉家天下也"等。后来，有许多学者提出这样的句式在近代汉语中的用法，如暴拯群（2003）：《唐三藏西游释厄传》中受动者置于动词之后的"被"字句；唐韵（2006）：元杂剧中的"则被 NV 杀 O 也"句式句首无受事主语，也无法补出，因为受事已经出现在宾语（或其他成分）中了。顾穹（1992）则对这种句式的发展规律进行了概括：表示动作行为受动者的词语（S）在动词后作宾语，"被"字虽然仍可看作引进行为主动者的作用，但整个句子的语义关系已经由"S 被 NV"转为"被 NVS"。

对于这类句子为何没有主语的问题，袁宾（1992）做出了解释。他认为，这类句子的受动者已经出现在宾语或状语的位置上，主语是无法补出来的，若硬要补出，就会出现如下的奇怪句子：

刘知远**被**一人抱住刘知远。
阿里罕**被**郭威将阿里罕杀了。

他认为，这样的句子无论在书面中还是在口语中都是不可能出现的，没有什么适当的词语可以在上举特殊"被"字句的"被"字之前充当主语，也许可以说，这类"被"字句并没有主语（传统意义的主语）②。这类"被"字句和主动句的差异只在于有无一个"被"字，词序却毫无变化。在解释这种现象的成因时，他认为，这类"被"字句具有金元时代燕京（大都）一带口语色彩，同时的南方口语里是没有的。刘慧英（1998）有类似的看法，认为这种句式是汉蒙两种民族语言在表达形式上融合的产物，因为他所认为的"受事者以宾语形式置于动词后面"的"变式被字句"与蒙语里的被动句是一模一样的。

---

① 也有学者专门针对"R2"或者"零2"式进行研究，如刁晏斌（1995a，1995b）："被+施事+谓语"式"被"字句。他认为，这种"被"字句是以无主句的形式出现的，很难甚至根本就无法补出一个主语来。
② 也有学者同时承认"零主语"和"主语两见"的情况，如董志翘（1989）。

在"零被句"的使用条件上，蒋绍愚（2005）认为，采用这种"脱离常规的被动句"（"零被句"）适宜于表达某种特定的语义；有助于语句的连贯（包括保持话题的连续性和变更话题两种情况）。

刘进（2005）对《水浒传》前 70 回中的"零被句"进行了考察，认为"零被句"在判定标准上跟"被"字句主语的省略、句式的连续与不连续被动有关；从"零被句"跟其他有主语的"被"字句的关系来看，有些"被"字句跟主语的出现与否没有明显的关系；从"被"字句的历史发展来看，"零被句"跟"被"字的"遭受"义和"被"字句式的逐步定型有关；另外，"零被句"与某些特殊动词有关。

除以上学术界所分析的近代汉语中的"零被句"之外，吕叔湘（1965）、李临定（1980，1986）、李珊（1994）等也都提到了现代汉语中没有主语的"被"字句。吕叔湘（1965）的 F 类"被"字句指的是下面的例子：

被他一句话害死了两条性命。
如今虽然**被**他们争回这个面子，我心上倒害怕起来。
全郊区有六万多亩地发生了大量粘虫，轻的**被**吃花了谷叶，严重的谷叶被吃秃甚至吃光。

他认为，F 类最特别，通常没有主语，施事在前，受事在后，像是一般的中性句头上加了个"被"字，也可以说是应该作为"被"字句主语的词被安放在宾语的位置上去了，比较"两条性命**被**他一句话害死了"，等等。例三"谷叶"两见，一处在后，一处在前。"被"字的这种用法早先很常见，如"如今却**被**天嗔你"（山谷词），"**被**你杀了四个猛虎，如今山寨里又添的两个活虎上山"（《水浒传》），现代慢慢地少见了。

李临定（1980，1986）也认为，"被"字句可以没有主语：直接在施事名词前边加"被"，主谓短语各个成分不动，全句的主语位置空缺，成为零：

小崔，在拉着车的时节，永远不肯对邻居们先打招呼，怕是**被**人误会他是揽生意。（老舍）

不料使他最感头疼的娟子都出现了，而且**被**她碰上了淑花。（冯德英）①

李珊（1994）提到了三种"无主句"：（1）动词或是不及物动词，或者语义上支配不了其前的名词，如"……**被**平儿夺手跑了""……**被**岫烟道……"；（2）受事被置于介词结构之中，整个介词结构在前充当状语，不充当主语，如"在泥泞的街道上，已**被**人踏出干爽的小路"等；（3）受事被置于谓语动词之后，在句中充当宾语，如"你老早起一喊，倘若**被**他们知道这个意思……"等。

金波生（1999）提到的"被"字句的特殊用法：表示受事的词语仍旧留在动词后边，在句末出现，如"竟然**被**他一句话害死了一老一小两条命"等例句，认为这种特殊形式的"被"字句具有浓烈的感情色彩，强调事态的严重性。

陆俭明（2004）引用张斌（2001）现代"零被句"的例子，认为"被"字的作用很难说是使受事居于句首。

（二）认为"被"字句主语可以补出来的分析方式

也有些学者不采取"被"字句的"零主语"的分析方式，如沈锡伦（1988）所提到的"主宾同词结构"，指的是受事 N 既出现在主语的位置上，又出现在宾语的位置上，"被"字句中 N 主 = N 宾，形成了一种"主宾同词"的结构。当句子受到节奏、韵律等因素限制的时候，主语 N 可以不出现，隐含在句首，这种主语空位的"主宾同词"现象出现于诸宫调或散曲等唱曲中，例如：

恰才撞到牛栏圈，待躲闪应难躲闪，**被**一人抱住刘知远。（刘知远诸宫调）

则**被**一泡尿，爆的我没奈何。刚捱刚忍更待看些几个。枉**被**这驴颓笑杀我。（《全元散曲·庄家不识构阑》）

蒋绍愚（2005）尽管认同"零被句"的存在，不过，他认为，"零被句"虽然在"被"字前面没有主语，但实际上，R2 和一部分 R1 在"被"字前面都有隐含的主语（或上文的叙述主体）。这种句子的语义仍然是表

---

① 查看《苦菜花》原文可以得知，此句属于"被"字后动词带"广义领属"宾语的句子。见本书第五章第三节的分析。

达对隐含的主语（或上文的叙述主体）而言的不幸或不期望的、没有料到的事情。刘进（2005）也认为，"零被句"在判定标准上跟"被"字句主语的省略、句式的连续与不连续被动有关，而"被"字句在语义上跟主语的出现与否没有明显的关系。

蒋绍愚、曹广顺主编（2005）谈到了隐含主语的问题。他们认为，许多所谓的"零被句"都是能补出主语的，如：

也**被**他引去了好人。（《朱子语类》）
不**被**人心胜了道心。（《朱子语类》）

以上两例被认为是隐含了主语"我们"和"世道"。他们认为，所有的"被"字式都有被动受体存在，只不过被动受体有"显性和隐性""实和虚"的区别。他们认为，所谓"零被句"产生的根本原因在于 VP 的演变，应该把 VP 作为对"被"字式观察的焦点，而非"被动受体"的有无。

二 当前研究存在的主要问题

学术界所分析的"零主语被字句"是有一定道理的，因为这些句子表面上的确是没有主语的；至于"没有主语、也无法补出主语"这种说法，值得商榷。

什么样的句子才是"无主语"的句子？这个问题值得讨论。现代汉语中一般所说的无主语句，大体上有存现句、祈使句和感叹句。感叹句就不用多说了。存现句例如"树上有一只鸟"，可以认为，"树上"是方位词作主语，仍然是有主语的；但如果说"在树上有一只鸟"的话，就是无主语句了。祈使句一般是无主语的，比如"把窗户关上"，但也可以有主语："你去把窗户关上"。那么"被"字句能不能没有主语呢？

我们发现，关于"零被句"最大的问题是省略问题，即使"被"字句的受动者能置于"被"字后的动词之后，那么"被"字句的前面就不能再有主语出现了。这跟汉语中句子的省略情况不相符合。例如，"他**被**地主害死了爹"是有主语的"被"字句，然而，"他在旧社会生活很悲惨，**被**地主害死了爹"的后半句就成了"零主语被字句"了（比较"我去岭下取水，**被**那大虫把我娘拖去吃了"一句），这样的分析明显是不合情理的。

我们认为，"零被句"的主张有以下六个方面的问题不容易解决：

1. 如何界定"被"字句主语的省略问题？

汉语的主语经常省略。众所周知，"被"字句中的省略主语的情形也很常见。为什么"**被**原告人执定要小人如此招做故放"中就是因为自述而省略主语，而在"**被**你杀了四个猛虎，如今山寨里又添的两个活虎上山"中就不是因为自述而省略主语呢？① 为什么"他站起来正要告辞，突然**被**曾沧海阻止"② 中"被"字句的主语是承前省略，而"瑾思曰：我来说他，反**被**他说了我也。"（《三国演义》：44）中的"被"字句的主语就不是承前省略呢？如果可以是因自述而省略主语"我"的话，那么学术界所认定的元杂剧中的绝大多数"零被句"都是不能成立的。我们在第五章分析的"被"字后动词带宾式中的 NP3 为"广义领属"关系的宾语的例子中，"清风寨军人一时间**被**掳了恭人去"是带"广义领属"类宾语的例子，那么，"我去岭下取水，**被**那大虫把我娘拖去吃了"中的"我"和"我娘"之间为什么不是"广义领属"关系呢？现实语言中，"我"紧贴"被"字的句子例如"我被那大虫把我娘拖去吃了"是否属于不应该出现主语的"零被句"？

可见，主张"零被句"的学者对于在什么样的情况下"被"字句省略主语，在什么样情况下"被"字句不能补出主语，内部还不太统一，是较为随意的。

2. "刘知远**被**一人抱住刘知远"之类的句子是否存在？

这个问题与上面的问题有关。如果说"反**被**他说了我也"这样的句子不是承接上句而省略了"我"，"我"在"被"字后动词的宾语位置上出现了，前面不可能再出现，因为"刘知远**被**一人抱住刘知远"这样的句子在语言中是"奇怪"的，不可能出现的。然而，学术界举出了很多"被"字句主语 NP1 和"被"字后动词所带宾语 NP3 同指的例子，NP1 紧贴"被"字的例子也是有的，例如：

呼延灼道："我**被**那厮的陷马捉了我到寨里，却有原跟我的头目，暗地盗这匹马与我骑，就跟我来了。"（《水浒传》：58）

---

① 参见本书第三章第三节脚注，我们认为，"被你杀了四个猛虎，如今山寨里又添的两个活虎上山"一句就是省略主语"我们"的。为什么"我们""遭遇到了你杀了四个猛虎这个事件"呢？很明显，"我们"刚刚听"你"说起这件事。"我们""遭遇到你杀了四个猛虎这个事件"对我们有何影响呢？所以，接下来，就是"我们""如今山寨里又添的两个活虎上山"。

② 出处见下文。

太祖又对锁儿罕失剌说:"我小时**被**泰亦赤兀种的塔儿忽台乞邻秃黑兄弟每拿我时,你父子每藏着我,教合答安女子奉侍我,放我出来。"(《元朝秘史》:10)

由此看来,"刘知远**被**一人抱住刘知远"这样的句子并非不存在。

3. "零被句"和其他"被"字句有何区别?

其他"被"字句(指明显有主语的句子)既有表示被动关系的,也有不表示被动关系的,这是事实情况。而"零被句"也分为表示被动关系的和不表示被动关系的两种,那么"零被句"和其他"被"字句的区别在哪里?如"人来报与太祖,太祖大怒,说:'何故**被**主儿乞如此做?'"(《元朝秘史》:4)这样的句子是"零被句"(R2),那么如何解释出现了主语的"别勒古台也不以为事,流血行间,太祖於树影下看见,问:'你如何**被**他这般做?'"(《元朝秘史》:4)这一句?

就"被"字句不表示被动关系的情况来看,学术界一般将主语 NP1 与"被"字不紧贴的情况解释为"零被句"的 R2 格式,但是,对于主语 NP1 紧贴"被"字的不表示被动关系的"被"字句如"曾晳**被**他见得高,下面许多事皆所不屑为",就得用别的方式去随文释义地解释,例如解释为"表示原因"。我们采取统一的方式,将这些句子解释为不表示被动关系的"遭遇事件"和"遭遇状况"。

4. "零被句"和其他句子成分如何衔接?

如果认为,"**被**一人抱住刘知远"一句没有主语,那么它和前面的分句"恰才撞到牛栏圈,待躲闪应难躲闪"如何衔接?

5. "**被**你杀了四个猛虎"如何表示被动关系?

还有上文提到的"**被**猴行者骑定馗龙""**被**杨行密拿了庞师古"等例子,如何认定它们是被动式呢?有些学者如王力认为,它们是不表示被动关系的,是"偏离了正常轨道"的"被"字句;但也有学者认为,它们是"施事者在动词前,受事者在动词后"的被动式。仅仅说"施事者在动词前,受事者在动词后",这只是观察的结果;至于这样的句子是否表示被动关系,仍需严密的论证。

6. 关于被动受体有无的研究对于"被"字句的历史发展有何意义?

如果"零被句"的主张同主语省略等问题纠缠在一起,那么仅仅研究被动受体何时出现、何时省略等问题,对于"被"字句的历史发展意义不大，正如蒋绍愚、曹广顺主编（2005）所指出的，所有的"被"字式都有被动受体存在①，应该把 VP 作为对"被"字式观察的焦点，而非"被动受体"的有无。

第二节 近代汉语中"被"字句主语的情况

一 分类标准

本节详细描述近代汉语中"被"字句的主语的出现情况。首先看看学术界对"被"字句主语省略问题的处理情况。

李珊（1994）和游舒（2005）谈到了"被"字句主语省略的情形，我们根据李珊（1994）归结为以下三种②：

（1）承前主语而省略，例如：

他站起来正要告辞，突然**被**曾沧海阻止。（矛盾《子夜》）——（【他】突然**被**曾沧海阻止。）

（2）承前宾语而省略，例如：

菊花下市的时候，夏太太因为买了四盆花，而**被**女仆杨妈摔了一盆，就和杨妈吵闹起来。（老舍《骆驼祥子》）——（【四盆花】**被**女仆杨妈摔了一盆。）

（3）承前介词宾语而省略，例如：

---

① 蒋绍愚、曹广顺主编（2005）所说的"被动受体"基本上是指"被"字句的主语（包括"显性的"和"隐性的""实的"和"虚的"），包括我们认为表示被动关系的"被"字句和不表示被动关系的"被"字句中的主语。

② 游舒（2005）还提到"被"字句的主语"蒙后省略"的情况，如"**被**脚下的石头绊了一下，我清醒了过来，看到前边已经是机关的大门了"（邓友梅《在悬崖上》）。游舒（2005）认为，此例是省略"我"的情况，从句子内部的连接来看是蒙后省略，但是，如果从更大的范围即句与句的连接来看，也可以说是承前省略，因为在文章的上一句话中也出现了"我"。我们认为，这是有道理的。汉语主语的蒙后省略本来就不多，"被"字句主语的蒙后省略更少，而且主语基本上在前面已经出现过，这样的句子我们一律看作是承前省略而不再列"蒙后省略"一类。

那山却不然，山上的亮光是由月光照到山上，被那山上的雪反射过来，所以光是两样子的。（刘鹗《老残游记》）——（被反射的是"月光"，这个承前省略的"月光"在前一个分句出现，是介词"由"的宾语。）

"被"字句可以按照其主语的情况分类。先明确一下分类的标准。我们将"省略"与"承接"区分开来对待，对于前面出现过一次主语 NP1，接下来的"被"字句的主语也是这个主语 NP1 的情况，我们称之为"顺承主语"；对于一连串的分句（包括其中的"被"字句）都省略了主语的，我们才称之为"省略主语"，这多出现在对白语言中，如一个对话片段只有一个"被"字句，它要么省略的是"我"或者是"你"，要么是对话的双方在前面的话语中共同提到的事物。据此我们将全部语料中的 8632 例"被"字句分为以下四类：

（1）紧贴主语类：就是 NP1 和"被"字之间紧紧相连，没有被其他的 VP 成分隔开。如果隔开的话，只是用停顿、状语成分来隔开，如"京城自十一月二十五日被围""沿海居民，尽被大浪卷入海中"都可以算成 NP1 和"被"字紧紧相连的"被"字句。另外，李珊（1994）所提到的"承前宾语而省略"情形，"被"字句的主语 NP1 是上一个 VP 的宾语，但是，从位置来讲，也是紧贴"被"字的，我们也归在这一类中（这样的句子数量很少）。

（2）顺承主语类："被"字句的主语和前一个 VP 的主语相同，我们认为，"被"字句顺承了前一个分句的主语。如果"被"字句前一个 VP 也是顺承上一个 VP 的主语的，那么"被"字句就是顺承了上上一个 VP 的主语。以此类推，前面总有一个 NP 成分是"被"字句所顺承的主语。我们认为，"被"字句或者"被"字结构和一般的 VP 在顺承主语方面没有太大的区别，它只是 VP 结构的一种，当前面没有紧贴的主语时，它会顺承前一个 VP 的主语。

（3）省略主语类：对白语言中如果"被"字句的主语不出现，而且不是顺承了前面 VP 的主语，那么就是省略。主要是对话中省略"我""你"的情形，另有对话中双方共同提到的人或事物。这和说话者的习惯有很大的关系。如：

所谓诚意者，比如饥时便吃饭，饱时便休，自是实要如此。到饱后，又被人请去，也且胡乱与他吃些子，便是不诚。（《朱子语类》卷十六）

这个"被"字句前面的 VP 都没有主语，说话者是在举例子、打比方，是想说"一个人"如果饿了就得吃饭，"这个人"吃饱了就不再吃了；如果"他"吃饱了之后，又被人请去再胡乱给他些吃的，便是不诚心。这样的句子，说话者自始至终没有说出主语，但是，听话的人都知道有这么一"一个人"存在，是说话者在打比方。《朱子语类》中有许多这样的句子。与这种情况相比，对白语言中省略第一人称和第二人称的情况较为常见。

（4）无关主语类：指的是"被"字结构、"被告""被"（"被告"的简称）习语等与主语无关的例子。主要情况有"被"字的"的"字结构做句子的成分，和有无主语关系不大。另外，"被告""被"（"被告"的简称）也同有无主语关系不大。

二 分类情况和例句

这里我们将详细统计以上所分四类情况中的每一类情况，以及有关每一类情况的统计数据。

（一）紧贴主语类

这类主语就是 NP1 和"被"之间紧紧相连，没有被其他的 VP 成分隔开，这样的句子共有 2836 例，占所有"被"字句的 32.85%。其中，唐代共有 62 例，占同时代所有"被"字句的 31.8%，如：

周定州刺史孙彦高**被**突厥围城数十重，不敢诣厅，文符须征发者于小窗接入，锁州宅门。（《朝野佥载》卷二）

齐物**被**黜，意甚恨恨，楼中忽出白烟，乃发怒云："吾不畏死，神如余何！"（《广异记·李齐物》）

诸寺**被**夺供养物，悢惶甚也。（《入唐求法巡礼行记》卷四）

子胥唤昭王曰："我父**被**杀，弃掷深江。"（《伍子胥变文》）

宋代共有 182 例，占同时代所有"被"字句的 27.0%，如：

人物**被**形质局定了，也是难得开广。（《朱子语类》卷四）

如人说十句话，九句实，一句脱空，那九句实底**被**这一句脱空底都坏了。（《朱子语类》卷十六）

指前面灯云："且如此灯，后面**被**一片物遮了，便不见一半了；更从此一边用物遮了，便全不见此屋了，如何得广大！"（《朱子语类》卷十六）

比之今人**被**些子灯花落手，便须说痛。(《朱子语类》卷二十二)

如曾点，却**被**他超然看破这意思，夫子所以喜之。日月之盈缩，昼夜之晦明，莫非此理。(《朱子语类》卷四十)

深沙云：项下是和尚两度**被**我吃你，袋得枯骨在此。(《大唐三藏取经诗话》)

元代共有 175 例，占同时代所有"被"字句的 22.4%，如：

丙辰，京城自十一月二十五日**被**围，凡四十日，午时失守。(《大宋宣和遗事》)

若听比干忠谏论，江山不**被**外人争。(《武王伐纣平话》卷中)

一日，跟明宗出郊打围，赶得一只白狐，**被**军卒拿与敬瑭面前，白狐或作人言道："您休害我，他日厚报您恩德。"(《新编五代史平话·晋史平话》卷上)

督邮怒曰："往日段圭让**被**你弟张飞打了两个大牙，是你来！"(《三国志平话》卷上)

约到月余，张鲁与马超说："西有剑关，我曾**被**饿民刘璋通我下关。"(《三国志平话》卷下)

捕盗官身故，难议追罚……至元七年十月，尚书刑部，据（拠）益都路申，莒州备莒县申：事（亊）主赵闰等**被**盗劫讫财物，为三限不获贼人，取到簿尉孙玉招伏，合停八月俸给，本官已行关支。(《元典章·刑部》)

你既然**被**马员外娶到家，可曾生得一男半女么？(《包待制智赚灰栏记》)

可怜见俺**被**天火烧了家缘家计，无靠无捱，长街市上，有那等舍贫的叫化些儿波。(《合汗衫》)

明代共有 1827 例，占同时代所有"被"字句的 33.2%，如：

那处女**被**他识破是九天玄女娘娘化身，道："不期这老儿到也利害，又见他十分志诚，便将他所献四般果品，每一件取他一个，这是领他的情处，其余都向越王差来人役布施功德。"(《三遂平妖传》：1)

建宁四年二月，洛阳地震；又海水泛溢，沿海居民，尽**被**大浪卷入海中。(《三国演义》：1)

正言间，忽哨马来报：阴平已**被**王平打破了，武都已**被**姜维打破了。（《三国演义》：99）

黄安已**被**活捉上山，杀死官军不知其数，又不能取胜，怎生是好？（《水浒传》：20）

严勇在船上**被**阮小二一枪搠下水去，李玉已**被**乱箭射死，因此得了江阴、太仓。（《水浒传》：93）

那妇人名诃额仑，哭着说："我的丈夫头发不曾**被**风吹，肚腹不曾忍饿，如今走去呵，怎生般艰难？"（《元朝秘史》：1）

他虽**被**我使个分身法杀退，他还要安营在我山脚下。（《西游记》：5）

他五百年前吃了这城国王及文武官僚，满城大小男女也尽**被**他吃了干净，因此上夺了他的江山。（《西游记》：74）

西门庆**被**这起人缠不过，只得使玳安往后边请李桂姐去。（《金瓶梅》：32）

谁知他淮安**被**围，教俺没前没后。（《牡丹亭》第四十五出《寇间》）

我苏全忠视死轻如鸿毛，只不忍你一班奸贼，蛊惑圣聪，陷害万民，将成汤基业，**被**你等断送了！（《封神演义》：3）

两个丫鬟**被**缠不过，勉强吃了，各不胜酒力，东倒西歪。（《喻世明言》：1）

再说苏知县**被**强贼抑入黄天荡中，自古道，死生有命，若是命不该活，一千个也休了，只为苏知县后来还有造化，在水中半沉半浮，直污到向水闸边。（《警世通言》：11）

却说莘氏瑶琴**被**乱军冲突，跌了一跤，爬起来，不见了爹娘，不敢叫唤，躲在道傍古墓之中过了一夜。（《醒世恒言》：3）

仇老道："女儿**被**妖慑去，固然感得大士显应，诛杀妖邪，若非刘生出力，梯攀至岭，妖邪虽死，女儿到底也是洞中枯骨了。"（《初刻拍案惊奇》：24）

翠翠道："起初兵乱时节，我**被**李将军掳到这里，后来郎君远来寻访，将军好意仍把我归还郎君，所以就侨居在此了。"（《二刻拍案惊奇》：6）

铁尚书全家反**被**这些贪功的拿解进京。（《型世言》：1）

唐氏悄悄的对小鸦儿说道："大官人的银子**被**我拾了。"（《醒世姻缘传》：19）

清代共有 590 例，占同时代所有"被"字句的 39.7%，如：

姊姊，那玉环妹妹，可不**被**梅妃笑杀也！（《长生殿》第七出《幸恩》）

〔外〕我们**被**选入宫，伺候两日，怎么还不见动静。（《桃花扇》第二十五出《选优》）

屠夫**被**众人局不过，只得连斟两碗酒喝，壮一壮胆，把方才这些小心收起，将平日的凶恶样子拿出来，卷一卷那油晃晃的衣袖，走上集去。（《儒林外史》：3）

幸亏宝玉**被**一个林黛玉缠绵住了，心心念念只记挂着林黛玉，并不理论这事。（《红楼梦》：28）

舅兄此话**被**好射歪箭的听见，只怕把嘴还要打歪哩！（《镜花缘》：9）

安老爷连忙站起身形，向褚大娘子道："贤侄女，我的心事**被**你一口道着了，但是这桩事大不容易。"（《儿女英雄传》：16）

亏得他天天**被**新嫂嫂迷住，所以也不觉得。（《官场现形记》：8）

咱们中国的钱**被**他们外洋弄去的也不少了，趁此拿他点东西也乐得的。（《官场现形记》：54）

只有中间挂着一幅中堂，只画了一个人，仿佛列子御风的形状，衣服冠带均**被**风吹起，笔力甚为遒劲，上题大风张风刀四字，也写得极好。（《老残游记》：3）

（二）顺承主语类

"被"字句的主语和前一个VP的主语相同。我们认为，"被"字句顺承了前一个分句的主语（或者更前一个VP的主语），这样的句子共有4606例，占所有"被"字句的53.36%。其中，唐代共有87例，占同时代所有"被"字句的44.6%，如：

裴旻为幽州都督，孙佺北征，**被**奚贼围之。（《朝野佥载》卷六）

逆徒寻而亦至，皎与流辈数人守扃待命，悉**被**收缚。（《广异记·召皎》）

射手身人部贞净于市买物，先日**被**捉，闭缚州里，今日**被**放来，又不失物。（《入唐求法巡礼行记》卷一）

子胥即欲前行，再三苦**被**留连。（《伍子胥变文》）

宋代共有406例，占同时代所有"被"字句的60.3%，如：

日所以蚀於朔者，月常在下，日常在上，既是相会，**被**月在下面遮了

日，故日蚀。(《朱子语类》卷二)

某初还，**被**宗人煎迫令去，不往。(《朱子语类》卷三)

大抵孟子说话，也间或有些子不䁖是处。只**被**他才高，当时无人抵得他。告子口更不曾得开。(《朱子语类》卷四)

尹和靖在程门直是十分钝底，**被**他只就一个敬字上做工夫，终**被**他做得成。(《朱子语类》卷一百一十五)

当时，白虎精哮吼近前相敌，**被**猴行者战退。(《大唐三藏取经诗话》)

白虎精闻语，心生愤怒。**被**猴行者化一团大石，在肚内渐渐会（增）大。教虎精吐出，开口吐之不得；只见肚皮裂破，七孔流血。(《大唐三藏取经诗话》)

元代共有344例，占同时代所有"被"字句的44.1%，如：

炀帝全无顾念，**被**宇文化及造变江都，斩炀帝于吴公台下，隋国遂亡。(《大宋宣和遗事》)

妲己见了，大叫一声，走入人丛中去了，**被**雕抓破面皮，打了金冠。(《武王伐纣平话》卷中)

且说那朱温出涧，取登州路去。方入城，**被**一人向前将朱温扯住，喝道："你怎在此？"唬得朱温股栗惊颤。(《新编五代史平话·梁史平话》卷上)

张占使人来报信，**被**朱温射了一箭。(《新编五代史平话·梁史平话》卷上)

引所部军来捉韩通，通未及避，**被**彦升赶近前来，一刀枭了首级去了。(《新编五代史平话·周史平话》卷下)

不妨帐下一人，步队将张本，自思：前番俺丈人曹豹使吕布夜袭徐州，后**被**关公杀。(《三国志平话》卷中)

忠依随剪了，致**被**告发到官。(《元典章·刑部》)

那老宰辅出的殿门，正待上车，岂知**被**那穿红的把他那驷马车四马摘了二马，双轮摘了一轮，不能前去。(《赵氏孤儿》)

龙逢浅水遭虾弄，凤入深林**被**雀欺。(《张协状元》)

我窦家三辈无犯法之男，五世无再婚之女，到今日**被**你辱没祖宗世德，又连累我的清名。(《窦娥冤》)

明代共有3071例，占同时代所有"被"字句的55.9%，如：

婆子正待上前分诉，**被**老管家一手拉开，向书童说道："这老乞婆，人不像人，鬼不像鬼，这般时候却来问老爷取药，教他挨过一夜也不肯，好意劝他出去，到叫起屈来。"（《三遂平妖传》：4）

卜吉道："告相公！小人下井去，到井底不见妇人的尸首。却没有水，有一条路径，约走二里许，方见天日。见只虎，几乎**被**他伤了性命。小人剁一刀去，只见火光迸散，仔细看时，是石虎。"（《三遂平妖传》：25）

原来马超明知李蒙追赶，却故意俄延；等他马近举枪刺来，超将身一闪，李蒙搠个空，两马相并，**被**马超轻舒猿臂，生擒过去。（《三国演义》：10）

泽至宁寨，宁接入，泽曰："将军昨为救黄公覆，**被**周公瑾所辱，吾甚不平。"（《三国演义》：47）

张辽急拍马来迎，**被**奉一箭射中其腰，却得徐晃救了，同保魏主而走，折军无数。（《三国演义》：86）

我这里是个非细去处。只因是十方常住，**被**一个云游和尚，引着一个道人来此住持，把常住有的没的都毁坏了。（《水浒传》：6）

仰面看那草屋时，四下里崩坏了，又**被**朔风吹撼，摇振得动。（《水浒传》：10）

大呵一声，那汉却待要挣挫，**被**二十个土兵一齐向前，把那汉子一条索绑了，押出庙门，投一个保正庄上来。（《水浒传》：13）

那河边住的塔塔儿一种人，俺巴孩将女儿嫁与他，亲自送去，**被**塔塔儿人拿了，送与大金家。（《元朝秘史》：1）

因此帖木真畏怕，上马走入山林里去，**被**泰亦赤兀惕看见了，随后赶到帖儿古捏名字的山行，帖木真钻入密林里去了，泰亦赤兀惕每不能入去，周围守着。（《元朝秘史》：2）

哪吒正使法间，听得棒头风响，急躲闪时，不能措手，**被**他着了一下，负痛逃走，收了法，把六件兵器，依旧归身，败阵而回。（《西游记》：4）

我与师父等进去看看，那观主迎接。才叙话间，**被**他把毒药茶药倒我师父等。（《西游记》：73）

妇人正手里拿着叉竿放帘子，忽**被**一阵风将叉竿刮倒，妇人手擎不牢，不端不正却打在那人头上。（《金瓶梅》：2）

只有金莲不去，且扶着庭柱兜鞋，**被**西门庆带酒骂道："淫妇们闲的

声唤，平白跳甚么百索儿?"（《金瓶梅》：18）

妇人一声不言语，只顾呕吐。**被**西门庆一面抱起他来，与他坐的，见他两只手只揉胸前，便问："我的心肝，心里怎么?"（《金瓶梅》：75）

我一身冷汗，乃是南柯一梦。忙身参礼母亲，又**被**母亲絮了许多闲话。（《牡丹亭》第十出《惊梦》）

昨日杀了几个妇人，可于中取出首级二颗。则说杜家老小，回至扬州，**被**俺手下杀了。献首在此。（《牡丹亭》第四十五出《寇间》）

娘娘正行时，**被**此气挡住云路。（《封神演义》：1）

且说妲己酒醉之后，元形出现，不意**被**神鹰抓了面目，伤破皮肤。（《封神演义》：28）

金孝是个本分的人，**被**老娘教训了一场，连声应道："说得是，说得是！"（《喻世明言》：2）

唐璧初时不肯，**被**丈人一连数日强逼不过，思量：在家气闷，且到长安走遭，也好排道。（《喻世明言》：9）

小圣夜来孺子不肖，乘酒醉，变作金色鲤鱼，游于江岸，**被**人获之，进与大工作御膳，谢大王不杀之恩。（《警世通言》：23）

王定本不肯去，**被**翠红二人，拖拖拽拽扯进去坐了。（《警世通言》：24）

原来这油铺是个老店，从来生意原好；却**被**邢权刻剥存私，将主顾弄断了多少。（《醒世恒言》：3）

勤自励初时不肯认丈人，**被**爹娘先劝了多时，又碍浑家的面皮，故此只得出来相见，气愤愤的作了个揖，就走开去了。（《醒世恒言》：5）

那褚敬桥还不知甚么缘由，劈面撞着，正要问个来历，**被**他劈胸揪住，喊道："还我人来！"（《初刻拍案惊奇》：8）

刚剩得侯元一个，带了酒性，急念不出咒话，**被**擒住了。（《初刻拍案惊奇》：31）

我枉为男子，反**被**这小妮子所赚。（《二刻拍案惊奇》：2）

直生与他言来语去，觉得更深了，心里动念道："他是个鬼，我与他说话已久，不要为鬼气所侵，**被**他迷了。"（《二刻拍案惊奇》：13）

果然汪涵宇听了，一日乘他在后园洗马桶，他闯进去，强去抱他，**被**他将刷帚泼了一身秽污，去了。（《型世言》：6）

我朝金华王待制，出使云南，**被**元镇守梁王杀害。（《型世言》：9）

县官糊糊涂涂的罚了许多东西，问了许多罪，尽把本来面目抹杀过了。却**被**巡道私行访知了备细，发了刑厅，把一干人犯逐个隔别了研审，把那骨髓里边的事都问出来了，把那淫妇打了四十大鸳鸯板子、一夹棍、二百杠子，问成了抵偿，拖将出来。(《醒世姻缘传》: 12)

那日金龙大王庙里有人还愿，那妇人在庙烧纸，站住了看戏，**被**大王附在身上，在那里闹场。(《醒世姻缘传》: 88)

清代共有698例，占同时代所有"被"字句的47.0%，如：

〔生〕哎，朕在此想念妃子，却**被**这厮来搅乱一番。好烦恼也！(《长生殿》第九出《复召》)

〔副净〕呀，我是当朝宰相，方才**被**乱兵所害。(《长生殿》第二十七出《冥追》)

只有一个史阁部，颇有忠心，**被**马、阮内里掣肘，却也依样葫芦。剩俺单身只手，怎去恢复中原。(《桃花扇》第三十一出《草檄》)

〔副净〕正是。晚生的家眷行囊，都在后面，不要也**被**抢去。(《桃花扇》第三十六出《逃难》)

范进因没有盘费，走去同丈人商议，**被**胡屠夫一口啐在脸上，骂了一个狗血喷头，道："不要失了你的时了！"(《儒林外史》: 3)

我来家在衙门里听见说，不多几日，他吃醉了，在街上吟诗，**被**府里二太爷一条链子锁去，把巡商都革了。(《儒林外史》: 19)

这林黛玉常听得母亲说过，他外祖母家与别家不同。他近日所见的这几个三等仆妇，吃穿用度，已是不凡了，何况今至其家。因此步步留心，时时在意，不肯轻易多说一句话，多行一步路，惟恐**被**人耻笑了他去。(《红楼梦》: 3)

平儿便跑，**被**贾琏一把揪住，按在炕上，掰手要夺，口内笑道："小蹄子，你不趁早拿出来，我把你膀子椢折了。"(《红楼梦》: 21)

林之洋道："妹夫，你看俺的话灵不灵！这女子总不上来，谅**被**大鱼吞了。"(《镜花缘》: 13)

原来身后有个山羊在那里吃草，却**被**大虫看见，扑了过去，就如鹰拿燕雀一般，抱住山羊，张开血盆大口，羊头吃在腹内；把口一张，两只羊角飞舞而出。(《镜花缘》: 49)

他一时急闷，饥渴难当，不由的一声哭喊，**被**这位好事的姑娘听见，就寻声救苦的搜寻出来。(《儿女英雄传》: 7)

我虽然句句的露尾藏头，**被**你二人层层的寻根究觅，话也大概说明白了。(《儿女英雄传》: 8)

那二爷还要再说，**被**丁师爷催着收家伙不能再说了。（《官场现形记》：7）

幸亏这位大爷也晓得他送东西一定是为说差使，然而他不先说，我不好迎上去，**被**人家看轻，说我只认得东西。（《官场现形记》：11）

河里的水草都有一丈多长，**被**那河水流得摇摇摆摆，煞是好看。（《老残游记》：3）

那山却不然，山上的亮光是由月光照到山上，**被**那山上的雪反射过来，所以光是两样子的。（《老残游记》：12）

（三）省略主语类

这类省略主语主要是对话省略，多数是省略第一人称和第二人称的情形，另有对话双方共同提到的人或事物，这样的句子共有653例，占所有"被"字句的7.56%。其中，唐代共有20例，占同时代所有"被"字句的10.3%，如：

朝宗云："**被**追来，不知何事。"（《朝野佥载》卷六）

行十余里，至一草舍，扬声云："**被**贼劫。"（《广异记·王乙》）

自先至今日可住此村之事报请，官人不许。今日又请，未**被**允许。（《入唐求法巡礼行记》卷二）

宋代共有56例，占同时代所有"被"字句的8.3%，如：

问："神仙之说有之乎？"曰："谁人说无？诚有此理。只是他那工夫大段难做，除非百事弃下，办得那般工夫，方做得。"又曰："某见名寺中所画诸祖人物，皆魁伟雄杰，宜其杰然有立如此。所以妙喜赞某禅师有曰：当初若非这个，定是做个渠魁。观之信然。其气貌如此，则世之所谓富贵利达，声色货利，如何笼络得他住！他视之亦无足以动其心者。"或问："若非佛氏收拾去，能从吾儒之教，不知如何？"曰："他又也未是那无文王犹兴底，只是也须做个特立独行底人，所为必可观。若使有圣人收拾去，可知大段好。只是当时吾道黑淬淬地，只有些章句词章之学。他如龙如虎，这些艺解都束缚他不住，必决去无疑。也煞**被**他引去了好人，可畏可畏！"（《朱子语类》卷四）

问："主敬时私欲全不萌，此固是仁。或於物欲中打一觉悟，是时私欲全无，天理尽见，即此便是仁之全体否？"曰："便是不如此。且如在此静坐时，固敬。应事接物，能免不差否？只才**被**人叫时，自家便随他去了。须於应事接物上不错，方是。这个便是难。"（《朱子语类》卷十二）

前在漳州，有一公事，合恁地直截断。缘中间情有牵制，**被**他挠数日。忽然思量透，便断了，集同官看，觉当时此心甚正。（《朱子语类》卷十六）

问："伊川谓'使颜子而乐道，不足为颜子'，如何？"曰："乐道之言不失，只是说得不精切，故如此告之。今便以为无道可乐，走作了。"问："邹侍郎闻此，谓'吾今始识伊川面'，已入禅去。"曰："大抵多**被**如此看。"（《朱子语类》卷三十一）

问："此气是当初禀得天地底来，便自浩然，抑是后来集义方生？"曰："本是浩然，**被**人少时坏了，今当集义方能生。"（《朱子语类》卷五十二）

祖道问："孟子说春秋，天子之事，如何？"曰："只是**被**孔子写取在此，人见者自有所畏惧耳。"（《朱子语类》卷八十三）

被几个秀才在这里翻弄那吏文，翻得来难看。吏文只合直说，某事是如何，条贯是如何，使人一看便见，方是。今只管弄闲言语，说到紧要处，又只恁地带过去。（《朱子语类》卷一百八）

元代共有 142 例，占同时代所有"被"字句的 18.2%，如：

却说费仲去见帝，山呼，具说前事："**被**南宫列坏了费达、费颜也。"（《武王伐纣平话》卷下）

当夜二更，众官，军人皆走，前去荆州城下叫问。刘琮上城。皇叔哭。"我家父死。""何不交我知？"蒯越言曰："荆王死，刘琦造叛，**被**次子所夺。皇叔玄德不知。"皇叔再言："曹操引百万军，无三日至城下，吾侄开门。曹公水军，今有你四员将，待滩上相持。今有关、张二将，知文者有诸葛军师。"刘琮言："荆州隘窄，不堪皇叔居住。"蒯越高叫："此城不开！"玄德烦恼。（《三国志平话》卷中）

本人状招：于六月二十四日，带酒见倒讫土墙，望潭内有舡，采打莲蓬，跳过墙去，**被**捉到官，罪犯。（《元典章·刑部》）

大嫂，只被你痛杀我也！（《货郎旦》）

（小生拜，生打介）【临江仙】（小生）**被**打出门珠泪流，教人羞耻向谁投？（《杀狗记》）

（正旦云）则**被**你唬杀我也。（墙头马上）

（王林云）李逵哥哥去了也。他今日果然领将两个人来，着我认道是也不是。原来一个是真宋江，一个是真鲁智深，都不是拐我女孩儿的。不知被那两个天杀的拐了我满堂娇儿去，则被你想杀我也。（《李逵负荆》）

明代共有337例，占同时代所有"被"字句的6.1%，如：

且说王则见了，批回战书，打发军士自回。乃对众妖人商议道："前日一阵，被我杀得大败而走。今日尚敢又来勒战，必须求圣母娘娘再用前日之法，直杀到界分，教他十万人马不留一个。"（《三遂平妖传》：38）

二夫人曰："若非廖将军保全，已被杜远所辱。"（《三国演义》：27）

众上户把盏说道："被这畜生正不知害了多少人性命，连累猎户吃了几顿限棒。"（《水浒传》：23）

宋江道："……夜来进兵，又被一丈青捉了王矮虎，栾廷玉锤打伤了欧鹏，绊马索拖翻捉了秦明、邓飞。"（《水浒传》：48）

桑昆见不合台等到，说道："被他每觉了，咱每早去围着拿了他。"（《元朝秘史》：6）

李天王道："昨日到此安营下寨，着九曜星挑战，被这厮大弄神通，九曜星俱败走而回。"（《西游记》：6）

王婆道："大官人，如今只有一件事要紧：天明就要入殓，只怕被仵作看出破绽来怎了？"（《金瓶梅》：5）

〔丑〕秀才家为真当假，劫坟偷圹。〔净惊介〕这却怎了？〔丑〕你还不知。被那陈教授禀了官，围住观门。拖番柳秀才，和俺姑娘行了杖。棚琶拶压，不怕不招。点了供纸，解上江西提刑廉访司。（《牡丹亭》第四十出《仆侦》）

金霞童儿引哪吒见太乙真人。真人曰："你不在行宫接受香火，你又来这里做甚么？"哪吒跪诉前情：被父亲将泥身打碎，烧毁行宫，弟子无所依倚，只得来见师父，望祈怜救。（《封神演义》：14）

且说闻太师败兵进营，升帐坐下，四将参谒，闻太师曰："自来征伐，未尝有败；今被姜尚打断吾雌鞭，想吾师秘授蛟龙金鞭，今日已绝，有何面目再见吾师也！"（《封神演义》：42）

苏侯叹曰："正要行计，又被道人所阻，深为可恨。"（《封神演义》：57）

不瞒大娘说，因是在间壁人家学针指，被他家小官人调诱，一时间贪他生得俊俏，就应承与他偷了。（《喻世明言》：1）

被一个人在山脚下打我一弹子，正打在我眼里，好疼！（《警世通言》：19）

空照道："如今走在那里去躲好？"静真道："大路上走，必然被人遇见，须从僻路而去，往极乐庵暂避。"（《醒世恒言》：15）

谁知道将仁待人，被人不仁！（《初刻拍案惊奇》：20）

素梅摇手道："还在那厢摇摆，低声些，不要被他听见了。"（《二刻拍案惊奇》：8）

李御史又有丝肠没力气道："两日被肋骨不接，交擦得疼不可言。"（《型世言》：12）

问他所以，他说："得银之际，甚是欢喜；正待下船之时，被一个戴黄巾的后生，脑后一掌，便昏迷不知所以。"（《醒世姻缘传》：93）

清代共有98例，占同时代所有"被"字句的6.6%，如：

〔老旦、中净〕皇爷忽然梦中大叫，急起看时，只见鲜血满身，倒在地下。〔四杂〕有这等事！〔作进看介〕呀，原来被人刺中心窝而死。（《长生殿》第三十四出《刺逆》）

〔杂细认介〕好像马、阮二位老爷。〔末喝介〕胡说，那有此事！〔勒马看，惊介〕呵呀！竟是他二位。〔下马拉介〕了不得，怎么到这般田地。〔净〕被些乱民抢劫一空，仅留性命。（《桃花扇》第三十六出《逃难》）

秦中书又埋怨道："姻弟席上，被官府锁了客去，这人脸面却也不甚好看！"（《儒林外史》：50）

这会子被人家告我们，我又是个没脚蟹，连官场中都知道我利害吃醋，如今指名提我，要休我。（《红楼梦》：68）

林之洋道："刚才被妹夫说破，细看他们，果都大大方方，见那样子，不怕你不好好行走。"（《镜花缘》：19）

他道："倒被你一句就猜着了，正是梦见你！"（《儿女英雄传》：23）

庄大老爷道："甚么事情，难道又被土匪打劫了不成？"（《官场现形记》：14）

申子平亦欢喜，赵立道："被玙姑这一讲，连我也明白了！"（《老残游记》：11）

(四)"被"字结构

"被告""被"("被告"的简称)习语等与主语无关的例子,这样的句子共有537例,占所有"被"字句的6.22%。其中,唐代共有26例,占同时代所有"被"字句的13.3%,如:

诸官之妻曾**被**王唤入者,莫不羞之。(《朝野佥载》:补辑)
其**被**折之梲子,或云:"既是折弱,更造替。"(《入唐求法巡礼行记》卷二)

宋代共有29例,占同时代所有"被"字句的4.3%,如:

曰:"曾**被**虎伤者,便知得是可畏。未曾**被**虎伤底,须逐旋思量个**被**伤底道理,见得与**被**伤者一般,方是。"(《朱子语类》卷十五)
如自家以私惠及人,少间**被**我之惠者则以我为恩,不**被**我之惠者则不以我为恩矣。(《朱子语类》卷七十二)

元代共有119例,占同时代所有"被"字句的15.3%,如:

当日有为金人根括而**被**杖者四人,以病得免。(《大宋宣和遗事》)
今后,除军民相关,约会归断外,若有元告、**被**论人俱系军户,合无令达鲁花赤、管民官另行归结,或与次官通同理问?(《元典章·刑部》)
或是添写**被**告二字,作**被**告正犯人于下画字,则比元降格式不同。(《元典章·刑部》)
本部议得……故违元降尸伤体式,于正犯人下擅添**被**告人三字,令梁伶奴等于下画字。(《元典章·刑部》)
那个是**被**告?(《窦娥冤》)

明代共有263例,占同时代所有"被"字句的4.8%,如:

话分两头,却说**被**箭的牡狐,是个老白牝狐所生。(《三遂平妖传》:3)
艾将原赐财物,尽分给**被**害将士之家。(《三国演义》:114)
却才**被**哥哥打的那汉,先在这里桃花山扎寨,唤作小霸王周通。(《水

浒传》: 5)

呼延灼**被**擒之人，万死尚轻，义士何故重礼陪话？（《水浒传》: 58）

因记起旧日**被**掳的冤仇，暗地里和了毒药与吃了。（《元朝秘史》: 1）

金星道："我只说原告脱逃，**被**告免提。"（《西游记》: 83）

这苗青深恨家主，日前**被**责之仇一向要报无由，口中不言，心内暗道："不如我如此这般，与两个艄子做一路，将家主害了性命，推在水内，尽分其财物。"（《金瓶梅》: 47）

方才**被**擒的周将，又来搦战。（《封神演义》: 86）

当下原、**被**台都即头称谢。（《喻世明言》: 1）

次早验之，未**被**炭妇污染者得十人而已。（《警世通言》: 40）

那拘老和尚的差人，不见了原**被**告，四处寻觅，奔了个满头汗。（《醒世恒言》: 15）

其日，道童来到，吴氏叫他回去说前夜**被**儿子关在门外的事，又说，因此打发儿子另睡，今夜来只须小门进来，竟到房中。（《初刻拍案惊奇》: 17）

王通判带了原、**被**两人，先到李家店中相验尸首。（《二刻拍案惊奇》: 28）

还有饮酒生气，**被**祸的是灌夫，饮酒骂坐，触忤田，为他陷害。（《型世言》: 29）

读西周生《姻缘奇传》，始憬然悟，豁然解：原来人世间如狼如虎的女娘，谁知都是前世里**被**人拦腰射杀剥皮剔骨的妖狐；如韦如脂如诞如涕的男子，尽都是那世里弯弓搭箭惊鹰绁狗的猎徒。（《醒世姻缘传》: 引起）

清代共有100例，占同时代所有"被"字句的6.7%，如：

〔末〕我们原系**被**逮之官，今又失陷城池，拿到京中，再无解救。（《桃花扇》第三十四出《截矶》）

和尚出来问了，不肯收留，说道："本村失了火，凡**被**烧的都没有房子住。"（《儒林外史》: 16）

待我细说与老爷听："这个**被**打之死鬼，乃是本地一个小乡绅之子，名唤冯渊，自幼父母早亡，又无兄弟，只他一个人守着些薄产过日子。"（《红楼梦》: 4）

被参之事，小仙并无所闻，尚求明示。（《镜花缘》: 6）

乌大人道："就是**被**参的安令。"（《儿女英雄传》：13）

兄弟现在是**被**议人员，日里不便出门，等到明儿晚上，再亲自上院叩谢。（《官场现形记》：3）

那知大船上人，余怒未息，看三人上了小船，忙用**被**浪打碎了的断桩破板打下船去。（《老残游记》：1）

今日魏谦是**被**告正凶，所以要喊个堂威，吓唬吓唬他。（《老残游记》：18）

有关以上分类在我们的语料中的详细数量及所占比例的情况，参见本章附表一"被"字句按照主语情况分类的数量统计；参见本章附表二"被"字句按照主语情况分类的比例统计。

第三节 "零主语"的分析方式所牵涉的问题

本节讨论"被"字句的"零主语"所牵涉的有关"被"字句的其他问题以及我们为何不采取"零主语"的分析方式。

一 句子成分的省略问题

语法研究，一般来说，研究的是较为理想的句子，较少考虑省略的情形，但是，在研究实际语言的时候，总是摆脱不了句子成分省略的情况。"被"字句的省略情形也是很多、很常见的。我们所研究的近代汉语中的"被"字句是文献中的"被"字句，也就是行文中的"被"字句，不是普通人心目中的"被"字句。打个比方来讲，如果让某人造一个"被"字句的例子，一般人大概会造出来类似"小明**被**树枝钩住了衣服"之类的句子，除非在特别要求的情况下，一般不会造出来"小明在树林里蹦蹦跳跳，跑来跑去，东张西望，一不小心**被**树枝钩住了衣服"这样的句子，而这种句子恰恰是在文献中非常常见的类型。所以，我们在研究"被"字句的时候，也必须考虑句子成分省略的情况。

对于近代汉语中"被"字句材料的分析，必须区分两种不同的表述类型。一种是叙述语言，另一种是对白语言。两种类型的区别是：①对白语言常常省略主语；人在说话的时候，如果不特别说明，省略的主语多数情况下是第一人称"我"或者"我们"，少数情况下是第二人称"你"或者"你们"；②对白语言更加口语化。如下面一段话，我们按照上一节对于

"顺承"和"省略"的区分标准，顺承和省略的主语加在括号中，顺承的用"（＊……）"来表示，省略的用"（＊＊……）"来表示：

好怪物，他在那酒席间，（＊他）摇身一变，（＊他）就变做一个俊俏之人。（＊他）真个生得……公主见了，（＊公主）十分欢喜。那妖笑道："浑家，（＊＊我）可是变得好么？"公主道："（＊＊你）变得好！（＊＊你）变得好！你这一进朝啊，我父王是亲不灭，（＊我父王）一定着文武多官留你饮宴。（＊＊你）倘吃酒中间，（＊＊你）千千仔细，（＊＊你）万万个小心，（＊＊你）却莫要现出原嘴脸来，（＊＊你）露出马脚，（＊＊你）走了风讯，（＊＊你）就不斯文了。"老妖道："（＊＊你）不消吩咐，（＊＊我）自有道理。（《西游记》: 30）

对白中的"被"字句也经常出现这类情况：

吴用道："山寨里晁头领多听得哥哥先次进兵不利，（＊晁头领）特地使将吴用并五个头领来助战，（＊我）不知近日胜败如何？"宋江道："一言难尽！叵耐祝家那厮，他庄门上立两面白旗，（＊他）写道：'填平水泊擒晁盖，踏破梁山捉宋江。'这厮无礼！（＊＊我们/我军）先一遭进兵攻打，（＊＊我们/我军）因为失其地利，（＊＊我们/我军）折了杨林、黄信。（＊＊我们/我军）夜来进兵，（＊＊我们/我军）又**被**一丈青捉了王矮虎，栾廷玉打伤了欧鹏，绊马索拖翻捉了秦明、邓飞。（＊＊我们/我军）如此失利，（＊＊我们/我军）若不得林教头活捉得一丈青时，（＊＊我们/我军）折尽锐气。（＊＊我们/我军）今来似此，（＊＊我们/我军）如之奈何？若是宋江打不破祝家庄，（＊宋江）救不得这几个兄弟来，（＊宋江）情愿自死于此地；（＊宋江）也无面目回去见得晁盖哥哥。"（《水浒传》: 48）

那崖下石坎边，花草中，树木里，若大若小之猴，跳出千千万万，（＊若大若小之猴）把个美猴王围在当中，（＊若大若小之猴）叩头叫道："大王，你好宽心！（＊你）怎么一去许久？（＊你）把我们俱闪在这里，（＊＊我们）望你诚如饥渴！（＊＊我们）近来**被**一妖魔在此欺虐，（＊一妖魔）强要占我们水帘洞府，是我等舍生忘死，（＊我等）与他争斗。这些时，（＊＊我们）**被**那厮抢了我们家伙，捉了许多子侄，教我们昼夜无眠，看守家业。（＊＊我们）幸得大王来了。大王若再年载不来，我等连

山洞尽属他人矣!"(《西游记》: 2)

由上一节的统计数据可知,"被"字句的主语紧贴"被"字的情况其实只约占三分之一的比例,而"顺承主语类"的句子却超过一半;"顺承主语类"和"省略主语类"加起来已经超过六成,可见,在实际的语言中,"被"字并不是一定要贴近主语的,有一多半的"被"字句的主语和"被"字之间是被其他 VP 隔开的。这是由于我们所分析的是行文中的"被"句子,而不是一般人心目中的简单的、典型的"被"字句。"被"字句中既然有 60% 以上是 NP1 和"被"字之间被隔开的句子和省略主语的句子,那么就没有必要把 NP1 紧贴"被"字的"被"字句看作"被"字句的"标准格式"。既然这样的句子这么多,那么,就不可能把它们全部列入"零被句"的范围。

二 "零被句"中的 R1 式牵涉近代汉语的两种"被"字句句型

一种是"NP2 + 被 + NP1 + VP1 + NP2"(主语和宾语为同一关系的句子)格式,另一种是"NP3 + 被 + NP1 + VP + NP2"(NP3 和 NP2 为"广义领属"关系)格式。R2 式的"零被句"的分析方法又不能使有主语的"被"字句和无主语的"被"字句形成对立。

三 对于"被"字句的研究

正如蒋绍愚、曹广顺主编(2005)所说,应该把 VP 作为对"被"字句观察的焦点,而非"被动受体"的有无,他们认为,所有的"被"字式都有被动受体存在。我们认为,把"被"字句分为"向心结构"和"离心结构"两大类,观察"被"字后的 VP 对于前面的主语 NP1 有无指向,这样,可以较好地厘清"被"字句的历史发展脉络。而仅仅根据在某种情形之下省略了主语的"被"字句格式,就单独归结出一种"被"字句的特殊句型,似乎是没有必要的。从这样的分析来看,我们不赞成"被"字句的"零主语"的主张。

本章小结

本章讨论"被"字句的"零主语"处理方式所存在的一些问题。我们按照主语同"被"字的远近关系以及主语是否出现,将所有的"被"

字句分为四类：(1) 紧贴主语类；(2) 顺承主语类；(3) 省略主语类；(4) 与主语无关类。经过统计，以上四类在所有"被"字句中的比例分别是32.85%、53.36%、7.56%、6.22%，顺承主语的"被"字句超过了一半。"零主语"的处理方式涉及对"被"字句的认识。我们不主张"零被句"的处理方式。

第五章 "被"字后动词带宾式的发展

"被"字后的动词带宾语，即"NP1＋被（＋NP2）＋VP＋NP3"格式，也是近代汉语和现代汉语中"被"字句的常见的复杂形式之一。学术界较早注意到了这种现象，并且做了较为充分的研究。"被"字后的动词带宾语的数量以及比例是：在我们所调查的8632例语料中，"被"字后的动词带宾语的各类句子共有2160例，占所有"被"字句的25.02%，即每4例"被"字句中就有1句是"被"字后动词带宾语的句子①。"被"字后动词带宾语的例句在各语料中的分布也不甚均衡：在我们所调查的35部文献中，其中在6部文献（《大唐三藏取经诗话》《武王伐纣平话》《新编五代史平话》《三国志平话》《西游记》和《金瓶梅》）中所占比例超过40%，其中《武王伐纣平话》中的比例达到了80.6%；在10部文献（上述6部加上《大宋宣和遗事》《元杂剧》《水浒传》《牡丹亭》4部）中的比例超过了30%；从文体来看，有些文体如法令条文之类的语料，"被"字后动词带宾语的例句就少一些，比如《元典章·刑部》中仅有12.8%；从历史上看，进入清代以后所占比例明显减少，没有一部文献的比例超过30%（详见本章附表一"被"字后动词带宾语所有例句统计）。当然，这样的分析只是一个大致情形，实际上，这些"被"字后动词带宾语的句子又可以分成各种不同的类型，而且在不同时期又有不同的发展趋势。本章首先总结学者对此问题的研究成果，借鉴前人的合理的分析方法，并结合自己的体会，对"被"字后带宾语的句子进行研究。

---

① 两点说明：(1) 我们所分析的"被"字句包含各种类型的"被"字结构、"被＋NP"格式、"被"字的固定单词用法（如"被告"），甚至包含"被"字作为单独名词使用的例子（"被告"有时简称为"被"，与"原"相对）；(2) 本章所统计的"被"字后动词带宾语的例句不包括"被鸳鸯抢白一顿""被平儿说了几句""被关了几日"等表示动量、时量的成分（有些学者称为"准宾语"），也不包括VP成分为"动＋趋""动＋介"结构后面所带的宾语。如果在统计"被"字后动词后带宾语的"被"字句时除去 (1) 而包括 (2) 的话，那么"被"字后动词带宾语的例句数量比例将在1/3以上，甚至接近1/2。

第一节 已往学者的研究状况

一 "被"字后动词带宾式的格式

"被"字后动词带宾语的基本格式是"NP1 + 被（+ NP2）+ VP + NP3"。按照学术界对此格式的分析，大体上可以总结为以下四种格式：

（1）"NP1 + 被 + NP2 + VP + NP3"格式，"被"字后出现施事者 NP2；

（2）"NP1 + 被 + VP + NP2"格式，"被"字后不出现施事者；

（3）"NP1 + 被 + NP2 + 把/将 + NP3 + VP"格式，用"把/将"字将 NP3 提到 VP 之前；

（4）"〇 + 被 + NP1 + VP + NP2"格式，"被"字前面没有主语而且不能补出主语（包括用"把"字将 NP2 提到 VP 之前的句式）。

二 学术界对此问题的研究状况

学术界很早就注意到"被"字句中虽然受事成分已经作为"被"字句的主语而位于"被"字之前，但"被"字后的动词仍然可以带宾语的情况。学者对"被"字后动词所带的宾语进行了详细的区分[①]，主要研究成果有：许绍早（1956），王力（1958），向熹（1958），吕叔湘（1965），李临定（1980），柳士镇（1985），唐钰明（1987b），唐钰明（1988），沈锡伦（1988），董志翘（1989），袁宾（1989），曹小云（1990），袁宾（1992），柳士镇（1992），曹小云（1993），李珊（1994），蒋冀骋、吴福祥（1997），刘子瑜（1997），岳立静（1999），张潜（1999），冯春田（2000a），杨明义（2000），崔宰荣（2001a），王明华（2001），朱琳（2001），袁宾（2002），熊学亮、王志军（2003），郑剑平（2003），吴福祥（2003b），邓思颖（2004），蒋绍愚、曹广顺主编（2005），丁勇（2006），王红梅（2006），吴友纯（2006）等，下面做一简单综述。

（一）对"被"字后动词所带宾语的不同类型的区分

1. 依据受事主语和受事宾语之间的语义关系所做的分类

（1）并列性宾语：这种宾语与主语是并列关系。例如：

[①] 包括学者对近代汉语和现代汉语中"被"字后动词带宾语的情形的分析。

莫看江总老，犹**被**赏时鱼。（杜甫诗）①
数**被**官加税，稀逢岁有秋。（白居易诗）

（2）隶属性宾语：或称领属性宾语，这种宾语或者是主语所领有，或者是主语的一部分。例如：

时（刘）焉**被**天火烧城，车具荡尽。（《蜀书·刘二牧传》）
昔有秦故彦是皇帝之子，当为昔鲁家斗戏，**被**损落一板齿，不知所在。（《搜神记》）②
小二哥正待要叫，**被**时迁一掌打肿了脸，做声不得。（《水浒传》：46）
老鼠**被**药杀了好几个。（元杂剧《窦娥冤》）

有些学者所确定的领属关系较为灵活，如许绍早（1956）所举的例子：

且说清风寨军人一时间**被**掳了恭人去，只得回来。（《水浒传》：32）
小人……昨晚因和知府的小衙内出来看放河灯，**被**黑旋风杀了小衙内。（《水浒传》：51）

他认为，第一例的"恭人"并非"清风寨军人"的，第二例的"小衙内"并非"小人"的，但是，其间是有一定的关系的，即"恭人"是"清风寨军人"所带去的，"小衙内"是"小人"所带去的，这种关系仍认为是领属关系。

（3）复指性宾语：这种宾语是主语的复指，有学者称之为同一关系或者等同关系，包括以代词和名词出现两种情况。

A. 以代词形式出现的，例如：

昔有李子敖，身长三寸二分，带甲头牟在于野田之中，**被**鸣鹤吞之，犹在鹤嗉中游戏。（《搜神记》）

---

① 因为是概括学术界的看法，这里依照学者原文的体例，个别例句只列出处而不列篇名，下文"鲁迅""柳青"等同此。
② 此例值得推敲，到底是"被损/落一板齿"还是"被损落/一板齿"？只有按照后者的理解，此例才是带"隶属性宾语"的句子。

若是下人出来著衣，更胜阿郎。奈何缘**被**人识得伊？（《祖堂集》）

B. 以名词形式出现的，例如：

二人闻言，忻忻下船，进步至岸头，**被**殷交捉住了二人。（《武王伐纣平话》）

杨奉言侯成盗其马，**被**侯成杀了杨奉。（《三国志平话》）

王翦赶将来，却**被**孙虎将黄旗一招，变成四门斗底阵，掩围下王翦。（《秦并六国平话》）

二将交斗，裴约佯败，董璋乘胜追杀，**被**裴约伏兵四起，将董璋活捉了。（《新编五代史平话·周史平话》）

2. 依据受事宾语的性质所做的分类

因为这种分类跟（一）中所提到的几类基本上是不重复的，多数学者也将它们并列在一起。

（1）工具性宾语："被"字后动词所带宾语为工具。例如：

贾政还欲打时，早**被**王夫人抱住板子。（《红楼梦》：33）

箱子**被**他捆上绳子。（此例引自李临定，1980）

就如蜻蜓落在恶作剧的坏孩子的手里一般，**被**系着细线，尽情玩弄，虐待。（鲁迅）

（2）结果性宾语：宾语是结果。例如：

祢衡**被**魏武谪为鼓吏，正月半试鼓，祢衡扬枹为渔阳掺挝，渊渊有金石声，四坐为之改容。（《世说新语·言语》卷二）

衣服**被**火烧了一个窟窿。（此例引自李临定，1980）

小伙子右手的中指头已经**被**水笔磨起了水泡。（柳青）

（3）处所性宾语：宾语表示处所。例如：

墓上人皆笑之，**被**石酒气冲入鼻中，亦各醉卧三月。（《搜神记》卷十九）

夜则**被**盗者盗之百余里外。（《太平广记》卷483）

他那额上，被岁数和苦楚蹚出一条条垄沟。（周立波）

（4）双宾语："被 + NP + V + O1 + O2"格式。例如：

这来旺儿回到房中，心中大怒，吃酒醉倒房中，口内胡说，怒起宋蕙莲来，要杀西门庆。被宋蕙莲骂了他几句：你咬人的狗儿不露齿，是言不是语，墙有缝，壁有耳。吃了那黄汤，挺那两觉。打发他上床睡了。（《金瓶梅》：26）

敬济道："我因亡妻为事，又被杨光彦那厮拐了我半船货物，坑陷的我一贫如洗。"（《金瓶梅》：98）

倒被宝玉赖了他一大些不是。（《红楼梦》：59）

（5）支配性宾语：这类宾语与受动者无关，只与前边动词构成支配性的动宾关系（刘子瑜，1997）。例如：

遂被单于放火烧。（《敦煌变文·李陵》：86）[①]

（6）宾语是短语：有的是"定语 + 中心语"的偏正结构，定语是代词，指代间接受动者，中心词系直接受动者，句子结构为"（S1）被ZS1S2"，S2属于S1（袁宾，1989）。例如：

师便弹指云："……今日之下，被土地觑见我心识……"（《祖堂集》4.059.03）

有的是动词词组或者主谓结构（冯春田，2000）。例如：

公门都被陆子静误教莫要读书。（《朱子语类辑略》卷七）
今被下江小龙欺我年老，与吾斗敌，累输与他。（《宋四公大闹禁魂张》）

（7）宾语是受动者的某种称呼（有学者所区分的宾语是主语的某种

---

① 按照刘子瑜（1997）的分析，此例中的支配性宾语是"火"。

身份也列在此类)①。例如：

石门拈问明真："作摩生道，即得免**被**唤作半个圣人？"（《祖堂集》4.052.08）

法司拟：议得：吉四儿所招，元系好投拜人户，**被**余主簿作驱口，转卖与陈百户为驱。（《元典章·刑部》）

（8）宾语为"被"字后的 VP 成分为惯用语性质的动宾短语中所带的宾语。例如：

她的本夫**被**姚士杰暗中勾结的国民党军拉了壮丁。（柳青）
吾自到此土，六度**被**人下药。（《祖堂集》1.075.01）
只恐你江南终**被**将臣误事。（《三朝北盟会编·山西军前和议录》）

（9）宾语是"云""道""说"等的直接引语。例如：

于是大王怜爱太子……其时**被**诸大臣道："大王！太子本是妖精鬼魅，请大王须与弃亡……"（《敦煌变文集》卷4《八相变》）

（10）宾语是动量、时量。例如：

州县参谒者……**被**蛇绕数匝。（《朝野佥载》卷三）
雀儿**被**禁数日。（《敦煌变文·燕子赋》）
一条静静的小溪，也许**被**敌人与我们抢渡过多少次。（老舍）

（11）VP 成分为"动+趋""动+介"结构，后面所带的宾语。例如：

有的还没有来得及招架就**被**他挑下马去。（姚雪垠）
她的短发立刻**被**雨水贴在脸上，花布衫**被**雨水紧紧地裹在身上。（浩然）

---

① 许多学者将这一类归在"结果性宾语"一类中。

以上（一）中所列出的14类"被"字后动词带宾语的情况是我们根据学术界的研究总结出来的，难免存在分类标准不一、各类之间重叠的情形。有学者对此进行了高度的概括，如蒋绍愚、曹广顺主编（2005）概括为以下三大类：

（1）带完全受事宾语，即宾语位置上的受事成分同主语位置上的受事成分所指完全相同，一般是受事成分作为主语出现后（主语也可能省略），在宾语位置上又以代词（或名词）的形式再次出现。

（2）带部分受事宾语，即受事宾语与受事主语所指并不完全相同，在语义关系上受事宾语从属于受事主语，或宾语是主语的一部分，或宾语同主语存在着某种联系，尽管主语经常可以不出现。

（3）带无关受事宾语，即受事宾语无论在隐性语法关系上还是在语义关系上都同受事主语没有直接关系。

（二）有关"被"字后动词带宾语的历史发展的论述

许绍早（1956），王力（1958），唐钰明（1987b，1988），董志翘（1989），曹小云（1993），蒋冀骋、吴福祥（1997），刘子瑜（1997），王明华（2001），蒋绍愚、曹广顺主编（2005）等对"被"字后动词带宾语的产生及发展情况做了探讨，现大体上归结如下：

"被"字后动词带宾语是"被"字句的一个重大的发展变化。"被"字句由于动词的受事前置，一般来说，谓语动词后可以不带宾语。早期"被"字句的谓语动词后较少有带宾语的情况。但是，随着"被"字句的发展，"被"字后的动词带宾语的情况在近代汉语文献中已经非常普遍。这是由于"被"字句中的谓语动词带上宾语后，位于句首的受动者便成了间接受事，而谓语动词后的宾语则变成直接受事。在语义上"被"字句主语跟谓语动词后的宾语通常有一定的联系。

从历史发展来看，被动式（"于"字句、"见"字句、"为"字句）动词带宾语的现象可以上溯到两汉、战国乃至西周金文。一直到汉魏六朝，这种现象略有增加，但比例不足1%。唐代开始迅速增多，在"被"字句中尤为普遍。在唐代至清代24种代表性典籍中的3723例"被"字句中，"被"字后动词带宾语的有615例，比例高达17%（详见唐钰明，1987b）。

唐五代时期，"被"字后动词带宾语已经比较常见。这里，简单地介绍三种主要的"被"字后动词带宾语的发展情况："并列性宾语""隶属性宾语"和"复指性宾语"。"并列性宾语"唐代可见。"隶属性宾语"不晚于六朝，唐代以后比比皆是。"复指性宾语"之代词宾语始见于唐代，名词性复指宾语盛行于宋元话本，因为这种说法近于"赘语"，而到了清代的《红楼梦》《儿女英雄传》中已经消失（详见唐钰明，1988）。

从宋代开始，"被"字句和处置式开始结合，形成"被+把（将）"的句型，它是在"被"字句动词带宾语的基础上发展起来的，"将""把"的作用是把动词后的宾语前置，所以"将""把"所带的宾语与主语的关系也同样有隶属性和复指性两种（详见唐钰明，1988）。

关于"被"字后动词带宾语从唐五代之后的进一步发展，有学者指出，这种形式从晚唐到明末这七八百年中没有继续发展，比例保持在《金瓶梅词话》的 18.8% 的水平上，跟唐钰明（1987b）所统计的比例相当，并分析了为什么没有进一步发展的原因（详见王明华，2001）①。

三 目前研究的成绩及存在的主要问题

学术界对于"被"字后动词带宾语的问题研究得相当透彻。从上一节可以看出，学者对"被"字后动词所带宾语的不同类型的区分至为详细，明察秋毫；有关"被"字后动词带宾语的历史发展的论述也非常详细、可信。这里只说存在的问题，主要有以下三个方面。

第一，由于分类过多，各类之间的关系就不是那么明确了，某些类别之间难免交叉重合；另有的类别过于宽泛，其中所包含的句子差别较大。比如说：

（1）宾语是"定语+中心语"偏正结构的，是不是隶属性关系？如果是的话，就没有必要另立一类了。

（2）"墓上人皆笑之，**被**石酒气冲入鼻中"一句，"鼻中"被认为是处所性宾语，但是，如果要追究是谁的"鼻中"的话，那么它是不是隶属于前面的"墓上人"？

（3）"贾政还欲打时，早**被**王夫人抱住板子"一句，"板子"是用来打人的工具，但即使是工具的话，它有没有隶属性关系？

（4）有些例子虽然被归到同一类别，但是仍有很大差别。例如："六度**被**人下药"和"你江南终**被**将臣误事"虽然都是"被"字后的 VP 成分为惯用语性质的动宾短语中所带的宾语，但是，后一例可以说"被将臣误你的事"而前一例明显不行；这也牵扯到是否属于隶属性关系的问题。

（5）动量、时量成分能否看作"被"字后动词所带的宾语？这恐怕

---

① 王明华（2001）的统计数据跟我们的统计数据差别相当大，主要是依据标准不同，详见下文分析。

会有一定的争议。我们在统计"被"字后动词带宾语的时候不将这些成分统计在内。

(6) 宾语是受动者的某种称呼的一类恐怕又与"并列性宾语"交叉。

(7) 有的类别，比如说隶属性宾语一类，数量非常之多，内部又可分出小类，例如，"焉**被**天火烧城"和"小二哥**被**时迁打脸"肯定得分成两个明显不同的类别，因为后一例可以是"小二哥**被**时迁打"，而前一例则明显不能是"焉**被**天火烧"。

这里的意思并不是说不可以分出那么多的类别，但是，在分类的时候最好有较为划一的标准来统摄，就会显得更为科学。蒋绍愚、曹广顺主编(2005)所概括的三大类就显得条理更分明一些，这种做法值得借鉴和进一步补充完善。如何以较简约的标准对"被"字后动词带宾语的"被"字句进行较为准确而得当的分类，是一个不容忽视的问题；而且在此基础上能帮助我们进一步认清"被"字后动词带宾语这种现象的实质性问题及其历史发展趋势。

第二，某些具体分析上的问题。例如：

今**被**下江小龙欺我年老，与吾斗敌，累输与他。(《宋四公大闹禁魂张》)

上例中，有学者认为，是主谓结构作宾语的，但仔细考虑一下发现不妥，因为"我年老"这个主谓结构不是"下江小龙"欺负的对象，"下江小龙"欺负的只能是"我"。此例似乎应该分析为递系结构。近代汉语中"被"字句后面为递系结构的例子非常之多，非常值得研究。

再如："祢衡**被**魏武谪为鼓吏"一句，我们以现代的分析眼光来看，"为鼓吏"可以看成是"谪"的补语，"鼓吏"是"谪"的结果，但是，在《世说新语》时代，动结式是否已经完全形成？即使已经形成，它能否自由地进入"被"字句呢？此句恐怕还应分析为"祢衡**被**魏武谪/为鼓吏"，即"祢衡**被**魏武谪""祢衡为鼓吏"。这句话是早期的"被"字后出现施事者的例子，能体现出"被"字后补语的发展演变过程，暂不宜按现代的方式来分析。

第三，对"被"字后动词所带各种宾语的情况缺乏客观的统计数据。比如说，复指性宾语与隶属性宾语都很常见，但是，哪一种宾语出现的频率更高一些呢？看来对特定文献的统计还是必要的，对"被"字后动词带宾语的各种情况进行完整的统计和分析，能够使我们很清晰地发现"被"

字后动词带宾语的句式在各个时代的发展演变脉络。

第二节 "被"字后动词带宾式的各种情形

一 分类标准

我们认为，在"被"字后动词带宾式"NP1 + 被 +（NP2 +）VP + NP3"中，有三种关系应该引起我们的注意。

（1）VP 与 NP3 的关系，动宾关系，这是不难理解的。

（2）NP1 与 NP3 的关系，这是当前学术界最关注的关系，从实际的句子来看，NP1 与 NP3 之间以"领属性"与"复指性"两种关系为多数。

（3）NP1 与 VP 的关系，这是看似明显却又容易被忽视的一种关系，也是我们认为在研究"被"字后动词带宾语的时候最为重要的一种关系。本书提出"被"字后动词的"反向性"，指的是"被"字后动词对整个"被"字结构的受事主语的动作指向性。在"被"字后的动词带宾语的句子中，也不例外，必须考察 VP 能否指向受事主语 NP1 的问题。

主要看"NP1 + 被 +（NP2 +）VP + NP3"格式去掉 NP3 之后句子能否成立。"他**被**打断了腿"——"他**被**打"；"他**被**地主害死了爹"——*"他**被**害"。这种分析方式来源于对"被"字句的"向心结构"和"离心结构"的区分①。

这妇人尸首，丢了三四日，**被**守备府中买了一口棺材，差人抬出城外永福寺去葬了。(《金瓶梅》: 88)

此例中的"一口棺材"和"这妇人尸首"关系不好推测；"差人"中的"人"和"妇人尸首"的关系也不好说；此例之所以是"向心结构"，是因为句子的主干是"这妇人尸首**被**葬了"。可见，仅仅考察 NP1 与 NP3 的关系并不是太科学。这也说明，对于"被"字后动词带宾语这种语法格式的分析，并不是分类越多越详细越好（如上一节所分的 14 类）；语言本

---

① 这里所说的"NP1 + 被 +（NP2 +）VP + NP3"格式去掉 NP3 之后句子能否成立，仅指 VP 中的主要动词 V 而言，而非整个 VP 结构，如我们所认为的"他被打断了腿"是"向心结构"的意思，并不是可以说成 *"他被打断了"。对"被"字句的"向心结构"和"离心结构"的区分也是针对主要动词 V 而言的，而不是加上补语成分之后的 VP 成分。

身是复杂的，高度的概括更是必要的。

我们确定的分类标准是：综合考虑上面提到的（2）与（3）两种关系，兼顾"被"字后动词带宾式"NP1 + 被 +（NP2 +）VP + NP3"中的 NP1 与 NP3 的关系和 NP1 与 VP 的关系，将"被"字后动词带宾语的句子分为"松散的带宾结构"和"紧密的带宾结构"两大类①。

（一）"松散的带宾结构"类

我们在所有"被"字后动词带宾语的句子中，首先分出来的是"松散的带宾结构"的句子。"松散的带宾结构"的句子可以分为三个小类：

（1）整个"被"字句为"离心结构"的句子，为"NP1 + 被 + NP2 + CF"格式，其中 CF 中带了宾语。这种句子是最为外围的"被"字后带宾语的"被"字句。

（2）整个"被"字句为"向心结构"，但是，"被"字后动词所带的宾语出现在"被"字后多 VP 结构中的"离心结构"中（出现在"NP1 + 被 + NP2 + CF + CP"或者"NP1 + 被 + NP2 + CP + CF"中的 CF 中），这种句子表示被动关系的 VP（CP）不带宾语，而不表示被动关系的 VP（CF）却带了宾语。这种句子是次外围的"被"字后动词带宾语的"被"字句。

（3）整个"被"字句为"向心结构"，而且"被"字后动词所带的宾语出现在表示被动关系的 VP（CP）中，但是，"被"字后动词所带的宾语 NP3 与"被"字句的主语 NP1 无关。比如说，在"（高俅）**被**他父亲开封府里告了一纸文状"这样的句子中，整个"被"字句是"向心结构"，即"高俅**被**他父亲告了"，但"被"字后动词所带的宾语"一纸文状"与前面的主语"高俅"的关系不明显，而是和"被"字后动词"告"的关系较密切。这种归类是我们前面所提到的兼顾"被"字后动词带宾式"NP1 + 被 +（NP2 +）VP + NP3"中的 NP1 与 NP3 的关系和 NP1 与 VP 的关系中的第一种情形②。这种句子出现的比例比较少，如果不考虑 NP1 与 NP3 的关系的话，将其归并于"被"字后动词带宾语的"紧密的带宾结构"的句子中也是可以的。

（二）"紧密的带宾结构"类

将"被"字后动词带宾语的"松散的带宾结构"离析开来，剩余的

---

① 这里的"松散的带宾结构"和"紧密的带宾结构"是专门针对"被"字后动词带宾语的"被"字句，和"被"字句的"离心结构"与"向心结构"稍有不同，因此称为"松散的带宾结构"和"紧密的带宾结构"以示区别。详见下文分析。

② 共有两种情形，下文将谈到第二种。

基本上都是"紧密的带宾结构"的例子。"被"字后动词带宾语的"紧密的带宾结构"的句子又可以分为两类，这两类又可各分为两小类。

（1）主宾同指类，即"被"字后动词所带的宾语和整个"被"字句前面的主语是相同或者基本上相同的，这又可分为两个小类：一是"被"字后动词所带的宾语为代词，如"之""他"等；二是"被"字后动词所带的宾语是名词性成分，是"被"字句前面主语的简单重复或者稍有变化的重复。

（2）宾语隶属于主语类，即"被"字后动词所带的宾语或多或少地同整个"被"字句的主语存在着隶属关系（"被"字后动词所带的宾语隶属于整个"被"字句的主语）。这种"领有"和"隶属"关系，我们称为"领属关系"。"领属关系"的"被"字后动词带宾句"NP1 + 被 + （NP2 +）VP + NP3"，可以按照 NP1 与 VP 的关系分为两个小类：

一是"狭义领属"类："NP1 + 被 + （NP2 +）VP + NP3"中的主要动词 V 既指向 NP3，同时也指向 NP1；虽然 NP3 是动作的直接承受者，但是，如果没有 NP3，NP1 仍然可以作为动作 V 的承受者。例如，"他被人抢了钱包"一句，虽然"钱包"是直接"被抢"的对象，但是，如果没有"钱包"，"他"仍然可以"被抢"。又如前面所提到的例子"小二哥被时迁打脸"。

二是"广义领属"类："NP1 + 被 + （NP2 +）VP + NP3"中的主要动词 V 仅仅指向 NP3，而不指向 NP1；NP3 是动作的直接承受者，NP1 仅仅是同 NP3 产生某种意义上领属关系的人或事物；如果没有 NP3，整个"被"字句一般可以成立，但是，意思却发生了变化。如"贾政被王夫人抱住板子"一句，"贾政"和"板子"之间即存在"广义领属"关系，没有 NP3"板子"，句子就成了"贾政被王夫人抱住"了，跟原来的意思大相径庭。这样的句子在近代汉语和现代汉语中也是普遍存在的，例如，"焉被天火烧城""清风寨军人一时间被掳了恭人去""他被地主害死了爹"等。实际上，单纯从"被"字后的主要动词 V 对于前面主语的"反向性"来看，这种句子应该属于"离心结构"一类，但是，由于 NP1 与 NP3 之间的"广义领属"关系，我们将其归在"被"字后动词带宾语的"紧密的带宾结构"一类中。这种归类是我们前面所提到的兼顾"被"字后动词带宾式"NP1 + 被 + （NP2 +）VP + NP3"中的 NP1 与 NP3 的关系和 NP1 与 VP 的关系中的第二种情形。

关于"紧密的带宾结构"和"松散的带宾结构"两类的数据，详见本章附表二"被"字后动词带宾式的"紧密的带宾结构"和"松散的带宾结构"统计。

二 "被"字后动词带宾语的"松散的带宾结构"类

上面我们在讨论分类标准的时候，将所有的"被"字后动词带宾语的句子分为"紧密的带宾结构"和"松散的带宾结构"两大类。这里专门谈"松散的带宾结构"的具体情况。首先需要做一个补充说明："松散的带宾结构"出现的频率非常高，它可以出现在上文所说的"松散的带宾结构"的一大类中，也可以出现在"紧密的带宾结构"中。因为许多"被"字句中的"被"字后的 VP 成分为多 VP 结构的（参见本书第六章的分析），因而多个 VP 有可能带上各自的宾语。下面举几个《水浒传》中的例子做一说明：

施恩如此告诉，我却路见不平，我醉打了蒋门神，复夺了快活林。施恩如此敬重我。后**被**张团练买嘱张都监，定了计谋，取我做亲随，设智陷害，替蒋门神报仇。（《水浒传》：31）

有那一般赌的，却待要博，**被**李逵劈手夺过头钱来，便叫道："我博兀谁？"（《水浒传》：38）

这边后巷也有几个守门军汉，带了些人，驮了麻搭火钩，都奔来救火。早**被**花荣张起弓，当头一箭，射翻了一个，大喝道："要死的便来救火！"（《水浒传》：41）

第一个例子，"我……被张团练取我做亲随，设智陷害"，整体上是"向心结构"的"被"字句，而且"被"字后的动词带上了复指性的宾语"我"，因此，我们将其归入"紧密的带宾结构"一类。但是，此例为"被"字后的多 VP 结构，其他不表示被动关系的 VP 也带了宾语，"（买嘱）张都监""（定了）计谋""（设）智"。第二个例子中不表示被动关系的 VP"叫道"也带了引语。第三个例子中不表示被动关系的 VP 分别带了宾语"（张起）弓"和"喝"的引语。这样的句子是比较多的，我们的处理原则是：只要是出现了符合我们所说的"紧密的带宾结构"条件的，我们就归入"紧密的带宾结构"一类中，而不管其是否带有"松散的带宾结构"的成分。我们在所分出的"松散的带宾结构"一类中，即使是属于"向心结构"的"被"字句，其中表示被动关系的 VP 也是不带宾语的，或者是所带的宾语 NP3 与"被"字句的主语 NP1 无关的。

以下分析"松散的带宾结构"类的具体分类情况。在我们所统计的所有的"被"字后动词带宾语的句子中,"松散的带宾结构"共有 591 例,详细数据见本章附表三"松散的带宾结构"的出现情况统计。

(1) 整个"被"字句为"离心结构"("NP1 + 被 + NP2 + CF"格式),其中 CF 中带了宾语,共有 170 例。唐宋时代共有 39 例,绝大多数出现在《朱子语类》中,如:

众人笑而问之,云:"女初藏已于车中,适缱绻,**被**望舒弹琵琶告王,令一黄门搜诸婢车中,次诸女,既不得已,被推落地,因尔遂活矣。"(《广异记·王勋》)

如曾点,却**被**他超然看破这意思,夫子所以喜之。日月之盈缩,昼夜之晦明,莫非此理。(《朱子语类》卷四十)

人都贪财好色,都重死生。却**被**他不贪财,不好色,不重死生,这般处也可以降服得鬼神。(《朱子语类》卷四十七)

又曰:"庄周列御寇亦似曾点底意思。他也不是专学老子,吾儒书他都看来,不知如何**被**他绰见这个物事,便放浪去了。今禅学也是恁地。"(《朱子语类》卷一百一十七)

妇人闻语,张口大叫一声,忽然面皮裂皱,露爪张牙,摆尾摇头,身长丈五。定醒之中,满山都是白虎。**被**猴行者将金镮杖变作一个夜叉,头点天,脚踏地,手把降魔杵,身如蓝靛青,发似硃砂,口吐百丈火光。(《大唐三藏取经诗话》)

元代共有 19 例,如:

却有姜尚未肯投水,**被**姜尚推一大石坠岸,如人落水之声,志气过人。(《武王伐纣平话》卷中)

数箭竟发,老狐逐一将箭绰了,回射一箭,掷着晋主衣袂。**被**打捕司牵得猎犬至,狐且徐徐退走,旁若无人。(《新编五代史平话·晋史平话》卷下)

哥,**被**他使了计了。(《幽闺记》)

明代共有 89 例,如:

日前刘太守去收伏时,**被**王则用了妖法,是以损兵折将而回。(《三遂平妖传》: 36)

相公也有觑兄长之心，只是被张三和这婆子在厅上发言发语，道本县不做主时，定要在州里告状，因此上又差我两个来搜你庄上。（《水浒传》：22）

施恩道："小弟自幼……近来被这本营内张团练，新从东潞州来，带一个人到此。"（《水浒传》：29）

斡儿伯、莎合台那两个夫人道："你行无请唤的礼，遇着茶饭呵便吃。""俺巴孩皇帝死了么道？"被诃额仑这般说。"论来呵，可将这母子每撇下在营盘里，休将他行。"（《元朝秘史》：2）

那怪不敢闭口，只得应了一声，候的装在里面，被行者贴上太上老君急急如律令奉敕的帖子。心中暗喜道："我的儿，你今日也来试试新了！"（《西游记》：35）

急抽身就要走路，奈何手内无一兵器，转回头，只见一个镇殿将军，腰挎一口宝刀，被行者使了个定身法，直挺挺如痴如瘩，立在那里，他近前，夺了这宝刀，就驾云头望空而去。（《西游记》：39）

只见厢房内点着灯，大姐和敬济正在里面絮聒，说不见了银子。被金莲向窗棂上打了一下，说道："后面不去听佛曲儿，两口子且在房里拌的甚么嘴儿？"（《金瓶梅》：51）

那薛姑子就要拿着走，被孟玉楼在旁说道："师父你且住，大娘，你还使小厮叫将贲四来，替他兑兑多少分两，就同他往经铺里讲定个数儿来，每一部经多少银子，到几时有，才好。"（《金瓶梅》：58）

我一身冷汗，乃是南柯一梦。忙身参礼母亲，又被母亲絮了许多闲话。（《牡丹亭》第十出《惊梦》）

南宫与胡雷，战有三四十合，被南宫卖个破绽，胡雷用力，一刀砍入南宫怀来，马头相交，南宫让过刀，伸开手把胡雷生擒活捉，拿至辕门前下马，径进中军报功。（《封神演义》：71）

梅氏被孩儿提起线索，便将十来年隐下衷情，都说出来道："我儿休疑分关之语，这正是你父亲之笔。"（《喻世明言》：10）

当时高氏千不合万不合，骂了王酒酒这一顿，被那厮走到宁海郡安抚司前，叫起屈来。（《警世通言》：33）

却说乔俊合当穷苦，在东京沈瑞莲家，全然不知家中之事。住了两年，财本使得一空，被虔婆常常发语道："我女儿恋住了你，又不能接客，怎的是了？"（《警世通言》：33）

朱十老心下也有许可之意，又被邢权说道："他不是要挑担出去，几年上偷银子做私房，身边积攒有余了，又怪你不与他定亲，心下怨怅，不

愿在此相帮，要讨个出场，自去娶老婆，做人家去。"（《醒世恒言》：3）

这主人家被他把大帽儿一磕，便信以为真，乃道："老汉一时不晓得是郭爷长官，莫怪，请里边房里去坐。"（《醒世恒言》：6）

只可笑小弟一向在睡梦中，又被兄占了头筹，而今不便小弟脱空，也还算是好了。（《二刻拍案惊奇》：17）

一日预先从寡妇房中过去，躲在他床下。夜间正演出来，被他喊叫有贼，涵宇欺他孤身，还来抱他，被他打得满脸是血。（《型世言》：6）

那晁老也就腆着脸把两只脚伸将出来，凭他们脱将下来，换了新靴，方才缩进脚去。却被人编了四句口号：世情真好笑呵呵！三载赃私十万多。喜得西台参劾去，临行也脱一双靴！（《醒世姻缘传》：17）

清代共有23例，如：

陈木南起首还不觉得，到了半盘四处受敌，待要吃他几子，又被他占了外势；待要不吃他的，自己又不得活。（《儒林外史》：53）

固然说是天也，非人之所能为也，要知他被上天提了一根线儿，照傀儡一般替我家出这许多苦力，也些许的有点功劳，我此举又怎的不叫作以德报德？（《儿女英雄传》：39）

现在被庄大老爷施了小小手段，乡下人非但不来告状，不求申冤，而且还要称颂统领的好处，具了甘结，从此冤沉海底，铁案如山，就使包老爷复生，亦翻不过来。（《官场现形记》：15）

翠花道："都被官里拿了差，送馒头去了。"（《老残游记》：14）

(2) 整个"被"字句为"向心结构"，但是，"被"字后动词所带的宾语出现在"被"字后多VP结构中的"离心结构"中（出现在"NP1 + 被 + NP2 + CF + CP"或者"NP1 + 被 + NP2 + CP + CF"中的CF中），这种句子表示被动关系的VP（CP）不带宾语，而不表示被动关系的VP（CF）却带了宾语。共有369例。唐宋时代例句较少，共有9例，如：

仁节等三军弃步卒，将马先争入，被贼设伏横截，军将被索缚之，生擒节等，死者填山谷，军有一遗。（《朝野佥载》卷一）

颜子聪明，事事了了。子贡聪明，工夫粗，故有阙处。曾子鲁，却肯逐一用工捱去。捱得这一件去，便这一件是他底，又捱一件去。捱来捱去，事事晓得，被孔子一下唤醒云："吾道一以贯之"，他便醒得。（《朱

子语类》卷二十七）

便是乐毅也煞费气力，但取不得。及用骑劫则是大段无能，后**被**田单使一个小术数子，便乘势杀将去。（《朱子语类》卷一百三十四）

元代例句也较少，共有18例，如：

行至日哺，遇一个恶少后生要卖宝刀，两个交口厮争，那后生**被**杨志挥刀一斫，只见颈随刀落。（《大宋宣和遗事》）

姜尚奏曰："臣启陛下，有金星当日变为凡人，来买卜，试探臣阴阳，看合着不合着。**被**臣课合阴阳，识破，便化金光而去了。"（《武王伐纣平话》卷中）

德威诈败走却，陈夜叉一直赶上，**被**周德威奋铁挝反击，陈夜叉坠马，**被**周德威生擒，以献李克用军前。（《新编五代史平话·梁史平话》卷上）

黄巢输了一阵，退走少歇又战。**被**克用赶杀，会合义成、义武两军，相继追击。（《新编五代史平话·唐史平话》卷上）

马岱闷坐，忽见仆人披头而来哭曰："老太尉一家老小，皆**被**曹操使人杀了！"（《三国志平话》卷下）

某着杨奉将着孙坚的衣袍铠甲，去我父亲跟前献功去，不期被张飞夺的去了，又在某跟前称爷道字，更待干罢！（《虎牢关三战吕布》）

明代例句较多，共有283例，如：

那一班猿子猿孙，猱獶之属，已**被**本境城隍山神土地奉着天符驱逐已尽，袁公单单一身，不胜凄惨，且喜有了性命，又得了两件至宝，正所谓一悲一喜。（《三遂平妖传》：2）

妈妈道："那大汉却是何人，是何意故？"正在絮叨，却**被**隔壁张大嫂听了，不知高低，敲着壁儿叫道："胡妈妈！胡妈妈！"（《三遂平妖传》：20）

后面一将，纵马挺枪而出。匡视之，乃河内名将方悦。两马相交，无五合，**被**吕布一戟刺于马下，挺戟直冲过来。（《三国演义》：5）

原来张飞去救龚都，龚都已被夏侯渊所杀；飞奋力杀退夏侯渊，迤逦赶去，却**被**乐进引军围住。（《三国演义》：31）

武大**被**这妇人赶出去做买卖，央及间壁王婆买下些酒肉之类，去武松

房里篸了一盆炭火，心里自想道："……"（《水浒传》: 24）

那一个公人走近一步，却**被**武松叫声："下去！"一飞脚早踢中，翻筋斗踢下水里去。（《水浒传》: 30）

那时别克帖儿在小山上放马坐着，帖木真自后隐着，合撒儿自前隐着，将箭抽着要射他时，**被**别克帖儿见了，说："泰亦赤兀兄弟的苦受不得，仇怎生能报？"（《元朝秘史》: 2）

他套上衣服，开了门，往外就走；**被**行者一把扯住，将自己脸上抹了一抹，现出原身，喝道："好妖怪，那里走！"（《西游记》: 18）

只因他闹了天宫，拿上界去，此山**被**显圣二郎神，率领那梅山七弟兄，放火烧坏了。（《西游记》: 28）

那玉楼抽身就往后走，**被**西门庆一手拉住，说道："你往那里去？"（《金瓶梅》: 11）

西门庆已是走出来，**被**花子虚再不放，说道："今日小弟没敬心，哥怎的白不肯坐？"（《金瓶梅》: 13）

那春梅等四个就要往后走，**被**西门庆喝住，说道："左右只是你应二爷，都来见见罢，躲怎的！"（《金瓶梅》: 22）

那伯爵就要跟着起来，**被**黄四使力拦住，说道："我的二爷，你若去了，就没趣死了。"（《金瓶梅》: 68）

提起那春容，**被**老爷看见了，怕奶奶伤情，吩咐殉了葬罢。（《牡丹亭》第二十出《闹殇》）

晁雷大怒，纵马舞刀来取南宫。南宫举刀劈面相迎。两马相交，双刃并举，一场大战。南宫与晁雷战有三十回合，把晁雷杀得力尽筋疲，那里是南宫敌手？**被**南宫卖一个破绽，生擒过去，绳缚索绑，得胜鼓响，推进西岐。（《封神演义》: 35）

薛明看见军伍散乱，心中着忙，措手不迭，**被**钟明斩于马下，拍马来夹攻徐福。（《喻世明言》: 21）

举斧照顶门砍下，却**被**一人拦腰抱住道："使不得！"（《警世通言》: 11）

只见红的输了便走，后面白的赶来，**被**郑信弯弓，觑得亲，一箭射去，喝声道："着！"把白蜘蛛射了下来。（《醒世恒言》: 31）

那褚敬桥还不知甚么缘由，劈面撞着，正要问个来历，**被**他劈胸揪住，喊道："还我人来！"（《初刻拍案惊奇》: 8）

剩了行李囊资，尽**被**大汉打开房来，席卷而去。（《二刻拍案惊奇》: 14）

前三次俱大胜，后边**被**他伏兵桥下，突出杀了，倭势愈大。(《型世言》：7)

两个外差着实强辩，说："晁监**生被**计都父子纠领了族人，打得伤重，至今不曾起床，且是那告的妇女多有诡名，证见禹承先又往院里上班去了，所以耽搁了投文。"(《醒世姻缘传》：10)

清代共有59例，如：

大将军有令：主上**被**唐朝郭子仪遣人刺死，即着军士抬往段夫人宫中收殓，候大将军即位发丧。(《长生殿》第三十四出《刺逆》)

匡大道："你且搬进行李来，洗脸吃茶，慢慢和你说。"匡超人洗了脸，走进去见丈母，**被**丈母敲桌子、打板凳，哭着一场数说："总是你这天灾人祸的，把我一个娇滴滴的女儿，生生的送死了！"(《儒林外史》：20)

只见炕上那人笑道："瑞大叔要臊我呢。"贾瑞一见，却是贾蓉，真臊的无地可入，不知要怎么样才好，回身就要跑，**被**贾蔷一把揪住道："别走！"(《红楼梦》：12)

正要统领大兵前进，张易之闻知各关攻陷消息，因太后抱病在宫，即假传敕旨，差了四员上将，带领十万大兵前来迎敌，**被**众公子带着精兵杀的四散逃生。(《镜花缘》：100)

这一阵喊喳，早**被**何小姐听见，隔窗大声地说道："糊涂的东西，他腿上着着一枝梅针药箭呢！"(《儿女英雄传》：31)

后来从床上找到一个包袱，一摸里头还有两件衣服，意思就要拎了就走，**被**太太看见，一把拦住道："这里头我只剩一件竹布衫、一条裙子，你再拿了去，我就出不得门了！"(《官场现形记》：11)

老残正在踌躇，却**被**二翠一齐上来央告，说："这也不要紧的事，你老就担承一下子罢。"(《老残游记》：17)

（3）整个"被"字句为"向心结构"，而且"被"字后动词所带的宾语出现在表示被动关系的VP（CP）中，但是，"被"字后动词所带的宾语NP3与"被"字句的主语NP1无关①。共有52例。唐代尚未发现用

---

① 这里所说的"宾语NP3与'被'字句的主语NP1无关"比较笼统，如果具体一些，就是没有形成"领属"（含"狭义领属"和"广义领属"）或者"同一"关系。从例句来看，基本上就是学术界所说的"并列性宾语"。

例，宋代共有 5 例，如：

问："五祀皆设主而祭於所，然后迎尸而祭於奥。"曰：譬如祭灶，初设主於灶陉。陉非可做好安排，故又祭於奥以成礼。凡五祀皆然。但亦有不可晓者。若**被**人问第二句，便晓未得。（《朱子语类》卷二十五）

漆雕开较静，曾点较明爽，未见得他无下学工夫，亦未见得他合杀是如何。只**被**孟子唤做狂，及观檀弓所载，则下梢只如此而已。（《朱子语类》卷一百一十七）

然小行者**被**他作法，变作一个驴儿，吊在厅前。（《大唐三藏取经诗话》）

元代共有 12 例，如：

却是殷交，把旗遮地，擒了离娄。**被**南宫适放一铁箭，师旷落马。（《武王伐纣平话》卷下）

张占使人来报信，**被**朱温射了一箭。（《新编五代史平话·梁史平话》卷上）

（后唱）【雁过沙】那一日过丝鞭，道十分是好姻缘。前遮后拥一少年，绿袍掩映桃花脸，把奴家只苦成抛闪。（后低声）**被**人笑嫁不得一状元。（《张协状元》）

明代共有 26 例，如：

因此操不能久住；又**被**魏延射了一箭，急急班师。（《三国演义》：73）

因帮了一个生铁王员外儿子使钱，每日三瓦两舍，风花雪月；**被**他父亲开封府里告了一纸文状。（《水浒传》：2）

小人杀得好牲口，挑筋剔骨，开剥推，只此**被**人唤做操刀鬼曹正。（《水浒传》：17）

直至东京城内殿帅府前，寻到张教头家，闻说娘子**被**高太尉威逼亲事，自缢身死，已故半载。（《水浒传》：20）

相公，休怪小生多言，这封书**被**人瞒过了相公。(《水浒传》：40)①

那些女子见水又清又热，便要洗浴，即一齐脱了衣服，搭在衣架上。一齐下去，**被**行者看见：褪放纽扣儿，解开罗带结。(《西游记》：72)

我欲从他便门而出，恐污真身，是我剖开他脊背，跨上灵山。欲伤他命，当**被**诸佛劝解："伤孔雀如伤我母。"(《西游记》：77)

秋菊拿着鞋就往外走，**被**妇人又叫回来，吩咐："取刀来，等我把淫妇剁作几截子，掠到茅厕里去！"(《金瓶梅》：28)

刚说着，玳安出来，**被**金莲骂了几句："我把你献勤的囚根子！"(《金瓶梅》：35)

才待拿起乐器来弹唱，**被**西门庆叫近前，吩咐："你唱一套忆吹箫我听罢。"(《金瓶梅》：73)

原来西门庆是山东第一个财主，却**被**伯爵说了贼形，可不骂他了！(《金瓶梅》：54)

自言适在东海龙王处赴宴，**被**他劝酒过醉。(《喻世明言》：18)

却**被**鸨儿夹七夹八，说些疯话劝酒，不觉又过了一更天气。(《醒世恒言》：3)

主簿**被**林家欠了钱，告状反致坐监，要那州县何用？(《二刻拍案惊奇》：16)

支佩德思量了一夜，道："不做得亲，怕散了这宗银子，又**被**人笑没家婆；说有陪嫁，不若借来凑了，后来典当还他。"(《型世言》：19)

清代共有 9 例，如：

因此在外躲了几日，回来告诉凤姐，只说张华是有了几两银子在身上，逃去第三日复京口地界五更天已**被**截路人打闷棍打死了。(《红楼梦》：69)

门生今春侥幸登第，因当年同徐、骆诸人结盟一事，**被**人参奏妄交匪类，依旧降为诸生。(《镜花缘》：15)

我虽惧怕夫人，你们切莫传扬出去，设或**被**人听见强盗也会惧内，那才是个笑话哩。(《镜花缘》：50)

此时，众人已**被**刁迈彭灌足米汤，不由己的冲口而出，一齐说道：

---

① 我们不太容易理解这句话所表达的意义。我们可以猜想一下，也许可以认为是"这封书**被**人瞒过了，相公"，"相公"一词之前加上个停顿，或许更容易理解一些。

"大人是我们军门的盟弟,军门过去了,大人就是我们的主人,谁敢说得一句什么!"(《官场现形记》:49)

三 "被"字后动词带宾语的"紧密的带宾结构"类

这里专门谈"紧密的带宾结构"的具体情况。这样的句子共有1569例,分为"复指性宾语"和"领属性宾语"两类:前者共有556例,占"紧密的带宾结构"的35.44%;后者共有1013例,占"紧密的带宾结构"的64.56%。具体情况参见本章附表四"复指性宾语"和"领属性宾语"的出现情况及所占比例统计。下面分别进行分析。

(一)"复指性宾语"的情况

前文已经提到过,这种宾语是主语的复指,有学者称为同一关系或者等同关系,包括以代词和名词出现两种情况。这种句子的基本格式是"NP1 + 被(+NP2)+ VP + NP3",而 NP1 和 NP3 是同一关系或者等同关系。我们认为,除代词和名词两种复指的宾语之外,仍可细分。这里,我们根据 NP1 和 NP3 的具体表现,分为以下几种情况(我们用冒号隔开 NP1 和 NP3,统一表示为"NP1:NP3",两端是它们各自以何种面目出现):

(1)"名词性成分:名词性成分"类。"被"字前面的主语是名词性成分,"被"字后动词所带的复指性宾语也是名词性成分,共有212例,其中,唐代有2例,宋代13例,元代有52例,明代有134例,清代有11例。这种情况稍复杂,又分三种:

(1.1)完全相同类。NP1 和 NP3 完全同形。唐宋时代的例子如:

义方虽呼得之,不伏使,却被群狐竞来恼,每掷砖瓦以击义方。(《朝野佥载》卷六)("义方:义方")

日所以蚀於朔者,月常在下,日常在上,既是相会,被月在下面遮了日,故日蚀。(《朱子语类》卷二)("日:日")

忽见波澜渺渺,白浪茫茫,千里乌江,万重黑浪;只见馗龙哮吼,火鬣毫光,喊动前来。被猴行者隐形帽化作遮天阵,钵盂盛却万里之水,金镮锡杖化作一条铁龙。无日无夜,二边相斗。被猴行者骑定馗龙,要抽背脊筋一条,与我法师结条子。(《大唐三藏取经诗话》)("馗龙:馗龙")

元代的例子如:

炀帝全无顾念，**被**宇文化及造变江都，斩炀帝于吴公台下，隋国遂亡。(《大宋宣和遗事》)("炀帝：炀帝")

却说晋王往魏县劳军，自帅马军百余人，沿河而上，要觇觑刘䣓军营。恰天时阴晦下雨，尘雾冥迷，却**被**刘䣓将五千军在河曲田地里藏伏了，四面鼓噪，围了晋王数重。(《新编五代史平话·唐史平话》卷上)("晋王：晋王")

伟王在秀容田地里与刘知远会战，**被**刘知远杀了伟王。(《新编五代史平话·晋史平话》卷下)("伟王：伟王")

蒋雄点五千军出城劫张飞寨，劫着空营，四面埋伏军皆起。蒋雄欲保桂阳，**被**张飞先取了，复来迎蒋雄，两军相接，二人交马，被张飞刺于马下，收了桂阳郡。张飞入荆州。(《三国志平话》卷下)("蒋雄：蒋雄")

明清时代的例子如：

嵩到时，张角已死；张梁统其众，与我军相拒，**被**皇甫嵩连胜七阵，斩张梁于曲阳。(《三国演义》：2)("张梁：张梁")

这王矮虎如何敌得过，拨回马待要走，**被**一丈青纵马赶上，把右手刀挂了，轻舒猿臂，将王矮虎提离雕鞍，活捉去了。(《水浒传》：48)("王矮虎：王矮虎")

初，客列亦种王罕与成吉思父也速该契交之故，因在先王罕将父忽儿察忽思不亦鲁罕的诸弟杀戮，**被**叔古儿罕，欲杀王罕，追至合剌温山内，只有百人，至也速该处。(《元朝秘史》：5)("王罕：王罕")

孙悟空在旁闻讲，喜得他抓耳挠腮，眉花眼笑，忍不住手之舞之，足之蹈之。忽**被**祖师看见，叫孙悟空道："你在班中，怎么颠狂跃舞，不听我讲？"(《西游记》：2)("孙悟空：孙悟空")

陈桐勒回马欲取首级，早**被**黄明马到，力战陈桐。(《封神演义》：31)("陈桐：陈桐")

宋四公恰待说，**被**赵正拖起去，教宋四公：未要说我姓名，只道我是你亲戚，我自别有道理。(《喻世明言》：36)("宋四公：宋四公")

郑贯正坐在堂上，**被**许知县领了兵齐抢入去，将郑贯杀了。(《初刻拍案惊奇》：31)("郑贯：郑贯")

先是伏羌伯兵到，奋勇攻杀，破到山路上两座关隘，山路窄狭，**被**他两边飞下乱石弩箭，又伤了一个伏羌伯。(《型世言》：17)("伏羌伯：伏羌伯")

原来身后有个山羊在那里吃草，却**被**大虫看见，扑了过去，就如鹰拿燕雀一般，抱住山羊，张开血盆大口，羊头吃在腹内；把口一张，两只羊角飞舞而出。（《镜花缘》：49）（"山羊：山羊"）

（1.2）稍有变化类。NP1 和 NP3 基本同形但稍有变化。宋元时代的例子如：

然人莫不有此心，多是但知有利欲，**被**利欲将这个心包了。（《朱子语类》卷十八）（"此心：这个心"）

猴行者当下怒发，却将主人家新妇，年方二八，美兒（貌）过人，行动轻盈，西施难比，**被**猴行者作法，化此新妇作一束青草，放在驴子口伴。（《大唐三藏取经诗话》）（"主人家新妇：此新妇"）

纣王游黄河时，有一只大船，名曰："和州载"，二名"七里州"，万人不可拽动。**被**乌文画独拽此船，逢间道岗坡或旱地，刀如水中，拽亦然。（《武王伐纣平话》卷下）（"一只大船：此船"）

俺婆婆去取讨，**被**他赚到郊外，要将婆婆勒死，不想撞见张驴儿父子两个，救了俺婆婆性命。（《窦娥冤》）（"俺婆婆：婆婆"）

明清时代的例子如：

夏侯惇在襄阳，**被**诸葛亮差人赍兵符，诈称曹仁求救，诱惇引兵出，却教云长袭取了襄阳。（《三国演义》：51）（"夏侯惇：惇"）

大呵一声，那汉却待要挣挫，**被**二十个土兵一齐向前，把那汉子一条索绑了，押出庙门，投一个保正庄上来。（《水浒传》：13）（"那汉：那汉子"）

那婆子却待揪他，**被**这小猴子叫声你打时，就把王婆腰里带个住，看着婆子小肚上只一头撞将去，争些儿跌倒，却得壁子碍住不倒。（《水浒传》：25）（"那婆子：王婆"）

那马正待跑时，**被**那小喽啰拽起绊马索，早把刘高的马掀翻，倒撞下来。（《水浒传》：34）（"那马：刘高的马"）

柴大官人因去高唐州看亲叔叔柴皇城病症，却**被**本州高知府妻舅殷天锡要夺屋宇花园，殴骂柴进，吃我打死了殷天锡那厮。（《水浒传》：52）（"柴大官人：柴进"）

只见那玉英宫主，正在花荫下，徐步绿苔而行，**被**鬼使扑个满怀，推倒在地，活捉了他魂，却将翠莲的魂灵，推入玉英身内。（《西游记》：11）（"那玉英宫主：玉英"）

不想旁边蹲着一个白狮子猫儿，看见动弹，不知当作甚物件儿，扑向前，用爪儿来挝。这西门庆在上，又将手中拿的洒金老鸦扇儿，只顾引逗他耍子。被妇人夺过扇子来，把猫尽力打了一扇靶子，打出帐子外去了。（《金瓶梅》：51）（"一个白狮子猫儿：猫"）

他一时慌了，弯下腰去抓那粉汤，又被两个狗争着，啯嘴弄舌的，来抢那地下的粉汤吃。（《儒林外史》：10）（"那粉汤：那地下的粉汤"）

（1.3）变化较大类。NP1 和 NP3 变化较大，但仍然是同一或者复指关系。这种情况较少，例如：

盖当时儒者之学，既废绝不讲；老佛之说，又如此浅陋；被他窥见这个罅隙了，故横说竖说，如是张皇，没奈他何。（《朱子语类卷》一百二十六）

朱温镇日价只是去四散走马趯球，使枪射箭，怎知他浑家曾被黄巢亲到他军营来相寻，因见张归娘生得形容端正，美貌无双，使些泼言语，要来奸污他；奈缘张归娘是个硬心性的人，不肯从允，跪谢黄巢道："妾丈夫朱三，是大齐皇帝的弟弟，大齐皇帝便是妾的伯伯。"（《新编五代史平话·梁史平话》卷上）

斗无数合，花荣便走，王绩、晁中乘势赶来，被花荣手起，急放连珠二箭，射中二将，翻身落马。（《水浒传》：97）

那呆子败了阵，住后就跑。原来那绳子拖着走还不觉，转回来，因松了，倒有些绊脚，自家绊倒了一跌，爬起来又一跌。始初还跌个踔蹌，后面就跌了个嘴抢地。被妖精赶上，撺开鼻子，就如蛟龙一般，把八戒一鼻子卷住，得胜回洞。（《西游记》：76）

那敬济笑嘻嘻扑近他身来，搂他亲嘴。被妇人顺手只一推，把小伙儿推了一跤。（《金瓶梅》：19）

众人吃了茶，这蕙莲在席上，斜靠桌儿站立，看着月娘众人掷骰儿，故作扬声说道："娘，把长么搭在纯六，却不是天地分？还赢了五娘。"又道："你这六娘，骰子是锦屏风对儿。我看三娘这么三配纯五，只是十四点儿，输了。"被玉箫恼了，说道："你这媳妇子，俺们在这里掷骰儿，插嘴插舌，有你甚么说处？"把老婆羞的站又站不住，立又立不住，绯红了面皮，往下去了。（《金瓶梅》：23）

不想这一下来，通共来了四个，倒被老爷这里捆住了两双。(《儿女英雄传》：31)

那位打算诗酒风流的公子，何尝不是被他姊妹两个一席话，生生的把个懒驴子逼上了磨了呢！(《儿女英雄传》：33)

第一句是说，"盖当时儒者之学，既废绝不讲；老佛之说，又如此浅陋"这本身是一个"罅隙"，所以，后文才说"被他窥见这个罅隙"，仍可认为是前面的复指。其他的句子较好理解，有些是 NP1 的不同称呼（"他浑家：张归娘"、"那呆子：八戒"等），有些是总括（"王绩、晁中：二将"等），有些是引喻（"那位打算诗酒风流的公子：懒驴子"等）。

(2) "名词性成分：代词"类，NP1 是名词性成分，NP3 用一个代词来复指，共有 148 例。其中，唐代共有 10 例，如：

忠惶恐，私就卜问，被不良人疑之，执送县。(《朝野佥载》卷五)

其夜，又衔绢一匹而来。一日，其庵忽被虎拆之，意者不欲鱼舟居此。(《广异记·张鱼舟》)

王行则者，奉征伐东蕃没落，同船一百余人俱被贼擒，送之倭国。(《入唐求法巡礼行记》卷第二)

宋代共有 10 例，如：

又如好事，初心本自要做，又却终不肯做，是如何？盖人心本善，方其见善欲为之时，此是真心发见之端。然才发，便被气禀物欲随即蔽锢之，不教它发。(《朱子语类》卷十三)

镜本明，被尘垢昏之，用摩擦之工，其明始现。(《朱子语类》卷十七)

深沙云：项下是和尚两度被我吃你，袋得枯骨在此。(《大唐三藏取经诗话》)

元代共有 9 例，如：

夏，五月，有物若龙，长六七尺，苍鳞黑色，驴首，两颊如鱼，头色绿，顶有角，其声如牛，见于开封县茶肆前。时茶肆人早起拂拭床榻，见有物若大犬蹲其傍，熟视之，乃是龙也。其人吃惊，卧倒在地。茶肆与军

器作坊相近，遂**被**作坊军人得知，杀龙而食之。（《大宋宣和遗事》）

（关末云）哥哥，想十八路诸侯，不曾得吕布半根儿折箭，谁想**被**俺杀的他大败亏输也。（《虎牢关三战吕布》）

明代共有96例，如：

左右方欲动手，皆**被**关公拔剑砍之。（《三国演义》：27）

却才**被**哥哥打的那汉，先在这里桃花山扎寨，唤作小霸王周通。那时引人下山来，和小弟厮杀，**被**我赢了他，留小弟在山上为寨主，让第一把交椅教小弟坐了，以此在这里落草。（《水浒传》：5）

那魔王**被**悟空掏短胁，撞丫裆，几下筋节，把他打重了。（《西游记》：2）

这行者反迎上前，**被**他一口吞之。（《西游记》：67）

走到乐星堂儿门首粉头郑爱香儿家，——小名叫做郑观音，生的一表人物，哥就要往他家去，**被**我再三拦住，劝他说道："恐怕家中嫂子放心不下。"（《金瓶梅》：13）

那金莲只顾不肯起来，**被**玉楼和玉箫一齐扯起来，送他前边去了。（《金瓶梅》：75）

土行孙骑着五云驼，早**被**余元一把抓住头发，提着他，不令他挨地，大叫曰："拿住偷驼的贼子。"（《封神演义》：75）

徐福敌不得二将，亦**被**钟亮斩之，众军都弃甲投降。（《喻世明言》：21）

小圣夜来孺子不肖，乘酒醉，变作金色鲤鱼，游于江岸，**被**人获之，进与大工作御膳，谢大王不杀之恩。（《警世通言》：23）

铁生感谢不尽，却是口里虽如此说，终日**被**胡生哄到妓家醉梦不醒，弄得他眼花缭乱，也那有闲日子去与门氏做绰趣工夫？（《初刻拍案惊奇》：32）

那邵强仁的老婆，伍小川的小子，说是**被**晁源的事把他累死，上门指了籴谷，每家赖了一石。（《醒世姻缘传》：32）

清代共有23例，如：

话说那万中书在秦中书家厅上看戏，突**被**一个官员，带领捕役进来，将他锁了出去。（《儒林外史》：50）

实对你老人家说，你女婿前儿因多吃了两杯酒，和人分争，不知怎的

被人放了一把邪火,说他来历不明,告到衙门里,要递解还乡。(《红楼梦》:7)

两个武秀才听了,直觉他俩心上要说的话,都被大老爷替他们说了出来,除掉诺诺称是之外,更无一句可以说得。(《官场现形记》:15)

翠环……心里只顾这么盘算,倒把刚才的伤心盘算的忘记了,反侧着耳朵听他们再说什么。忽然被黄人瑞喊着,要托他替哭,怎样不好笑呢?(《老残游记》:13)

(3)"代词:代词"类。NP1是代词,后面复指的NP3也是代词,NP1与NP3在多数情况下是同一代词,也有时候偶尔不同,共有104例。唐宋时代没有发现用例,元代共有12例,如:

约到月余,张鲁与马超说:"西有剑关,我曾被饿民刘璋通我下关。"(《三国志平话》卷下)

(正旦唱)【挂金索】我这里攥住衣服,则被她撒撒我阶直下,因此上走了婆娘,空做一场话。(《包待制智赚灰栏记》)

明代共有70例,如:

瑾思曰:"我来说他,反被他说了我也。"(《三国演义》:44)

小人不知前后因依。只因昨夜去寻宋江搪碗酒吃,被这阎婆叉小人出来。(《水浒传》:22)①

呼延灼道:"我被那厮的陷马捉了我到寨里,却有原跟我的头目,暗地盗这匹马与我骑,就跟我来了。"(《水浒传》:58)

那女子答道:"奴家正是刘太公女儿。十数日之前,被这两个贼掳在这里,每夜轮一个将奴家奸宿。"(《水浒传》:73)

再说:"当初我小时,被三种篾儿乞拿我,将不儿罕山绕了三遭。"(《元朝秘史》:9)

太祖又对锁儿罕失剌说:"我小时被泰亦赤兀种的塔儿忽台乞邻勒秃黑兄弟每拿我时,你父子每藏着我,教合答安女子侍奉我,放我出来。"(《元朝秘史》:10)

约有三五十个,都含泪道:"我等因大王修仙去后,这两年被他争吵,

---

① 类似"小人""奴家"等自称词,我们归在代词一类。

把我们都摄将来，那不是我们洞中的家伙？"（《西游记》：2）（"我等：我们"）

我去夺，反被他推我一交，说他又买了房子，来缠了好几遍，只叫我去。（《金瓶梅》：62）

我被那厮告了一状，把我监在狱中，血水淋漓，与秽污在一处，整受了这些时苦。（《金瓶梅》：67）

金孝道："我才拾得回来，就被老娘逼我出门，寻访原主还他，何曾动你分毫？"（《喻世明言》：2）

万秀娘说："一言难尽，我被陶铁僧领他们劫我在这里，相烦你归去，说与我爹爹妈妈，教去下状，差人来捉这大字焦吉、七十条龙苗忠，和那陶铁憎。"（《警世通言》：37）

我两日来，被你牵得我神魂飞越，不能自禁，恨没个机会，得与你相近，一快私情。（《初刻拍案惊奇》：32）

莫大姐自从落娼之后，心里常自想道："我只图与杨二郎逃出来快活，谁道醉后错记，却被郁盛天杀的赚来，卖我在此。"（《二刻拍案惊奇》：38）

不是你见我时，我被他借小姑病重赚我来时，眼目已气昏了，也未必能见你。（《型世言》：3）

清代共有22例，如：

俺如今，倒不如你们务农的快活了。想这新年大节，老爷衙门里三班六房，那一位不送帖子来，我怎好不去贺节？每日骑着这个驴上县下乡，跑得昏头晕脑。打紧又被这瞎眼的王八在路上打个前失，把我跌了下来，跌的腰胯生疼。（《儒林外史》：2）

你又是个要强的人，俗话说的，金子终得金子换，谁知竟被老爷看重了你。（《红楼梦》：46）

你我若不早为之计，及至他久假不归，有个一差二错，那时就难保不被公婆道出个不字来，责备你我几句。（《儿女英雄传》：30）

谁知兰仙看见一带人往后头去，他也赶到后头去。被一个捕快把他一拦道："小姑娘，你别往这里瞎跑！"（《官场现形记》：13）

方才月球即明即暗的道理，我方有二分明白，今又被姑娘如此一说，又把我送到浆糊缸里去了。（《老残游记》：11）

(4)"NP1省略：NP3"类，前面的NP1省略，后面的NP3复指省略的成分，多出现在对话语言中，共有94例。唐代没有发现用例，宋元时代共有49例，如：

所谓诚意者，譬如饥时便吃饭，饱时便休，自是实要如此。到饱后，又**被**人请去，也且胡乱与他吃些子，便是不诚。（《朱子语类》卷十六）

李问："恭近於礼。"曰："非止谄媚於人是取辱之道。若恭不及礼，亦能取辱。且如见人有合纳拜者，却止一揖；有合不拜者，反拜他，皆不近礼。不合拜，固是取辱。若合拜而不拜，**被**他责我不拜，岂不是取辱？"（《朱子语类》卷二十二）

周瑜药贴金疮，钓其左臂，言曰："孤穷刘备，负我之恩，**被**张飞气我，皆是诸葛也！"（《三国志平话》卷中）

（马员外做不快科，云）则**被**这小贱人直气杀我也！（《包待制智赚灰栏记》）

（云）李彦和河内身亡，张三姑争忍不过。此时向前，将贼汉扯住丝绦，连叫道："地方，有杀人贼，杀人贼！"倒**被**那奸夫把咱勒死。（《货郎旦》）

（龙王云）秀才，则**被**你险些儿热杀我也！（《张生煮海》）

（唱）待不吃呵，又**被**这酒旗儿将我来相迤逗，他、他、他，舞东风在曲律杆头。（《李逵负荆》）

（哭科，云）天那，怎么有这一场诧事儿也，则**被**你忧愁杀我也。（《合汗衫》）

明清时代共有45例，如：

张屠道："**被**你这厮蒿恼了我们半日，你却在这里。"（《三遂平妖传》：28）

以先在京师做教头，禁军中每日六街三市游玩吃酒，谁想今日**被**高俅这贼坑陷了我这一场，文了面，直断送到这里，闪得我有家难奔，有国难投，受此寂寞！（《水浒传》：11）

成吉思说："在前**被**篾儿乞惕於不而罕山困我时，你曾救我性命。"（《元朝秘史》：5）

那两个即告道："昨夜巡拦，被唐僧、孙行者扫塔捉获，用铁索拴锁。今早见国王，又**被**那行者与猪八戒抓着我两个，一个割了耳朵，一个割了

嘴唇，抛在水中，着我来报，要索那塔顶宝贝。"(《西游记》：63)

玳安哭的两眼红红的，说道："**被**爹踢骂了小的来了。"(《金瓶梅》：12)

法戒对雷震子将连转两转，雷震子睁开眼一视，已被擒捉，法戒大怒骂曰："为你这厮，又**被**哪吒打了我一圈。"(《封神演义》：79)

公子只急得抓耳挠腮，忽然的跳下炕来，对着张金凤深深打了一躬，说道："今日算**被**你把我带进八卦阵、九嶷山去，我再转，转不明白了。"(《儿女英雄传》：23)

以上"复指性宾语"的出现情况，详见本章附表五"复指性宾语"的出现情况统计。

(二)"领属性宾语"的情况

如上文所述，这一类指的是宾语隶属于主语的情况，即"被"字后动词所带的宾语或多或少地同整个"被"字句的主语存在隶属关系（学术界通常所说的 NP3 为 NP1 所领有或者是 NP1 的一部分）。这里，带领属性宾语的句子共有 1013 例，按照 NP1 与 VP 的关系分为"狭义领属"和"广义领属"两个小类，前者共有 684 例，后者共有 329 例（详见本章附表六"领属性宾语"中"狭义领属"和"广义领属"的数量及其比例）。

(1)"狭义领属"类："NP1 + 被 +（NP2 +）VP + NP3"中的主要动词 V 既指向 NP3，同时也指向 NP1；虽然 NP3 是动作的直接承受者，但是，如果没有 NP3，NP1 仍然可以作为动作 V 的承受者。共有 684 例，其中唐代有 7 例，如：

自后长史朱思贤**被**告反，禁身半年，才出即卒。(《朝野佥载》卷六)

复至网所搜索，乃于草下得鲤，持还王家至前堂，见丞夫人对镜理妆，偏袒一膊。至厨中，**被**脍人将刀削麟，初不觉痛，但觉铁冷泓然。(《广异记·张纵》)

昭王弃城而走，遂**被**伍相擒身，返缚昭王："你父坟陵，今在何处？"(《伍子胥变文》)

宋代共有 15 例，全部出自《朱子语类》中，如：

吕伯恭做读诗记首载谢氏一段说话，这一部诗便**被**此坏尽意思。(《朱子语类》卷二十三)

初，子宣有意调停，不主元祐，亦不主元丰，遂有建中靖国年号，如丰相之陈莹中邹志完辈，皆其所引。却又**被**诸公时攻其短，子宣不堪，有斥之使去国者。(《朱子语类》卷一百三十)

元代共有61例，如：

姬昌见古墓自摧，凝目视之，见一女子尸形，宛然如生；却**被**大雷震破女子之腹，内有一孩儿啼。(《武王伐纣平话》卷上)

妲己见了，大叫一声，走入人丛中去了，**被**雕抓破面皮，打了金冠。(《武王伐纣平话》卷中)

朱温得书大喜，却不防备**被**徐兵劫寨，杀伤甚众。(《新编五代史平话·梁史平话》卷上)

萧翰捉获晋民之樵采的及百姓，皆**被**他用墨黥其面曰："奉敕不杀。"(《新编五代史平话·晋史平话》卷下)

蔡阳传令众军排开阵势。蔡阳出马言曰："忘恩之人！我奉丞相钧旨，故来追尔！"关公大怒曰："我非忘恩，今引家小来寻兄长。与曹相所立大功，亦报其恩。"又令人摇旗噪鼓，蔡阳持枪欲取关公，关公纵马轮刀，(关公斩蔡阳) 鼓响一声，**被**关公一刀砍了蔡阳头。其军乱走。名曰十鼓斩蔡阳。(《三国志平话》卷中)

来咨，南安路备大庾岭申：梁贤十告：至大四年四月初五日夜，**被**贼打伤，劫讫银钗衣服等物。(《元典章·刑部》)

尊神恁试听：念是成都府里才人。张协径住宸京，取功名。经过此山，强人把我金珠都劫尽。又**被**伤皮肉欲投眠，是故特特启朱门。(《张协状元》)

（生）嫡亲兄弟倒要赎毒药害我，若不是二位兄弟说知，险些儿**被**他害了性命。(《杀狗记》)

明代例句较多，共有515例，如：

原来这箭，刚刚射中在腿弯里，筋络已**被**射断了两条，又且舍命挣回，跑了许多路，如何不死。(《三遂平妖传》：3)

督邮未及开言，早**被**张飞揪住头发，扯出馆驿，直到县前马桩上缚住；攀下柳条，去督邮两腿上着力鞭打，一连打折柳条十数枝。(《三国演义》：2)

只见一个人家,**被**火烧坏土墙,糜夫人抱着阿斗,坐于墙下枯井之旁啼哭。(《三国演义》:41)

蜀人监我在帐中,**被**我杀死十余人,乘夜黑而走;正行间,逢着一哨马军,亦**被**我杀之,夺了此马:因此得脱。(《三国演义》:88)

随着那山路行去,走不得半里,抬头看时,却见一所败落寺院,**被**风吹得铃铎响。(《水浒传》:6)

小人亲兄武大,**被**西门庆与嫂通奸,下毒药谋杀性命,这两个便是证见。(《水浒传》:26)

小僧是曾头市上东边法华寺里监寺僧人,今**被**曾家五虎不时常来本寺作践啰唣,索要金银财帛,无所不为。(《水浒传》:60)

群猴道:"自从爷爷去后,这山**被**二郎菩萨点上火,烧杀了大半。"(《西游记》:28)

大圣一只手撑持不得,又**被**他一钩勾着脚,扯了个蹼踵,连井索通跌下井去了。(《西游记》:53)

八戒便要赶去,行者止住道:"且莫赶他,正是穷寇勿追。他**被**细犬咬了头,必定是多死少生。"(《西游记》:63)

今生为小儿,亦患风痫之疾。十日前**被**六畜惊去魂魄,又犯土司太岁,先亡摄去魂魄,托生往郑州王家为男子,后作千户,寿六十八岁而终。(《金瓶梅》:59)

因为搭伙计在外,**被**人坑陷了资本,着了气来家,问他要饭吃。(《金瓶梅》:92)

且说妲己酒醉之后,元形出现,不意**被**神鹰抓了面目,伤破皮肤。(《封神演义》:28)

二仙无事,闲乐三山,兴游五岳,脚踏云光,往朝歌经过。忽**被**二位殿下顶上两道红光,把二位大仙足下云光阻住;二仙乃拨开云头一看,见午门杀气连绵,愁云卷结,二仙早知其意。(《封神演义》:9)

又说道:"这三日内,有一个穿红的妖人无礼,来见你时,切不可**被**他哄起身来,不要采他。"(《喻世明言》:19)

女衫把与儿妇穿去了,男衫因打括时**被**灯煤落下,烧了领上一个孔。(《警世通言》:11)

慧娘此时已**被**玉郎调动春心,忘其所以,任玉郎摩弄,全然不拒。(《醒世恒言》:8)

本来好好一个妇人,却**被**尼姑诱坏了身体,又送了性命。(《初刻拍案惊奇》:6)

那晓得花园门年深月久，苦不甚牢，早**被**外边一伙人踢开了一扇，一路嚷将进来，直到凤生书房门首来了。(《二刻拍案惊奇》：8)

见他渐也不避，欲待向前，却**被**荆棘钩住了衣服。(《型世言》：40)

狄希陈着了极，捞了那打玉兰的鞭子待去打他，倒没打的他成，**被**他夺在手内，一把手采倒在地，使腔坐着头，从上往下鞭打。(《醒世姻缘传》：48)

清代共有86例，如：

〔老旦、中净〕皇爷忽然梦中大叫，急起看时，只见鲜血满身，倒在地下。〔四杂〕有这等事！〔作进看介〕呀，原来**被**人刺中心窝而死。(《长生殿》第三十四出《刺逆》)

沈大脚走出堂屋里，又**被**鲍老太指着脸骂了一顿。(《儒林外史》：27)

只听咕咚一声响，不知什么倒了，急忙看时，原来是湘云伏在椅子背儿上，那椅子原不曾放稳，**被**他全身伏着背子大笑，他又不提防，两下里错了劲，向东一歪，连人带椅都歪倒了，幸有板壁挡住，不曾落地。(《红楼梦》：42)

这两个婆子一则吃了酒，二则**被**这丫头揭挑着弊病，便羞激怒了，因回口道："扯你的臊！"(《红楼梦》：71)

洛红蕖见老尼之话不伦不类，惟恐**被**人识破行藏，忙遮饰道："师傅休要认错！"(《镜花缘》：55)

公子**被**舅母紧拉着一只手说个不了，只得一手着地答应着行了礼。(《儿女英雄传》：37)

自从他开了这个书局之后，所有的淫书已经**被**他搜寻着七百八十三种，现在一齐存在局中，预备大人调查。(《官场现形记》：33)

停了一会，只见门外来了一个不到四十岁模样的人，尚未留须，穿了件旧宁绸二蓝的大毛皮袍子，玄色长袖皮马褂，蹬了一双绒靴，已经**被**雪泥浸了帮子了，慌忙走进堂屋，先替乃兄作了个揖。(《老残游记》：7)

(2) "广义领属"类："NP1 + 被 + (NP2 +) VP + NP3"中的主要动词 V 仅仅指向 NP3，而不指向 NP1；NP3 是动作的直接承受者，NP1 仅仅是同 NP3 产生某种意义上领属关系的人或事物；如果没有 NP3，整个"被"字句一般可以成立，但是意思却发生了变化。共有329例，其中，唐代有5例，如：

韦氏遭则天废庐陵之后，后父韦玄贞与妻女等并流岭南，**被**首领宁氏大族逼夺其女，不伏，遂杀贞夫妻，七娘等并夺去。（《朝野佥载》：补辑）

斋后，见数十僧巡礼南台去。一上时晴天忽阴，风云暗，零雨降雹。晚际，见其归来，**被**雹打破笠子而来。（《入唐求法巡礼行记》卷二）

宋代共有11例，如：

问科举之业妨功。曰："程先生有言：不恐妨功，惟恐夺志。若一月之间著十日事举业，亦有二十日修学。若**被**他移了志，则更无医处矣！"（《朱子语类》卷十三）

或问江陵。曰："江陵低在水中心，全凭堤，**被**他杀守堤之吏，便乖。那堤一年一次筑，只是土。"（《朱子语类》卷一百二十七）

元代共有42例，如：

崇侯虎不肯，又与殷交战。**被**殷交一斧砍折崇侯虎马脚，被众将捉住崇侯虎，拥见太公。（《武王伐纣平话》卷下）（前一个"被"字）

（晋军）……**被**契丹大军当晋之前，密地遣其将萧翰帅百余骑出晋军之后，断晋粮道及归路。（《新编五代史平话·晋史平话》卷下）

郭威从那应募李继韬军下攻取泽州，**被**董璋占了功赏，杀人逃走，来到此间，逐一细说与知远听了。（《新编五代史平话·周史平话》卷上）

数日，关公出城东南，迎吕蒙、张辽，后杀西北，迎魏军。吕蒙后袭。前后半月，贼军不散。关公金疮发。关平告曰："荆王使人去赴西川求救。"到葭萌关，**被**刘封，孟达纳杀文字，前后一月，求救文字三番，皆被刘封纳杀不申。（《三国志平话》卷下）

蒋雄点五千军出城劫张飞寨，劫着空营，四面埋伏军皆起。蒋雄欲保桂阳，被张飞先取了，复来迎蒋雄，两军相接，二人交马，**被**张飞刺于马下，收了桂阳郡。张飞入荆州。（《三国志平话》卷下）

【强奸幼女处死】延祐二年二月，江浙行省准中书省咨：绍兴路备山阴县申：据何阿陈告，皇庆二年二月初二日，**被**邻人陈伴僧，将十岁女陈归娘，强行奸污。（《元典章·刑部》）

父首子烧人房舍（舍）洛州申，加详县申：王祚状告，三月二十日夜二更，**被**人烧讫草屋三间。（《元典章·刑部》）

省部相度，本境失过贼盗，初限未满，已**被**别境捉获正贼，拟合除过。（《元典章·刑部》）

可怜见俺**被**天火烧了家缘家计，无靠无挴，长街市上，有那等舍贫的叫化些儿波。（《合汗衫》）

明代例句较多，共有230例，如：

李二嫂道："好叫先生得知，**被**一个妖僧把我丈夫泼了一脸火，烧起许多燎浆泡。"（《三遂平妖传》：30）

李乐亲自出战。两马相交，只一合，**被**徐晃一斧砍于马下，杀散余党，保护车驾过箕关。（《三国演义》：14）

奇措手不及，**被**张辽斩于马下，尽杀蒋奇之兵。（《三国演义》：30）

因被高太尉陷害，刺配沧州，那里又**被**火烧了大军草料场，争奈杀死三人，逃走在柴大官人家。（《水浒传》：11）

宋江唤到帐前问时，说道："小弟和张横和侯健、段景住带领水手，海边觅得船只，行至海盐等处，指望便使入钱塘江来。不期风水不顺，打出大洋里去了。急使得回来，又**被**风打破了船，众人都落在水里。"（《水浒传》：96）

那些说了，于是帖木真、合撒儿、别勒古台三个，前往土剌河的黑林行脱斡邻勒王罕处去。到了说："不想**被**三种篾儿乞惕每，将我妻子每掳着要了，皇帝父亲，怎生般将我妻子救与么道？"（《元朝秘史》：3）

行者道："李天王着太子出师，只一阵，**被**那魔王把六件兵器捞了去了。"（《西游记》：51）

才变化出身，那瓶复荫凉了。怎么就凉？原来**被**他钻了，把阴阳之气泄了，故此遂凉。（《西游记》：75）

西门庆**被**伯爵说着，把礼帖收了，说礼物还令他拿回去。（《金瓶梅》：67）

只见西门庆骑着马远远从东来，两个小厮跟随，此时宿酒未醒，醉眼摩娑，前合后仰。**被**婆子高声叫道："大官人，少吃些儿怎的！"向前一把手把马嚼环扯住。（《金瓶梅》：8）

黄天禄从后面杀出府来，土行孙倒拖铁棍，往邱引马下举棍打来；邱引不及提防，**被**土行孙一棍，正打着他马七寸。（《封神演义》：74）

且说通天教主**被**四位教主破了万仙阵，内中有成神者，有归西方教主者，有逃去者，有无辜受戮者，彼时武当圣母见阵势难支，先自去了，申公豹也走了，毗卢仙已归西方教主，后成为毗卢佛，此是千年后才见佛光。(《封神演义》: 84)

不说张氏如春在洞中受苦，且说陈巡检与同王吉自离东京，在路两月余，至梅岭之北，**被**申阳公摄了孺人去，千方无计寻觅。(《喻世明言》: 20)

沉吟良久，方问西班文武：今**被**番家要兴兵抢占高丽，有何策可以应敌？(《警世通言》: 9)

张权耳内闻得儿子声音，方才睁眼一看，泪如珠涌，欲待吩咐几声，**被**杨洪走上前，一手推开廷秀，扶挟而行，脚不点地，直至司狱司前，交与禁子，开了监门，挟将进去。(《醒世恒言》: 20)

铁生与门氏甚是相得，心中想着卧师所言祸福之报，好生警悟，对门氏道："我只因见你姿色，起了邪心，却**被**胡生先淫媾了妻子。"(《初刻拍案惊奇》: 32)

那吕达不知道，不提防，**被**这两个差人下了关。(《型世言》: 37)

清代共有41例，如：

秦中书又埋怨道："姻弟席上，**被**官府锁了客去，这人脸面却也不甚好看！"(《儒林外史》: 50)

贾政还欲打时，早**被**王夫人抱住板子。(《红楼梦》: 33)

恰好安老爷吃了一个嘎嘎枣儿，**被**那个枣儿皮子塞住牙缝儿，拿了根牙签儿在那里剔来剔去，正剔不出来，一时把安太太婆媳笑个不住。(《儿女英雄传》: 34)

那个老婆、女儿**被**兵强奸的人，只是淌眼泪，不敢回答。(《官场现形记》: 15)（作定语）

有天晚上，满船上的人都睡着了，反**被**盐枭跳上了他的船，把船上的帐篷、军器拿了一个干净。(《官场现形记》: 30)

老残道："这两天我看见冻河，很想作诗，正在那里打主意，**被**你一阵胡搅，把我的诗也搅到那酒色过度的鸭子里去了！"(《老残游记》: 12)

第三节 "被"字后动词带宾式发展演变过程中的几个问题

本节讨论几个与"被"字后动词带宾式的发展有关的问题：NP1 与 NP3 之间的基本关系、"复指性宾语"的发展演变情况、"领属性宾语"的发展演变情况、现代汉语中的"被"字后动词带宾式等。

一 NP1 和 NP3 之间两种基本关系："复指"和"领属"

"复指"和"领属"是"被"字后动词带宾式中 NP1 和 NP3 之间最基本的关系。这两种关系基本上是"被"字后动词之所以能够带宾语推动力量，也是"被"字后动词之所以能够带宾语的根本原因。

除"复指性宾语"和"领属性宾语"之外，还有"松散的带宾结构"。"松散的带宾结构"的出现比较自由，没有明显的规律可言，总起来说，"被"字后的 VP 出现得比较多，某些不表示被动关系的 VP 是很容易带上自己的宾语的，这是"松散的带宾结构"中第（1）、（2）类例句数量特别多的原因。第（1）、（2）类加起来共有 539 例，占所有"被"字句数量的 6.24%，占所有"被"字后动词带宾式数量的 24.95%，占所有"松散的带宾结构"数量的 91.20%。其中的第（3）类，整个"被"字句为"向心结构"，而且 NP3 出现在 CP 中，但因 NP3 与 NP1 无关或者关系不明显，我们把它归在了"松散的带宾结构"中。据统计，这样的句子是比较少的，共有 52 例，只占所有"被"字后动词带宾式数量的 2.41%，占所有"松散的带宾结构"数量的 8.80%。因为这类带宾结构同"被"字后动词带宾语的总体历史发展关系不大，在各个时代的出现情况也无明显起落，所以，这里不再详细讨论。因此，下面我们着重谈"复指性宾语"和"领属性宾语"的情况。

二 关于"复指性宾语"

"复指性宾语"是否"赘语"？学术界一般认为，"被"字句中的 NP1 在"被"字后动词的宾语位置上以 NP3 的形式重复出现，复指前面的"被"字前的 NP1，这在结构上类似一种"赘语"。我们知道，语言的交际功能要求语言尽量简约，那么这种看似累赘、拖沓的表达方式似乎没有产生的必要。但是，这种结构在"被"字句的发展历史上又相当常见，在我们所统计的8632例"被"字句中就有556例,占所有"被"字句数量的6.44%;在1569例"紧密的带宾结构"中所占的比例高达35.44%。如果认为NP3是"赘语"的话,恐怕难以说明为什么"赘语"的出现频率会这么高。另外,如果认为它是"赘语",它的发展有何趋势与规律可循?因此,我们认为,有必要重新解释"复指性宾语"NP3存在的必要性及其发展规律。

从学术界的研究来看,"被"字后动词带宾式中的"复指性宾语"较早出现于东晋时代的《抱朴子》与《搜神记》等文献中(董志翘,1989)。较早的例子是:

(金丹)皆不欲令鸡犬、小儿、妇人见之,若**被**诸物犯之,用便无验。(《抱朴子内篇·金丹》)

天女当共三个姊妹,出来暂於池中游戏,**被**池主见之。(《勾道兴本搜神记·田昆仑》)

昔有李子敖身长三寸二分,带甲头牟,在於田野之中,**被**鸣鹤吞之。(《勾道兴本搜神·田昆仑》)

"复指性宾语"出现的时代与"领属性宾语"出现的时代大体相当。"领属性宾语"中的"广义领属宾语"可以《三国志》中的"焉**被**天火烧城"为代表,"狭义领属宾语"可以以《百喻经》中的"**被**他打头"为代表。如果说"焉**被**天火烧城"中的"领属关系"还不是特别明显的话(还可以认为是不表示被动的"遭遇事件"的味道比较浓),"**被**他打头"则更明确地表明了"领属关系"。那么可以说,"复指性宾语"的出现比"领属性宾语"的出现稍微早一些。

我们在第三章认为,"被"字句在早期是为了表达"遭遇动作"("被+V")和"遭遇事件"("被+NP+VP")的,"被"字后的V对"被"字前的主语NP1具有"反向性",是指向NP1的。那么这种"反向性"是如何体现出来的呢?如果在结构上没有体现的话,那么这种"反向性"就一直是隐含的。如果"反向性"一直隐含下去,那么"被"字句能否被看作是被动式也会成问题,因为其他表示"遭遇"或者"遭受"的句子同样可以认为是"遭遇动作"和"遭遇事件",如"遭"字句等。这时候,"被"字句中"复指性宾语"的出现可以说打破了这种僵局。如果在"被"字后动词V的后面将"被"字前的主语NP1再出现一次,那么这个动词V的指向就更为明确了,这可以看作"被"字后动词V的"反向性"

的明确化或者进一步的强化。我们认为，这应该是"复指性宾语"在产生初期所表达的作用。

至于"复指性宾语"的历史发展，我们可以考察"复指性宾语"与"领属性宾语"的数量消长情况。"复指性宾语"既然不是"赘语"，它的出现使得"被"字句更进一步向被动式转化，那么它也不会在短时间内很快消失。从本章附表四的统计数据中可以看出，"复指性宾语"在所有"紧密的带宾结构"中的比例是1/3略强，但在不同时代比例有很大变化，可以分为三个时期：

（1）占绝对优势期。从本章附表四可见，唐宋元时代"复指性宾语"占有超过半数的优势（《元典章·刑部》例外）。

（2）开始减少但仍有反复期。从元末明初开始，"复指性宾语"的比例下降，但仍有反复，在《金瓶梅》中仍然超过半数。

（3）不占绝对优势期。清代开始，"复指性宾语"不再占优势，从此"领属性宾语"占了绝对优势。

这里顺便谈一下如何确定"被"字句为被动式的标准问题。如本书第三章已经谈到的，"NP+被+V"可以认为是动词"被"加动词V（V作宾语），而"NP1+被+NP2+VP"也可能认为是"NP2+VP"作"被"的宾语，那么"NP1+被+NP2+VP+NP3"（NP3复指NP1）就不能简单地被看作是"NP2+VP+NP3"作"被"的宾语了，因此看起来更像是被动式。

"复指性宾语"没有尽快消失的原因。按理说，"被"字句既然已经演变为被动式，在"复指性宾语"开始不占绝对优势之后应该很快消失，但是，在明清时代仍有一定的比例（虽然不超过半数），即使在现代汉语中仍然可以见到。我们认为，有两个原因：

（1）NP1距离"被"字较远或者在对话中省略，而有时候NP3所在的VP距离"被"字也较远。这很容易出现NP3①。以下是NP1和NP3都距离"被"字很远的例子：

却说晋王往魏县劳军，自帅马军百余人，沿河而上，要觇觑刘鄩军营。恰天时阴晦下雨，尘雾冥迷，却被刘鄩将五千军在河曲田地里藏伏

---

① 据我们的观察，如果NP1和NP3出现的位置距离较远，那么以"名词性成分：名词性成分"面貌出现得较多；如果不是太远，则以"名词性成分：代词"出现较多；宋元时代和明前期"名词性成分：代词"与"名词性成分：名词性成分"出现较多；明后期至清代，"代词：代词"情况较多（详见本章附表五）。

了，四面鼓噪，围了晋王数重。(《新编五代史平话·唐史平话》卷上)

（2）清代起偶尔出现一些 NP1 紧贴"被"字，而 NP3 也距离"被"字非常近（出现在第一个 VP 中）的带"复指性宾语"的"被"字句，这大概是为了表达强烈的感情，NP3 表示强调。例如：

我是**被**一起子听戏的爷们把我气着了！(《儿女英雄传》:32)

制台送客回来，连要了几把手巾，把脸上、身上擦了好几把，说道："我可**被**他骇得我一身大汗了！"(《官场现形记》:53)

三 关于"领属性宾语"

在我们的语料中，"领属性宾语"共有 1013 例，占所有"紧密的带宾结构"数量的 64.56%，占所有"被"字句的 11.74%。据我们的数据分析，"领属性宾语"中，"狭义领属"和"广义领属"的数量对比在历史上基本上没有变化，大体保持在 2∶1 的比例，前者有 684 例（67.52%），后者有 329 例（32.48%）（见本章附表六）。但是，这两种带"领属性宾语"的句子在本质上是有区别的，前者是"向心结构"的"被"字句，后者是"离心结构"的"被"字句。这表明两者的来源是不同的。

（一）"狭义领属"类

"狭义领属"类宾语的特点是在"NP1 + 被 +（NP2 +）VP + NP3"格式中，主要动词 V 既指向 NP3，同时也指向 NP1。这种句子，如果仅仅认为 NP3 是 V 的直接宾语，NP1 是 V 的间接宾语，那么对这种句子的历史发展就不太容易解释。其实，NP1 与 V 之间的关系显得更为重要。看以下例子：

"××**被**他黯其面"，历史上常见的例子是"某某**被**黯"，"**被**黯其面"中的宾语"其面"所表达的是指出动作指向的更为精确的所在，所以，这里的 NP3 不仅仅是动作的直接宾语，不能忽视 NP1 与 V 之间的关系。同样，"蔡阳**被**关公一刀砍了蔡阳头""我险些儿**被**他害了性命"也宜按这种方式分析。因此我们认为，"狭义领属"类宾语是在"向心结构"的"被"字句的基础上，为了更明确地指出动作指向而形成的，有些句子似乎动作只能与 NP3 搭配，例如：

何涛先折了许多人马，独自一个逃得性命回来，已**被**割了两个耳朵，

自回家将息，至今不能痊。(《水浒传》：20)

其实，在《水浒传》中，例如："只见黑旋风李逵跳起身来，说道：'我与哥哥动手割这厮！'"(《水浒传》：40) 这样的句子是很常见的。

(二)"广义领属"类

"广义领属"类宾语的特点是在"NP1 + 被 + (NP2 +) VP + NP3"格式中，主要动词 V 仅仅指向 NP3，而不指向 NP1；但 NP3 与 NP1 存在某种意义上领属关系。"广义领属"关系在"被"字后动词带宾式中具有重要的地位，现代汉语中仍然常见，如"他**被**地主害死了爹"。"广义领属"关系的"紧密的带宾结构"有一个特点，就是在"NP1 + 被 + (NP2 +) VP + NP3"格式中，NP2 在绝大多数情况下是必须出现的，也就是这种"被"字句是要带施事者的，这可以说是"广义领属"关系的句式要求①。

同样是"领属性宾语"，但带"广义领属"类宾语的句子和带"狭义领属"类宾语的句子的产生途径明显不同。带"广义领属"宾语的句子本质上是"离心结构"的"被"字句，它是从表示"遭遇事件"的"被"字句演变而来的。

早期的"广义领属"关系的句子，比如说"焉**被**天火烧城"，"焉"与"城"之间的领属关系并不是特别明显。在后来的发展中，这种领属关系逐渐明显，有时候会采用某些能够体现领属关系的字眼来表达，在 NP3 前面加上一个所有格，以强化 NP1 和 NP3 之间的"广义领属"关系。例如："(晋军)……**被**契丹大军……断晋粮道及归路"，加上一个"晋"作为定语来表明"粮道及归路"是隶属于"晋"的。这种表达方式是比较常见的，另如："(我)……**被**一个妖僧把我丈夫泼了一脸火，烧起许多燎浆泡"；"奇措手不及，**被**张辽……尽杀蒋奇之兵"；"邱引……**被**土行孙……打着他马七寸"；"我……**被**你……把我的诗也搅到那酒色过度的鸭子里去了"，等等。另有许多句子，NP3 与 NP1 之间存在依存关系，如"陈巡检……**被**申阳公摄了孺人去"；"铁生……**被**胡生先淫媾了妻子"等句子，"孺人""妻子"是分别针对她们的丈夫"陈巡检""铁生"来说的。其他句子的"广义领属"关系也较为明显，例如，"(我们)今**被**番家要兴兵抢占高丽"是表明"高丽"是属于"我们"所占领或者在"我

---

① 在"广义领属"关系的329例句子中，不带施事者的我们只发现了1例："九龙咸伏，**被**抽背脊筋了；更被脊铁棒八百下。"(《大唐三藏取经诗话》)

们"的势力管辖范围之内的;"张权……**被**杨洪……一手推开廷秀"表明NP3"儿子"是隶属于NP1"父亲"的,等等。这种句式的进一步发展,使带"广义领属"宾语的"被"字结构出现在定语的位置上,如"老婆、女儿**被**兵强奸的人",这种结构所表示的不是"人的老婆、女儿**被**兵强奸",而是"人**被**兵强奸了老婆、女儿"。

当然,并不是所有的"广义领属"关系都是很明显的,如许绍早(1956)所举的"清风寨军人一时间**被**掳了恭人去""小人……**被**黑旋风杀了小衙内",他认为,第一例的"恭人"并非"清风寨军人"的,第二例的"小衙内"并非"小人"的,但是,其间是有一定的关系的,即"恭人"是"清风寨军人"所带去的,"小衙内"是"小人"所带去的,这种关系仍认为是领属关系。我们认为,这种分析是很有道理的,这种"广义领属"关系仍然是客观存在的。另外,在现代汉语中,有一个经常被看作"零主语被字句"的例子,其实是带"广义领属"宾语的"被"字句:

不料使他最感头疼的娟子都出现了,而且**被**她碰上了淑花。(冯德英)

这个句子,查看《苦菜花》,原文如下:

王柬芝正在想新的办法,真不料使他最感头痛的娟子却出现了,而且**被**她碰上了淑花。这是给他当头一棒,预感到事情的不妙……

以上片断所在的整个段落都是在叙述"王柬芝"如何如何,几乎每一个句子的主语都是"王柬芝"。那么"淑花"是谁?从上文可知,她是"王柬芝"的情人,在上面的好几个段落里,作者一直在描述两个人之间的亲昵关系。"**被**她碰上了淑花"这个句子应该分析为:

王柬芝正在想新的办法,(王柬芝)真不料使他最感头痛的娟子却出现了,而且(王柬芝)**被**她碰上了淑花。

括号里边我们补出的是这个复句的后两个分句所承接的第一个分句的主语,因此我们认为,这是一个带"广义领属"关系宾语的"被"字句,其句式跟上文提到的"清风寨军人一时间**被**掳了恭人去";"小人……**被**

黑旋风杀了小衙内"等句子是基本相同的。如果认为是"零主语被字句",那么这个"淑花"的出现是很突然的,无法解释为什么整整一个段落都以"王柬芝"为叙述中心,而且"淑花"和"王柬芝"之间有何关系,为何"娟子"碰上了个"淑花"就给了"王柬芝"当头一棒,这都是令人费解的。

带"广义领属"宾语的"被"字句可以与"松散的带宾结构"中的第(1)类(CF带宾语的句子)进行比较。两者的共同特点是:它们都属于"离心结构"的"被"字句,区别是前者中的 NP1 与 NP3 具有"广义领属"关系,而后者中的 NP1 与 NP3 无关,如"妇人……**被**猴行者将金镮杖变作一个夜叉……";"老狐……**被**打捕司牵得猎犬至"两句中的"妇人"与"金镮杖"无关,"老狐"与"猎犬"无关①。从数量上看,带"广义领属"宾语的"被"字句共有 329 例,"松散的带宾结构"中的第(1)类共有 170 例,前者是后者的将近两倍。因此,单单从带宾语的"离心结构"的"被"字句来看,其中有 2/3 的句子是 NP1 与 NP3 存在"广义领属"关系的,NP1 与 NP3 无关的句子占少数。

最后,我们谈谈"广义领属"与"狭义领属"两种关系之间的关系。这两者之间也是比较密切的,主要表现在:同一个动词 V 既可以出现在某些"广义领属"关系的句子中,也可以出现在某些"狭义领属"关系的句子中,而 V 是否指向 NP1 是两者之间的关键区别。"烧"一词可以出现在"广义领属"关系的句子里,例如"俺**被**天火烧了家缘家计""(林冲)**被**火烧了大军草料场",又可以出现在"狭义领属"关系

---

① 前面提到,"被"字后动词带"广义领属"宾语的"被"字句有时候会采用某些能够体现领属关系的字眼来表达,在 NP3 前面加上一个所有格,以强化 NP1 和 NP3 之间的"广义领属"关系,也就是说,NP3 通常以"NP1(之/的)NP3"的形式出现,如"晋粮道及归路""我丈夫""蒋奇之兵""他马七寸""我的诗",等等。另外,我们发现,在 NP3 之前没有出现"NP1(之/的)"的其他的"被"字后动词带"广义领属"宾语的"被"字句中,NP3 之前往往也可以加上"NP1(之/的)",例如:"陈巡检……**被**申阳公摄了孺人去"可以说成"陈巡检……**被**申阳公摄了他的孺人去","铁生……**被**胡生先淫媾了妻子"可以说成"铁生……**被**胡生先淫媾了他的妻子","王柬芝……**被**她(娟子)碰上了淑花"可以说成"王柬芝……**被**她(娟子)碰上了他的淑花","林冲**被**火烧了大军草料场"可以说成"林冲**被**火烧了他的大军草料场",等等。而"松散的带宾结构"中的第(1)类,即 CF 中带宾语的句子,例如"妇人……**被**猴行者将金镮杖变作一个夜叉……""老狐……**被**打捕司牵得猎犬至"两句,如果在 NP3 前面加上一个所有格的话,只能是"猴行者的金镮杖""打捕司的猎犬"而不能说成"妇人的金镮杖""老狐的猎犬",其形式是"NP2(之/的)NP3"而不是"NP1(之/的)NP3"。所以我们说,这两句中的"妇人"与"金镮杖"无关,"老狐"与"猎犬"无关,即 NP1 与 NP3 无关。

的句子里，例如"一个人家**被**火烧坏土墙""这山**被**二郎菩萨烧杀了大半"；"杀"一词可以出现在"广义领属"关系的句子里，例如"江陵低在水中心，全凭堤，**被**他杀守堤之吏""奇……**被**张辽……尽杀蒋奇之兵"，又可以出现在"狭义领属"关系的句子里，例如"蜀人……**被**我杀死十余人""小人亲兄武大**被**西门庆与嫂……谋杀性命"。

本章小结

本章讨论的是"被"字后动词带宾语的格式。要点如下：（1）"松散的带宾结构"和"紧密的带宾结构"的区分标准及详细分类、数据统计；（2）"复指性宾语"的发展演变情况；（3）"领属性宾语"的发展演变情况。

第六章 "被"字后多 VP 结构的发展

"被"字句在近代汉语中的发展，有一个比较突出的特点就是"被"字后的动词由单个 VP 结构扩展为多个 VP 结构。"被"字后出现多 VP 结构，应该说是在我们所谈到的复杂"被"字句中的格式最为复杂的一种。为什么这样说呢？一般认为，"被"字句的复杂情形只是"被"字后的动词前后出现状语、宾语、补语等成分，所以，"被"字句格式就变得复杂了；但是，当"被"字后的动词变成连动格式（更确切地说，变成了多 VP 结构）时，这些 VP 会各自带上状语等连带成分，所以就变得尤为复杂；尤其需要指明的一点是，仅仅"被"字后的 VP 是否各自带上自己的连带成分并不是最重要的，关键是这些 VP 和"被"字及其与"被"字前面的主语构成什么样的关系、是否能构成被动关系，以及构成被动关系的具体情形如何；更为重要的是，"被"字后的多 VP 结构的历史发展有无规律可循。我们认为，如果能对"被"字后的 VP 结构的历史发展作一较为细致的观察与描述，并结合"被"字句的历史演变做出一定的较为科学、可信的解释，必将会对推进"被"字句的研究做出较大的贡献。毕竟以前的学者对这方面的研究有所忽视，在认识上尚存在较多的可推进之处；简言之，以往对"被"字句最复杂的情形认识和分析较少，是目前"被"字句研究的相对于其他方面而言较为薄弱方面之一。这种"被"字句式在近代汉语中的数量还是很多的，在我们所调查的 35 部文献 8632 例"被"字句中，"被"字后为多 VP 结构的有 1755 例，所占比例为 20.33%；其中在 3 部文献（《大唐三藏取经诗话》《新编五代史平话》《金瓶梅》）中所占的比例超过了 40%；在 5 部文献（在前面 3 部基础加上《水浒传》和《西游记》）中的比例超过了 30%[①]（详见本章附表一

[①] 另外，由于我们所分析的"被"字句包含各种类型的"被"字结构、"被+NP"格式、"被"字的固定单词用法（如"被告"），甚至包含"被"字作为单独名词使用的例子（"被告"一词有时简称为"被"，与"原"相对），因而"被"字后出现多 VP 结构的情形在我们通常所说的"被"字句中的比例就更高了，平均每 4 句里就有 1 句还多。

"被"字后多 VP 结构句子的数量及其在所有"被"字句中的比例)。因此,本章打算对这种句子格式进行归纳,对"被"字的管辖范围进行重新界定,从不同角度对其进行分类,力求较为全面地展示这种复杂句式在近代汉语时期的面貌,并对其发展演变的过程及趋势也做一些力所能及的讨论。

第一节 已往学者的研究状况

一 "被"字后多 VP 结构的格式

学术界所分析的"被"字后的多 VP 结构基本上都是"被"字后的连动结构,"多 VP 结构"这个名称是笔者所取的。另外,本章所讨论的"被"字后的多 VP 结构与学术界所说的"被"字后的连动结构也有所不同。概括起来,学术界所讨论的"被"字后的连动结构的基本形式是:NP1 + 被 + (NP2 +) VP1 + VP2(+ VP3……)①,又可细分为以下三种格式:

(1) NP1 + < 被 + NP2 + VP1 > + VP2,其中,"被 + NP2 + VP1"和"VP2"是连动关系。

(2) NP1 + < 被 + NP2 > + < VP1 + VP2 >,其中,"被 + NP2"和"VP1 + VP2"是状中关系,VP1 和 VP2 是连动关系②,又可分为两种:

A. NP1 + < 被 + NP2 > + < VP1 + VP2 >,VP1 和 VP2 均表示被动意义;

B. NP1 + < 被 + NP2 > + < VP1 + VP2 >,只有 VP2 表示被动意义。

(3) 其他格式:如李临定(1980)所提到的"被 N"在第二动词前:"N2 V1 N3 被 N1 V2"格式,他认为,有些"NP1 + VP1 + 被 + NP2 + VP2"等于"NP1 + 被 + NP2 + VP1 + VP2"③。

---

① 有些学者习惯上称为"NP2 + 被 + NP1 + VP1 + VP2",将 NP2 作为"被"字句的受事主语。我们一律以 NP1 作为"被"字句的受事主语。这只是称呼的不同,实际上是一回事。
② 此处的格式表示方法参考辛承姬(2005a,2005b)。
③ 对于"你在这破土瓶中虽然不免要凄凄寂寂地飘零,但比遗弃在路边被人践踏了的好罢?"这样的句子,我们认为,"遗弃在路边"一个分句是受事主语句,而不认为是后文"被人践踏"中的"被人"管辖到了这个分句。如果一定要认为是受后文"被人"的管辖,则有这样一个问题:"你……(被人)遗弃在路边被人践踏",发出"遗弃"和"践踏"动作的必须是同一个人(或者同一群人),而从情理上讲,完全可以"被 A 遗弃"而又"被 B 践踏",而且这种可能性会更大一些。

本章所考察的"被"字后的多 VP 格式的基本形式也是"NP1 + 被 + (NP2 +) VP1 + VP2（+ VP3……）"，但与学术界较为流行的看法不尽相同。基本上可以分为以下两个大的类型：

（1）"NP1 + 被 + NP2 + VP1 + VP2"；
（2）"NP1 + 被 + NP2 + VP1 + NP3 + VP2"……

以上两类只包括"被"字所能管辖到的 VP，也就是完全排除了上文所提到的学术界讨论的三种类型中的第（1）、（3）类。我们所说的第（1）类也可以按照 VP1 和 VP2 是否表示被动分类，分为三类：

A. VP1、VP2 均表示被动；
B. 仅 VP2 表示被动；
C. 仅 VP1 表示被动（此类是以前学者没有提到的）①。

其中，第（2）类是极少数的情形，指的是"被"字所能管辖到的多个"施事者 + VP"的情形。另外，我们所讨论的"被"字后的多 VP 结构，多个 VP 之间的关系也不限于是连动关系。本章还打算从多个角度对这些句子进行分类和分析。详见下文。

二 学术界对此问题的研究状况

学术界很早就注意到了"被"字后面可以出现多 VP 结构的情形，并对此进行了分析。我们能看到的最早有关这个方面论述的文章出现于 20 世纪 50 年代，此后不断有学者谈到这个问题，直到近期，仍能见到学者们对这个问题的论述。主要研究成果有：许绍早（1956），向熹（1958），李临定（1980），李人鉴（1980），桥本万太郎（1987），沈锡伦（1988），董志翘（1989），袁宾（1989），俞光中（1989），李珊（1994），刁晏斌（1995a，b），蒋冀骋、吴福祥（1997），岳立静（1999），冯春田（2000a），杨明义（2000），林红（2000），王明华（2001），崔宰荣（2001a），郑剑平（2003），吴福祥（2003a，b），陆俭明（2004），辛承姬（2005a，b），刘进（2005），蒋绍愚、曹广顺主编（2005），丁勇（2006），谢燕琳（2006），许巧云、蔚华萍（2006）等，下面分三个方面进行综述。

（一）"被"字后多 VP 结构的发现与问题的提出

对于"被"字后能出现多 VP 结构的情形，较早的成果可以认为是许

---

① 此类看似与学者所说的第（1）类相同，实际上，完全不相同，我们指的是 VP2 被"被"字所管辖到的情形。

绍早（1956）。他没有明确提出"被"字后的 VP 结构是单一还是多个的问题，但其所分析的"被"字句的"混合形式"实际上就是"被"字后的多 VP 结构。许绍早（1956）所分析的"混合形式"分为以下六种类型：

甲：一个句子形式前面加上"被"字的句子和"把"字句的混合；

乙：一个句子形式前面加上"被"字的句子和一个一般的"被"字句的混合；

丙：一个"主—动"式或描写的主语前加"被"字的句子和一个"主—动—宾"式的主语前加"被"字的句子的混合；

丁：一个句子形式前面加上"被"字的句子和一个主语、宾语式分母、分子关系的句子的混合；

戊：一个句子形式前面加上"被"字的句子和一个"被"字后是动词连用的句子的混合；

己：一个"被"字后面是"主—动—宾"的句子形式的句子和一个"被"字后面是兼语式的句子的混合。例句分别如下：

甲：不想**被**他们不问事由，将我拿了。（《水浒传》：14）

乙：那几个船里的却待要走，**被**这提锄头的赶将上船来，一锄头一个，排头打下去。（《水浒传》：19）

丙：蒋门神大怒，抢将来，**被**武松一飞脚踢起，踢中蒋门神小腹上。（《水浒传》：29）

丁：那二三十人却待抢他，**被**李逵手起，早打倒五六个，一哄都走了。（《水浒传》：52）

戊：那头等大船也有十数只，却**被**他火船推来，钻在大船队里一烧。（《水浒传》：19）

己：小人两个是蒋门神徒弟。今**被**师父和张团练定计，使小人两个来相帮防送公人，一处来害好汉。（《水浒传》：30）

向熹（1958）已经注意到了"被"字后出现多 VP 结构的情形，如：

那人……**被**武松不管他，拖了过来。（《水浒传》：26·414）

向熹认为，"**被**武松不管他"虽然似乎是一个否定的被动式，其实和主语相应的是动词"拖"，"不管他"只是插入中间的一个修饰性短语。

另外，在分析"复杂的被动式"时指出，有些句子的施事者后面带了一长串句子，用来说明施事者的情况，叙述施事者的行为，和主语相呼应的动词却被远远抛在后面。如：

在先敝寺十分好个去处，田庄又广，僧众极多，只**被**廊下那几个老和尚吃酒撒泼，将钱养女，长老禁约他们不得，又把长老排告了出去。(《水浒传》：6·96)

因为带将一个女儿，名唤玉娇枝同行。却**被**本州贺太守，原是蔡太师门人，那厮为官贪滥，非理害民，一日因来庙里行香，不想正见了玉娇枝有些颜色，累次著人来说，要取他为妾。王义不从，太守将他女儿强夺了去为妾，又把王义刺配远恶军州。(《水浒传》：58·978)

向熹认为，上面第一个例子中施事者是"廊下几个老和尚"本要紧接"把寺来都废了"，中间却叙述了老和尚许多情况；第二例施事者"贺太守"后面本应紧接"累次着人来说"，可是中间夹了一长串对于贺太守的叙述，使人们不容易看出和主语相呼应的动词，句子结构也显得特别臃肿涣散。

后来的学者也多次提及"被"字后出现连动结构（或称复谓、并列、连谓结构）的句子，主要有：

桥本万太郎（1987）认为，当带有"被"字的施动者短语的谓语是个复杂谓语的时候，把"被"字看作介词会遇到困难，他举例为："我**被**他拉住不让走"，桥本认为，"他"字在这里是"拉住"和"不让走"这两个动词的施事者，"被他"这施动者短语所修饰的不只是"拉住"；"被他"还修饰着"不让走"——更严格地说，它应该说是修饰着整个"拉住不让走"。还举出"我**被**他跑过来拦住"的例子，认为"被"字在这种有复杂谓语的句子里不可看作普通的介词。

沈锡伦（1988）认为，"被"字句的复杂化指动词词组以及各类修饰语的发展，晚唐以后发展明显，其中有一种就是"V 的连动化（V→V1 + V2 +…）"，连动词组开始充当"被"字句的谓语，例如：

崔宁也**被**扯去和父母四个一块儿做官去了。(碾)
宋四公走到五人面前，见有半撮吃剩的酒，也有果菜之类，**被**宋四公把来吃了。(宋)

袁宾（1989）在"'被V'之间插入状语"一节，认为"三藏觅国师意不得，**被**呵云：这野狐精……"（祖堂集 5.071.04）句中的"呵云"可处理作"状语+谓语"结构，但"似也可视为并列结构（连动）"。

俞光中（1989）分析的"零被句"中的R1类中有一种"被N施……VN受"格式。俞光中认为，此类句型在"N施"后、被动义动词前有解释性词语，交代被动行为的经过、手段、原因等，解释性词语有的很长，且中间出现的动词均非被动义，例如：

被张益使两军相交，杀散川军，救了皇叔。（《三国志平话》卷下）
被王叔贾骤马持枪，进前刺杀淖齿。（《七国春秋平话》卷中）
被那老先生引三个伴当杀了我。（《南村辍耕录》卷十三）

岳立静（1999）在分析元明之间的"被"字句时提到"被+N施+V1+V2"结构，指的是VP为复杂的连谓结构，连续的几个动词前后可以带上宾语、状语或补语等成分，举例如：

绩系常州武进县人，幼系神童。大军破常州时**被**百户掳作小厮，拾柴使唤。（《牧斋初学集》）
郭威……星夜走过秀容县北契丹寨上诈降，**被**巡卒拿去拥见伟王。（《新编五代史平话·周史平话》）

杨明义（2000）提到的"把""被"合用句中，有一种"N1+被+N2+VP，+把+N3+V"结构，认为"VP与（把+N3）+V之间都可视为不同情形的连动关系"，如：

未曾得到宝山，**被**那妖精假变做菩萨模样，把猪八戒又赚入洞中……（《西游记》：42）
先战一场，**被**九头虫腰里伸出一个头，来把猪八戒衔了去……（《西游记》：63）

王明华（2001）注意到了"被"字后可以有多VP结构的情形，但认为是"'被'短语和相关动词之间可以插入多种别的成分（动词或动词性短语、形容词短语等）"，如：

那日桂姐害头疼来，只见这王三官领着一行人，往秦玉芝儿家请秦玉芝儿。打门首过，进来吃茶，就**被**人进来惊散了。(《金瓶梅词话》: 74)

王婆是他儿子领去，止有妇人尸首，丢了三四日，**被**守备府中买了一口棺木，差人抬出城外永福寺那里葬去了。(《金瓶梅词话》: 88)

子由等还要当厅跪禀，还要监追子虚，要别项银两下落，**被**杨府尹大恼都喝下来了。(《金瓶梅词话》: 14)

他认为，"进来""买了一口棺木""大怒"是插入成分，是"被"的宾语所实施的一个动作，这个动作与受事主语语义上无关，与受事主语语义上有关的是第二个动作。

崔宰荣（2001a）认为，"S + 被 + V1 + V2"是其所归纳的"一般被字句"中的一种，其中"VP 为两个以上的连谓结构，连续的动词前后可以带状语、补语或宾语等成分"。另外指出，有时候 V2 为非被动（下面第二例），例如：

燕子不分（忿），以理从索，遂**被**撮头拖曳，捉衣扯臂，辽乱尊拳，交横秃剔。(《敦》: 249—12)

雀儿**被**吓胆碎，口口惟称死罪，请唤燕子来对。(《敦》: 250—13)

郑剑平（2003）提到一种"被 + NP + 连动短语"结构，他在《金瓶梅》中找出了 86 条这样的语料，如：

妇人便不肯拿甚的出来，却**被**王婆扯着袖子一掏，掏出一条杭州白绉纱汗巾，掠与西门庆收了。(《金瓶梅》: 4)

那韩二先告道："小的哥是买卖人，常不在家住的，小男幼女，**被**街坊这几个光棍，要便弹打胡博词儿，坐在门首，胡歌野调，夜晚打砖，百般欺负。"(《金瓶梅》: 34)

春梅一面取过薛嫂拿的帖儿来与守备看，说吴月娘那边，如此这般，"小厮平安儿偷了头面，**被**吴巡检拿住监禁，不容领赃。只拷打小厮，攀扯诬赖吴氏奸情，索要银两，吴详府县"，等事。(《金瓶梅》: 95)

吴福祥（2003a）举出"由连动式充当谓语"的"被"字句，《变文》中只有一例：

敕下令交造火坑，罗睺字母被驱行。(《变文》：1.1)

吴福祥（2003b）也从《朱子语类辑略》中找到了10例"由连动式充当谓语的被字句"并根据连动式与受事的语义关系将其分为两类：

A类的 VP1、VP2 都跟受事发生语义联系，均以受事为作用对象，如：

久之，被人掘凿损坏，於是不复有灵，亦是这些气过了。(18)

B类连动式中，VP1（"来"）表示施事宾语的动作，但与受事没有直接的语义关系，VP2 则以"被"的宾语为施事，以主语（包括零形式主语）为受事，如：

尝见一僧云：今人解书如一盏酒，本自好；被这一人来添些水，那一人来又添些水，次第添来添去，都淡了！(128)

陆俭明（2004）在"有关被动句的几个问题"中提出了一个较有意思的问题：有"被"的句子是不是就一定是被动句了呢？也会碰到麻烦，请看：

他被警察叫去罚了二百块钱。
他被警察叫去写了一个检查。

陆俭明（2004）认为，前者毫无疑义是被动句，而后者则会有争议——从前半句看是被动句，从后半句看是主动句。他归结为"这是汉语所特有的所谓连动结构在作怪"。

蒋绍愚、曹广顺主编（2005）也提到在"形式复杂的被字式"中有一类是"句法核心是连动结构或复谓结构"，例不赘。

丁勇（2006）在《元典章》中也找出了"被"字句的谓语"不是由单个动词充当，而是由多个动词或动词词组构成，大多为并列和连动的关系"的句子，例不赘。

谢燕琳（2006）在《三遂平妖传》中也找到"被 + N 施 + 连动短语"的句子：

李二夫妻却没有这般见识,千不合,万不合,起个念头道:"你这妖僧!说你被做公的赶捉,跳在汴河水里死了,你却因何又来我家引煮是非?"(12.77)

许巧云、蔚华萍(2006)谈到"N被句"中有连动式,比如:

等唐元帅回来时,则说他私下领着本部人马,还要回他那山后去,**被**我赶上拿回来,下在牢中。(《关汉卿杂剧·单鞭·二折》,白,3、1176)
我婆婆因为与赛卢医索钱,**被**他赚到郊外勒死;我婆婆却得他爷儿两个救了性命。(《关汉卿杂剧·窦·二折》,4、1507)

许巧云、蔚华萍认为,前一例连动式中包含动词结构"赶上""拿回来""下在牢中",都是表示对受事的处置,三个动作之间有一种顺承关系,其受事位于前面分句中;后一例谓语部分两个动词"赚到郊外""勒死"之间有一种目的关系,其受事直接置于前一分句句首。

另外,李人鉴(1980)所提到的"被+复句形式",蒋冀骋、吴福祥(1997)提到的"述语为词组形式"的"被"字句,林红(2000)所说的"被+复句"格式等,都有"被"字后出现多 VP 结构的情况。这里不赘述。

(二)"被"字后多 VP 结构句型格式的详细分析

最早对现代汉语中的"被"字句里的连动式进行分析的是李临定(1980),分析得也较为透彻。后来的文章例如董志翘(1989)、李珊(1994)、辛承姬(2005a,b)等的分析方法、分析结果都与此十分类似。李临定根据"被 N 在第一动词前或在第二动词前"将有关的"被"字句先分为两大类,前者又分为四种类型,后者又分为两种类型:

(1)"被 N"在第一动词前:N2 被 N1V1V2
 a."被 N"管 V1 与 V2;
 b."被 N"只管 V1,V2 直属 N2(主动意义);
 c."被 N"只管 V1,V2 属于 N1;
 d."被 N"只管 V2,V1 属于 N1。

(2)"被 N"在第二动词前:N2V1N3 被 N1V2
 a."被 N"管 V2 也管 V1;
 b."被 N"只管 V2,V1 属于 N1(主动意义)。下面是各自的例子:

(1) a. 他们那边山上的草根都**被**刨去烧火了。(浩然)
　　b. 不几天，这位监督却自己**被**人剪去了辫子逃走了。(鲁迅)
　　c. 你进去，把小缸儿藏起来，省得教四嫂看见又得哭一场。(老舍)
　　d. 小坡**被**一个军官模样的鬼子笑着叫到屋里。(知侠)
(2) a. 你在这破土瓶中虽然不免要凄凄寂寂地飘零，但比遗弃在路边**被**人践踏了的好罢？(郭沫若)
　　b. 一个水鸡一样的顽军官，扒着绳子**被**小坡拔了上来。(知侠)

李珊（1994）[①]、辛承姬（2005a，b）不用赘述。董志翘（1989）所谈到的是中世汉语中的"被"字后出现连动式的句子，这里简单介绍一下。董志翘（1989）将"被"字句里的连动式"N2 被 N1V1V2 式"分为四种类型：

a. "被 N"管 V1 和 V2；
b. "被 N"只管 V1，V2 直属 N2（主动意义），即 N2 被 N2V1V2（N3）式；
c. "被 N"只管 V1，V2 属于 N1，V3 属于 N2，即 N2 被 N1V1V2V3 式；
d. "被 N"只管 V2，V1 属于 N1，即 N2 被 N1V1V2 式。分别举例如下：

a. 生既**被**擒，逐**被**枷锁锤拷，讯其妖状。(稗海本《搜神记》"赵明甫"条)
b. (张)质**被**掉枪地。(《续玄怪录·张质》)
c. 少霞举目移足，惶惑不宁，即**被**导之令前。(《太平广记》)
d. 时姚南仲为节度使，**被**监军薛盈珍怙势干夺军政。(《太平广记》卷167"曹文洽"条)

（三）关于"被"字后多 VP 结构的一些讨论

从向熹（1958）开始，学者对"被"字后多 VP 结构的产生、历史发展及其功能等做了一些初步的探讨，介绍如下。

[①] 另外，李珊（1994）还分析了"V1 了 V2""V1 着 V2""V1 到 + V2""V1 + 像……似的"等结构，另有"多切分结构""同形结构""动趋宾趋"及"不宜作连动分析"的结构，详见李珊（1994）。

向熹（1958）认为，有些"被"字句的施事者后面带了一长串句子，用来说明施事者的情况，叙述施事者的行为，和主语相呼应的动词却被远远抛在后面，使人们不容易看出和主语相呼应的动词，句子结构也显得特别臃肿涣散。

刁晏斌（1995a）所考察的《朱子语类》中的"复杂谓语句"，其中有些是"谓语由多个动词构成的被字句"，如：

某初还，**被**宗人煎迫令去，不往。（鬼神）
非是别有一个道，**被**我忽然看见攫拿得来，方是见道。（学七）
但鸡犬有时出去，**被**人打杀煮吃了，也求不得。（《论语》十六）

他认为，宋代以前，"被"字句的谓语大都是单个动词、状动、动补及动宾等形式的，像这种连谓形式还很少，但这样的形式在《朱子语类》一书中却比较多；这种句子最重要的特点是：一个人或事物同时是几个动作的受事，如"鸡犬"同时是"打杀"和"煮吃"的受事，这样使句子的容量或表达的信息量增加了许多。

刁晏斌（1995b）所提到的三类"被+施事+复杂谓语式"，其中两类是我们所说的"被"字后的多 VP 格式（第三类的谓语部分是兼语式，这里不提）。刁晏斌第一类的例子如：

自此**被**鲁智深要行便行，要歇便歇，那里敢扭他？（《水浒传》：9）
正不从时，又**被**他做媒的做媒，保亲的保亲，主婚的主婚，我立誓不肯。（《西游记》：64）
今主上此来，仅有五十骑自随，莫是**被**潞王即位后，废了主上，驱迫此来，亦未可知。（《新编五代史平话·汉史平话》卷上）

他认为，这些句子的"被"字与多谓语中的每一项都发生关系，其中，前两例谓语结构相同，形式整齐，表意上有较强的铺陈意味；后一例中谓语形式上不拘一格，意思上递相承接，不具有前两例那样的铺陈意味。刁晏斌第二类的例子如：

四位在那里吃酒，**被**杨温拿一条棒，突入庄去，就草厅上，将手中棒觑着杨达，劈面一棒。（《杨温拦路虎记》）
行者笑道："我与师父只走至十字街彩楼之下，可可**被**当朝公主抛

绣球打中了师父。"(《西游记》: 93)

他认为，这类句子中的"被"字只与几个谓语中的最后一个发生关系，除这最后一个谓语外，其他谓语大致只起一个修饰、限制或补充的作用，如《西游记》例主要的表意结构是"被当朝公主打中了师父"，而"抛绣球"则只是在情景、方式等方面限制和补充了"打"的外延和内涵。

冯春田（2000a）在"被字句在近代汉语里的发展"一节也发现"被"字句的谓语可以是"连动或复谓形式"，他认为，这表明"被"字句被动式的成熟或功能上的发展完善，如：

燕子不分（忿），遂**被**撮头拖曳，捉衣撦擘……（《燕子赋》: a249)
有那大虫要来伤残牛只，**被**成宣宝将大柴棒赶去，夺取牛回来。(《新编五代史平话》: 204)

刘进（2005）在讨论近代汉语中的"零主语被字句"时提出了"连续与不连续被动的问题"。他注意到在《水浒传》里有许多"不连续被动"的"被"字句，这类句子的特点是：主语同紧接"被"字后边的第一个 VP 结构并不构成被动关系，可是，同第二个或者更加靠后的 VP 结构发生被动关系，而这一连串的 VP 结构都是由施事者发出的。刘进将"不连续被动"的"被"字句分为两类：

a. 句子的主语（或隐含主语）在"被"字后面的 VP 中不出现，如：

小人亲兄武大，**被**西门庆与嫂通奸，下毒药谋杀性命，这两个便是证见，要相公做主则个。(《水浒传》: 25)
小人一时愚蠢，**被**梁山泊吴用假做卖卜先生来家，口出讹言，煽惑良心，掇赚到梁山泊，软监了两个多月。(《水浒传》: 61)

b. 有的句子在构成被动的 VP 中将前面的主语重新提起一遍，作为兼语或处置宾语出现，有的是出现在对话中，有的大概是因为构成被动的 VP 离"被"字太远了，所以强调一遍，如：

小人两个，是蒋门神徒弟，今**被**师父和张团练定计，使小人两个来，相帮防送公人，一处来害好汉。(《水浒传》: 29)（小人两个：小人两个）

只剩得刘高，见头势不好，慌忙勒转马头，连打三鞭，那马正待跑时，**被**那小喽罗拽起绊马索，早把刘高的马掀翻，倒撞下来。(《水浒传》: 33) (那马：刘高的马)

该文认为，在"不连续被动"的"被"字句的基础上，又出现了两类"'被'字后的错综式结构"：

a. 作者为了叙事的需要或者说话者为了表达得更清楚，中间会插入一些别的结构（其中有的是个句子，有的是个动词结构，有的是个连词），但这并不妨碍"被"字向后搜索到和它发生被动关系的动词结构，如：

武大却待要揪他，**被**西门庆早飞起右脚，武大矮短，正踢中心窝里，扑地望后便倒了。(《水浒传》: 24) (被……踢中)

那几个老和尚**被**智深寻出粥来，只得叫苦，把碗、楪、铃头、勺子、水桶，都抢过了。(《水浒传》: 5) (被……寻出……把……抢过了，双重被动)

b. 以下句子和 a 类不同，句中的"被"字搜索不到后面与之发生被动关系的动词，如：

老汉只有这个小女，如今方得一十九岁，**被**此间有座山，唤做桃花山，近来山上有两个大王……(《水浒传》: 4)

因为带将一个女儿，名唤玉娇枝同行。却**被**本州贺太守……(《水浒传》: 57)

该文的看法是，"被"字后面要求出现与之构成被动式的动词结构，而"被"字后的各个 VP 结构又有相当的连贯性，会按照说话者的思路一直说下去，而且句子一旦长了，又容易使说话人难以保持整个句子的系统性；这两方面的矛盾如果到了不可调和的地步，就会导致错综式句子结构的产生①。

---

① 现在来看，这种看法是很值得商榷的，主要是关于"被"字后的多 VP 结构中的一个或者几个 VP（至少一个）是否必定与前面的主语构成"被动关系"的问题，该文局限于《水浒传》的材料，有些地方分析也欠妥。详见后文分析。

三 目前研究的成绩及存在的主要问题

学者研究的主要成绩是发现了"被"字后能带多 VP 结构（一般称"被"字后带连动短语）的情形并做了一定的分析，并且对各种情形进行了区分；另外就是认识到"被"字后的多 VP 结构中可以出现前一个（或几个）VP 不会构成被动句，而在后面的 VP 会构成被动关系。在许绍早（1956）的时期还没有"管辖"的观念，他认为，这样的句子是"混合"的结果；他对各种"混合"的情形作了详细的区分；可是无法说明为什么会出现句式的"混合"。向熹（1958）的分析就较为合理了，他提出了一个被字后多 VP 中的动词"与前面的主语相呼应"的问题，认为有些"被"字句中的施事者"可以带一长串句子，用来说明施事者的情况、叙述施事者的行为，而和主语相呼应的动词可以被远远地抛在后面"。李临定（1980）以后就对各种"被"字后多 VP 结构的情形做了分析，而且分析得越来越详尽。下面对存在的问题谈四个方面。

（一）管辖问题

可分"多管"与"少管"两种情况。顾名思义，"多管"指的是在分析"被"字后的多 VP 结构时，"被"字的管辖范围过宽，本不该归"被"字所管辖的归入了"被"字后的多 VP 结构；"少管"则指的是在分析"被"字后的多 VP 结构时，"被"字的管辖范围过窄，本来应该归入"被"字管辖范围之内的，却不认为是"被"字后的多 VP 结构。

"多管"又可分为两种情况：

"多管"的第一种情况："被 + NP + VP1"与"VP2"并列的格式不是"被"字后的多 VP 结构。

李临定（1980）关于"两大类"区分是有问题的。在他所区分的（1）a. b. c. d. 和（2）a. b. 中，只有（1）a. c. d. 是我们所说的"被"字后的多 VP 结构，其他的只是一般的"被"字句。问题在于：我们认为，不在"被"字管辖范围之内的不宜作"被字句里的连动式"分析，如"这位监督却自己**被**人剪去了辫子逃走了"，"**被**人剪去辫子"和"逃走"本是并列的 VP 结构，和"他穿上鞋子逃走了"是一样的。李临定（1980）指出，"被 N 只管 V1，V2 直属 N2（主动意义）"基本上是对的，但没有认识到其实这只是一般的"被"字句的用法。同样，董志翘（1989）的 b 类、李珊（1994）所分析的第 2 类，都不是"被"字后的多 VP 结构。沈锡伦（1988）所分析的"V 的连动化（V→V1 + V2 + …）"，其中的例子"崔宁也**被**扯去和父母四个一块儿做官去了"也是在"管辖"

上有问题的。另有谢燕琳（2006）等。此处不详述。

"多管"的第二种情况：在"VP1"与"被 + NP + VP"并列的格式中，"被"字不可能向前"管"。

李临定（1980）认为的"遗弃在路边被人践踏"中的"被 N"是不可能管辖到"遗弃在路边"的，前面只不过是个普通的受事主语句，或者认作状语成分也是可以的，但其中的"被 N"无论如何不能向前管辖。我们认为，向前管辖是从意义上来推断的，句法上并不是如此。

"少管"的情形也较常见，如俞光中（1989）举例：

只见蒋门神那厮，又领着一伙军汉到来厮打。小弟又**被**他痛打一顿，也要小弟央浼陪话。（《水浒传》：30）

他认为，这是为了引起对"小弟"的同情，只能用"N 被句"，但上下句的话题都是"蒋门神"，保持这一中心话题为好，用"N 被句"是不得已而为之。我们认为，此例明显是属于"少管"的情况，"也要小弟央浼陪话"明显在"被他"的管辖之内①。俞光中（1989）认为，"蒋门神"是此句的话题是明显有问题的，我们可以从《水浒传》的原文中看到以下段落：

施恩答道："实不相瞒哥哥说：小弟自从牢里三番相见之后，知府得知了，不时差人下来牢里点闸；那张都监又差人在牢门口左近两边巡着看；因此小弟不能够再进大牢里看望兄长，只到康节级家里讨信。半月之前，小弟正在快活林中店里，只见蒋门神那厮又领着一伙军汉到来厮打。小弟**被**他痛打一顿，也要小弟央浼人陪话，却**被**他仍复夺了店面，依旧交还了许多家火什物。小弟在家将息未起，今日听得哥哥断配恩州，特有两件绵衣送与哥哥路上穿着，煮得两只熟鹅在此，请哥哥吃了两块去。"（《水浒传》：30）

在"施恩"的话中，自始至终都是以"小弟"作为话题的，"只见蒋门神那厮领着一伙军汉到来厮打"也只不过是"小弟"的动作"见"的

---

① "被××要××VP"的句子现代少说，如我们基本上不说"××被老师要他好好学习"，但在近代汉语中可以见到，如：朱仝道："被原告人执定要小人如此招做故放，以此问得重了。"（《水浒传》：51）。

宾语,"小弟只见蒋门神……""小弟被他痛打一顿、要小弟央浼人陪话""(小弟)被他仍复夺了店面""(小弟)交还了许多家火什物""小弟在家将息未起……""(小弟)今日听得……"是一顺而下的,没有半点间隔,怎么话题倒成了"蒋门神"了呢?这可能是作者将涉及的关键人物当成了话题。

郑剑平(2003)在分析"被"字"表示行为动作的原因"的时候,举例如下:

小人哥哥武大,被豪恶西门庆与嫂潘氏通奸,踢中心窝……
花子由等……被杨府尹大怒,都喝下来,说道……
向五被人争地土,告在屯田兵备道打官司……

郑剑平认为,以上几例中的"被豪恶西门庆与嫂潘氏通奸""被杨府尹大怒""被人争地土"都是表示原因的,这实际上就是因为"被"字"少管"的缘故;郑剑平(2003)只认为"被"字仅仅管辖第一个 VP,而前面两个句子的第一个 VP 恰恰都是不表示被动关系的,真正表示被动关系的是第二个 VP "踢中心窝""都喝下来";如果将其看作"被"字后的多 VP 结构,就不存在"表示原因"的问题了。

"少管"还有其他很多例子,如第三章提到的王明华(2001)等,这里不再详述。关于管辖关系详见本章下一节论述。

(二)"被"字后多 VP 结构是否仅仅是连动结构

学者所分析的"被"字后的多 VP 格式基本上都指出是连动结构。我们发现,有些例子很难说是不是连动结构,有些是同一个动词重复出现,如:

两个小的亦被武松搠死,一朴刀一个,结果了。(《水浒传》:31)
这几句话,说的雪娥急了,宋蕙莲不防,被他走向前,一个巴掌打在脸上,打的脸上通红。(《金瓶梅》:26)

有些类似以上两例的"被"字后多 VP 结构,前面的 VP 已经叙述完了整个动作,但又补出一个 VP 来,只是为了说明上个动作的方式或者结果。"被武松搠死"已经完成了动作,"一朴刀一个,结果了"只是补充动作的方式;"被他走向前一个巴掌打在脸上"也已经完成了动作,"打的脸上通红"是为了补充"打"的结果。详见下文"其他分类标准"中的"连续动作"和"追加说明"。

（三）是否"被"字句中的多VP结构中的最后一个VP都表示被动关系

通过我们的分析可以发现，并不是所有的"被"字句都表示被动关系，比如本书第三章就是专门论述"不表示被动的被字句"的。"被"字后带"离心结构"的情形也是可以为多VP结构的；而且"被"字还可以管辖到已经表示完被动关系的VP之后。从向熹（1958）到刘进（2005）都基本上主张"被"字所管辖到的最后一个VP是表示被动关系的。详见下文分类标准之一"向心结构"和"离心结构"，以及分类标准之三"封闭式"和"开放式"。

（四）基本上没有从历史发展演变的角度全面考察这一类型的复杂"被"字句，没有探讨其发展演变的规律

这无疑是对近代汉语"被"字后多VP结构的情况研究较为薄弱的一个环节。

另外，学者在分析"被"字后多VP结构时所用的术语"管"和"属于"的概念不甚清晰，这也是值得讨论的。"管"大概是"管辖"的意思。在"NP1 + 被 + NP2 + VP1 + VP2"格式中，"被 + NP2""管"VP1，那么VP1大概也应该"属于"NP2，但是，没有说明是否"属于"；VP2"属于"NP1，其中有没有被谁"管"的关系？总的说来，这两个术语较为笼统。

第二节　关于"被"字后多VP结构的"施事转换"与管辖关系

一　"施事转换"与管辖关系的详细说明

管辖关系是研究"被"字后多VP结构必须首先说明的问题。管辖关系实际上是一个涉及"施事转换"的问题。"施事转换"中的"施事"不是指"被"字句中的施事，而是指在"被"字后出现多VP结构的"被"字句中，"被"字后所出现的一连串VP，其中第二个以及以后的VP的施事者。如果第二个VP的施事仍然是第一个VP的施事，那么第二个VP就是被整个"被"字句管辖；如果第二个VP的施事转换为"被"字句前面的主语，那么就不是被整个"被"字句管辖，"被"字句（"被"字结

构）只是到了第一个 VP 就截止了。如果是出现了两个以上的 VP，那么第三个、第四个直至第 N 个 VP 仍按照这种方式类推，一直到发生"施事转换"为止的前一个 VP 都是在整个"被"字句管辖范围之内的。这种句子的特点是："'被'字前的主语 NP1 + 被 + 施事者（如果有的话）"可以和一连串 VP 中的任意一个 VP 构成"被"字句，但并不一定构成被动式；而且不管和最后一个 VP 能否形成被动关系。例如：

(1) 却说晋王往魏县劳军，自帅马军百余人，沿河而上，要觇觑刘鄩军营。恰天时阴晦下雨，尘雾冥迷，却**被**刘鄩将五千军在河曲田地里藏伏了，四面鼓噪，围了晋王数重。（《新编五代史平话·唐史平话》卷上）

可以变为：

晋王**被**刘鄩将五千军在河曲田地里藏伏了。
晋王**被**刘鄩四面鼓噪。
晋王**被**刘鄩围了晋王数重。

(2) 量花荣如何肯反背朝廷？实**被**刘高这厮无中生有，官报私仇，逼迫得花荣有家难奔，有国难投，权且躲避在此。（《水浒传》: 34）

可以变为：
花荣**被**刘高这厮无中生有。
花荣**被**刘高这厮官报私仇。
花荣**被**刘高这厮逼迫得花荣有家难奔，有国难投①。

(3) 今年觉道身体好生不济，又撞着如今闰月，趁这两日要做，又被那裁缝勒掯，只推生活忙，不肯来做。（《水浒传》: 24）

可以变为：

（我）**被**那裁缝勒掯。

---

① 下一个 VP "权且躲避在此"衔接上面的主语"花荣"，"被"字句在此之前结束，这里转为主动式。

(我)**被**那裁缝只推生活忙。
(我)**被**那裁缝不肯来做。

(4) 春梅一面取过薛嫂拿的帖儿来与守备看，说吴月娘那边，如此这般，"小厮平安儿偷了头面，**被**吴巡检拿住监禁，不容领赃。只拷打小厮，攀扯诬赖吴氏奸情，索要银两，吴详府县"等事。(《金瓶梅》: 95)

可以变为：

小厮**被**吴巡检拿住。
小厮**被**吴巡检监禁。
小厮**被**吴巡检不容领赃。
小厮**被**吴巡检只拷打小厮（攀扯诬赖吴氏奸情）。
小厮**被**吴巡检索要银两。

(5) 范进因没有盘费，走去同丈人商议，**被**胡屠户一口啐在脸上，骂了一个狗血喷头，道："不要失了你的时了！"(《儒林外史》: 3)

可以变为：

范进**被**胡屠户一口啐在脸上。
范进**被**胡屠户骂了一个狗血喷头。
范进**被**胡屠户道："不要失了你的时了！"

另外，有少数例子可以看作"NP1 + 被 + NP2 + VP1 + NP3 + VP2"格式，仍可以看作 VP2 被管辖。这类句子的特点是："被"字句的施事有好几个；施事各带 VP 结构；多构成排比句式。例如：

今人解书，如一盏酒，本自好；**被**这一人来添些水，那一人来又添些水，次第添来添去，都淡了！(《朱子语类》卷一百三)

敢**被**野猫拖了？黄狸子吃了？鹞鹰扑了去？(《水浒传》: 46)

李珊 (1994) 将"被"字后带有多 VP 结构的"被"字句分析为流水

句也是有道理的。"流水句"（也有人称"贯通句"）的特点是一个复句中的各小句前后贯通，一气呵成；这些小句的主语有时相同有时不同；相同的省略，不同的需要转换，有时是明转，有时是暗转；劲松（2004）认为，被动态句子的使用能使这种贯通句组织得更加顺畅。"被"字后出现多VP结构的句子，其中，许多情况VP与"被"字之间结构松散，散落成多个小句，各自的主语变来变去，不容易确定，而且有可能会被某些副词或者连词隔开；这些情况表面上使"被"字的"管辖关系"力所不能及。其实，这里有一个比较基本的规律，那就是，通过大量的观察可以得知，"被"字后的多VP结构中的距离"被"字较远的VP结构，只要不是有明显的另起一句的标志（通常是出现VP的主语来标志），那么它只可能有两个主语：一是"被"字前面的主语（"被"字句的受事主语）；二是"被"字后的施事者（"被"字句的施事者，即通常所说的施事宾语）。另外，我们所拥有的充足理由是："被"字句在历史发展上并不是"专门表示被动关系"的，大量出现的"离心结构"证明"被"字句的主要功能是表示"遭受动作""遭受事件""遭遇状况"的（本书第三章我们已经分析过了），通常被我们认作是可以构成"被动关系"的句子，它们并没有失去其表示"遭受"的功能。将"被"字后的施事者所发出的最后一个VP结构划归"被"字的管辖，可以使这个VP结构在分析的时候避免游离于句子结构之外。如：

本寺长老已有法旨，但卖与和尚们吃了，我们都**被**长老责罚，追了本钱，赶出屋去。（《水浒传》：4）

像这样的句子，"我们都**被**长老责罚"已经是被动式了，如果仅仅认作被动句到此为止，那么后面的两个VP就没有着落了，即"追了本钱""赶出屋去"两个VP如果不在"**被**长老"管辖之内则没有着落，因为它们直接同前面的主语"我们"衔接不起来。另外，如果认作"流水句"的话，又得补上"我们都被"，仅仅补充"长老"还是不够的。所以，我们认为，"被"字管辖至句末较好。同样，在有些最后的VP不表示被动关系的句子里，我们仍应贯彻"让'被'字管辖至与NP1能够衔接得通的VP或者另起一个主语的VP之前为止，不让与NP1衔接不通的VP没有着落"这条原则，认为"被"字管辖至句末，如：

有那一般赌的，却待要博，**被**李逵劈手夺过头钱来，便叫道："我博

兀谁?"(《水浒传》:38)

即"被"字管辖至"便叫道:'我博兀谁?'"。相比之下,有的句子就可以不认作是"被"字的管辖范围,如:

又想道:"这伍圣道比邵强仁还凶恶哩,他一定知道是我拾了,回将来索要不得,定是用强搜简,若被他搜将出来,他赖我是打夺他的官票,事反不美。"(《醒世姻缘传》:11)

此例可以参照"被他搜将出来"已经表示了被动关系,后面又有"他赖我是打夺他的官票",这个小句因为已经有了一个另起的主语"他",后面的部分已经很完整了,就没有必要认作是被"被"字管辖的了;如果没有这个另起的主语"他",那么"赖我是打夺他的官票"这个小句就是不完整的,就应该归入"被"字的管辖之内。

对于我们认为是"被"字管辖范围之外的句子,我们都不认作是"被"字后的多 VP 结构,如:

老孙变做蚊虫儿,进他洞去探看师父,原来师父被他绑在定风桩上哭哩。(《西游记》:21)

像这样的句子,按照以往学者的分析也是"被"字后的多 VP 结构了;按照我们的解释,这只能算是一般的被动句式,"被他绑在定风桩上""哭哩"是并列的成分,它们共同的主语是"师父";"被"字只管辖至"绑在定风桩上"就结束了,"哭哩"衔接上面的主语"师父",转为主动式。我们只分析"被"所能管辖到的多 VP 结构,对于管辖之外的不做讨论。

二 "被"字所管辖的 VP 之间的层次关系

"被"字后多 VP 结构中的多个 VP 之间有没有层次关系?这个问题较为复杂。学术界的看法是:在认为是表示被动关系的 VP 之前,容易出现一些不表示被动的 VP(我们称为 CF),交代被动行为的经过、手段、原因等,或者是用来说明施事者的情况,叙述施事者的行为;表示被动的 VP(我们称为 CP)是主要的,而不表示被动的 VP 大致只起一个修饰、限制或补充的作用。这种看法是非常有道理的,但是不太全面。由上面的分析可以得知，"NP1 + 被 + NP2"与每一个 VP 都能够成"被"字句，不管这些 VP 是 CP 还是 CF。如果认为其中的 CP 是主要的 VP，那么说其他的 CF 是用来"交代被动行为的经过、手段、原因等"也是可以的。但这样说又会忽视一些其他问题：

（1）并不是所有的"被"字后的多 VP 结构都是"向心结构"，有少数句子是"NP1 + 被 + NP2 + CF1 + CF2"结构，也就是没有一个 VP 是表示被动关系的。这样的句子只能是不表示被动关系的"遭遇事件"或者是"遭遇状况"。

（2）有些句子是"NP1 + 被 + NP2 + CP + CF"格式，即最后一个 VP 不是表示被动关系的，后面的 CF 通常又是"说""道"等动词，这样后面的 CF 根本不能说是对前面的 CP 进行修饰、限制或补充。这样的 CF 之所以出现，是因为语流一顺而下，由于动作的连贯性而顺着 CP 结构说出来的，中间没有出现间隔而被归入"被"字的管辖范围之中的。当然，这也是在"被"字句的允许范围之内的，也就是说，这样的句子之所以能够成立前提是"NP1 + 被 + NP2 + CF"格式能够单独成句，否则很难将 CF 置于最后一个 VP 的位置上。

由于以上两点考虑，关于"被"字后多 VP 结构中的多个 VP 之间的层次关系问题，我们认为，它们是与"被"字分别发生关系的一连串 VP，其中有的是能够构成被动关系的，有的是不能构成被动关系的；它们之间最重要的特点就是连续性，而其他的比如修饰、限制或补充的作用则是次要的。

第三节 "被"字后出现多 VP 结构的各种情形

本节将采取六种不同的标准对"被"字后出现多 VP 结构的各种情形进行分类，以便描述近代汉语中"被"字后多 VP 结构的各种详细的复杂的面貌。一是根据"被"字后多 VP 中的动词对于"被"字前面的主语有无"反向性"的标准，分为"向心结构"和"离心结构"两类；二是根据"被"字后多 VP 结构中的第一个 VP 是否构成被动关系，分为"连续被动"和"不连续被动"两类；三是根据"被"字后多 VP 结构中的最后一个 VP 能否构成被动关系，分为"封闭式"和"开放式"两类；四是根据其他的分类标准进行的分类：（1）"被"字后是否带有施事者（一般所说的是否出现"被"字句的关系语）；（2）"连续动作"和"追加说明"，即"被"字后的多个 VP 是否构成连动结构,多个 VP 之间为连动结构的称为"连续动作"类;有些多 VP 结构中的第二个或者第二个之后的 VP 是对前面的 VP 作出说明;(3) 施事者是否唯一,即"被"字后多 VP 结构中,其施事者是一个还是多个。我们对其中分类标准之一、二、三的情况进行详细分析,统计数据见本章附表二、附表三、附表四,其他分类标准仅作简单说明。

一 分类标准之一:"向心结构"和"离心结构"

这种分类标准是看"被"字后的多 VP 结构中的一个或者几个 VP 对于"被"字前面的主语有无"反向性"。多 VP 结构中只要有一个 VP 具有"反向性"的,我们就将其看成"被"字后带多 VP 结构"被"字句中的"向心结构";如果没有一个 VP 具有"反向性",那么就是"离心结构"。

(一)"被"字后的多 VP 结构中的"向心结构"的情况

"被"字后带多 VP 结构的"被"字句中,只要有一个 VP 能构成被动关系,我们就将其认定为"向心结构",而不管这个构成被动关系的 VP 处于何种位置。大体上讲,有三种位置可以构成被动关系:

(1) 第一个 VP 构成被动关系(不管后面的 VP 是否构成被动关系,包括每一个 VP 都构成被动关系的情形);

(2) 第一个 VP 不构成被动关系而中间的 VP(第二个 VP 或第二个之后的 VP,同时,处在最后一个 VP 不构成被动关系的"被"字句中)构成被动关系;

(3) 最后一个 VP(或几个 VP)构成被动关系(构成被动关系的 VP 被不构成被动关系的 VP 隔开)。

"被"字后的多 VP 结构中的"向心结构"共有 1672 例。我们分别看这三种情况的例子(这些情况我们在下文将按照不同标准分类):

第(1)种情况的例子:

咸亨中,赵州祖珍俭……后**被**人纠告,引向市斩之,颜色自若,了无惧。(《朝野佥载》卷三)

颜子聪明,事事了了。子贡聪明,工夫粗,故有阙处。曾子鲁,却肯逐一用工捱去。捱得这一件去,便这一件是他底,又捱一件去。捱来捱去,事事晓得,**被**孔子一下唤醒云:"吾道一以贯之",他便醒得。(《朱子语类》卷二十七)

忽见波澜渺渺,白浪茫茫,千里乌江,万重黑浪;只见虺龙哮吼,火龘毫光，喊动前来。被猴行者隐形帽化作遮天阵，钵盂盛却万里之水，金镮锡杖化作一条铁龙。无日无夜，二边相斗。被猴行者骑定馗龙，要抽背脊筋一条，与我法师结条子。(《大唐三藏取经诗话》)（此处指后一个"被"字）

苏飞落荒而走，正遇东吴大将潘璋，两马相交，战不数合，被璋生擒过去，径至船中来见孙权。(《三国演义》：38)

有那一般赌的，却待要博，被李逵劈手夺过头钱来，便叫道："我博兀谁？"(《水浒传》：38)

因为青州城里有他的叔叔孔宾，被慕容知府捉下，监在牢里，孔明、孔亮特地点起山寨小喽啰来打青州，要救叔叔孔宾，正迎着呼延灼军马。(《水浒传》：57)

因闻得哨山的妖兵报道，他姐姐被孙行者打死，假变姐形，盗了外甥宝贝，连日在平顶山拒敌。(《西游记》：35)

那李瓶儿真个就走下席来要递酒。被西门庆拦住，说道："你休听那小淫妇儿，他哄你。已是递过一遍酒罢了，递几遍儿？"那李瓶儿方不动了。(《金瓶梅》：21)

婆留也要出门，被汉老双手拉住道："我应的十两银子，几时还我？"婆留一手劈开便走，口里答道："来日送还。"(《喻世明言》：21)

丁利国正要跑将过去，待扯住他的轿子，与他说话，被他先看见了，望着丁利国笑了一笑，把嘴扭了一扭。(《醒世姻缘传》：27)

只见炕上那人笑道："瑞大叔要臊我呢。"贾瑞一见，却是贾蓉，真臊的无地可入，不知要怎么样才好，回身就要跑，被贾蔷一把揪住道："别走！"(《红楼梦》：12)

阿毛的娘还未开口，过老爷已被阿毛一把拉住辫子，狠狠的打了两下嘴巴，说道："倪是要搭耐轧姘头格，倪勿做啥制台格小老妈！"(《官场现形记》：36)

所以含着两包眼泪，扑嗤的笑了一声，并抬起头来看了人瑞一眼，那知被他们看了这个情景，越发笑个不止。(《老残游记》：13)

第（2）种情况的例子：

且说那朱温出涧，取登州路去。方入城，被一人向前将朱温扯住，喝道："你怎在此？"唬得朱温股栗惊颤。(《新编五代史平话·梁史平话》卷上)

到第七日黄昏以后，那团黑气往来甚频，不住的在圈边打旋。交至三更，果然聚成一尺二寸一个小和尚之形，或进或退，徘徊圈外。**被**鄂净眼圆睁怪眼把令牌向案桌上狠击一下，喝道："值日天将，城隍土地！"（《三遂平妖传》：9）

璋见是关公显圣，大叫一声，神魂惊散；欲待转身，早**被**关兴手起剑落，斩于地上，取心沥血，就关公神像前祭祀。（《三国演义》：83）

大呵一声，那汉却待要挣挫，**被**二十个土兵一齐向前，把那汉子一条索绑了，押出庙门，投一个保正庄上来。（《水浒传》：13）

小僧是曾头市上东边法华寺里监寺僧人，今**被**曾家五虎不时常来本寺作践啰唣，索要金银财帛，无所不为。（《水浒传》：60）

他有两个徒弟：先来的，使一柄九齿钉钯，他生得嘴长耳大；又一个，使一根金箍铁棒，他生得火眼金睛。正赶着小将争持，**被**小将使一个金蝉脱壳之计，撤身得空，把这和尚拿来，奉献大王，聊表一餐之敬。（《西游记》：20）

两个怪物慌了，急起身拿壶拿碗乱掼，**被**行者横铁棒拦住道："我若打死你，没人供状。"（《西游记》：62）

晁雷大怒，纵马舞刀来取南宫。南宫举刀劈面相迎，两马相交，双刃并举，一场大战。南宫与晁雷战有三十回合，把晁雷杀得力尽筋疲，那里是南宫敌手？**被**南宫卖一个破绽，生擒过去，绳缚索绑，得胜鼓响，推进西岐。（《封神演义》：35）

妇女道："三哥，做甚么遮了脸子唬我？"**被**宋四公向前一捽，捽住腰里，取出刀来道：悄悄地！高则声，便杀了你！（《喻世明言》：36）

林黛玉赶到门前，**被**宝玉叉手在门框上拦住，笑劝道："饶他这一遭罢。"（《红楼梦》：21）

两个人在那里吵嘴，**被**钱典史出去出小恭，一齐听了去，就说："贺根，你少爷已经不中进士，不该再骗他钱用。"（《官场现形记》：2）

第（3）种情况的例子：

仁节等三军弃步卒，将马先争入，**被**贼设伏横截……（《朝野佥载》卷一）

气之体段，本自刚大，自是能塞天地，**被**人私意妄作，一向蔽了他一个大底体段。（《朱子语类》卷五十二）

便是乐毅也煞费气力，但取不得。及用骑劫则是大段无能，后**被**田单

使一个小术数子，便乘势杀将去。(《朱子语类》卷一百三十四)

那单可及素号骁勇，心里欺负着李思安兵少，却**被**李思安将兵马藏伏在四处了，写着了书来单可及军前索战；那单可及恃勇，便抡刀上马出阵接战。(《新编五代史平话·梁史平话》卷上)

夏侯惇在襄阳，**被**诸葛亮差人赍兵符，诈称曹仁求救，诱惇引兵出，却教云长袭取了襄阳。(《三国演义》：51)

小人一时愚蠢，**被**梁山泊吴用假做卖卦先生来家，口出诳言，扇惑良心，掇赚到梁山泊软监，过了四个月。(《水浒传》：62)

小的哥是买卖人，常不在家住的，小男幼女**被**街坊这几个光棍，要便弹打胡博词儿，坐在门首，胡歌野调，夜晚打砖，百般欺负。(《金瓶梅》：34)

忙来夺时，扯着挂箱皮条，**被**姚明力大，只一拽，此时九月，霜浓草滑，一闪早把朱恺跌在草里。(《型世言》：23)

晁住勒回马去，要赶上打他。**被**那个保正拾起鸡子大的一块石来，打中那马的鼻梁，疼的那马在地上乱滚。(《醒世姻缘传》：13)

听那一位都督道："前日总镇马大老爷出兵，竟**被**青枫城的番子用计，挖了陷坑，连人和马都跌在陷坑里。"(《儒林外史》：39)

今儿我们本来很高兴的，**被**这翠环一个人不痛快，惹的我也不痛快了。(《老残游记》：17)

(二) "被"字后的多 VP 结构中的"离心结构"的情况

"离心结构"的句式已经在本书第三章分析过了，指的基本上是"不表示被动关系"的"被"字句。这样的句子在我们所调查的、本章所考察的"被"字后多 VP 结构的 1755 个例句中共有 83 例（这些句子中"被"字后的每一个 VP 都是"离心结构"，句式为："NP1 + 被 + NP2 + CF1 + CF2"），举例如下：

人都贪财好色，都重死生。却**被**他不贪财，不好色，不重死生，这般处也可以降服得鬼神。(《朱子语类》卷四十七)

邵康节，看这人须极会处置事，**被**他神闲气定，不动声气，须处置得精明。他气质本来清明，又养得来纯厚，又不曾枉用了心。他用那心时，都在紧要上用。(《朱子语类》卷一百)

好底气数，常守那不好底气数不过。且如秦桧在相位十一二年，**被**他手杀了几个人，又杀了许多人，皆是他那不好底气数到长了。(《朱子语

类》卷一百三十一）

罗汉曰："师曾两回往西天取经，为佛法未全，常**被**深沙神作孽，损害性命。"（《大唐三藏取经诗话》）

施恩道："小弟自幼……近来**被**这本营内张团练，新从东潞州来，带一个人到此。"（《水浒传》：29）

朱仝告道："小人自不小心，路上**被**雷横走了，在逃无获，情愿甘罪无辞。"（《水浒传》：51）

宋江道："宋某自蒙朝廷差遣到边，上托天子洪福齐天，得了四个大郡。今到幽州，不想**被**大辽兀颜统军设此混天象阵，兵屯二十万，整整齐齐，按周天星象，请大辽国主御驾亲征。"（《水浒传》：88）

这里麻绳喷水，紧紧的绑着，还比关在殿上，**被**你使解锁法搠开门走哩！（《西游记》：25）

一日，也是合当有事，敬济进来寻衣服，妇人和他又在玩花楼上两个做得好。**被**秋菊走到后边，叫了月娘来看，说道："奴婢两番三次告大娘说不信。"（《金瓶梅》：85）

当时高氏千不合万不合，骂了王酒酒这一顿，**被**那厮走到宁海郡安抚司前，叫起屈来。（《警世通言》：33）

那厮将手中棹竿打一下，**被**我变一道火光走入水里去。（《警世通言》：39）

俺浪子燕青，前日随着柴大官人进城探路。**被**柴大官人计入禁苑，挖出御屏上四字。（《二刻拍案惊奇》：39）

从杭州到严州，不过只有两天多路，倒**被**这些江山船、菱白船，一走走了五六天还没有到。（《官场现形记》：13）

申义甫一见是他，肚皮里就有点不愿意，心上想道："那天蔡某人一开口就劝我借给他五千银子，好容易**被**我借端逃走。"（《官场现形记》：34）

按照此分类标准进行的分类情况，见本章附表二"被"字后多 VP 结构中的"向心结构"与"离心结构"数量。

二 分类标准之二："连续被动"和"不连续被动"

此分类标准都是对除去上述 83 例"离心结构"的"被"字后多 VP 结构的句子进行的分类，共有 1672 例。

我们发现，在"被"字后带多 VP 结构的句式中，"被"字能与每一个 VP 构成被动关系，也可能和其中的一个或者几个 VP（非全部）构成被动关系。能够与每一个 VP 构成被动关系的，我们称为"连续被动"；仅与其中的一个或者几个 VP 发生被动关系的，我们称为"不连续被动"。这又可分为以下几种情况：

（1）"连续被动"："被"字和每一个 VP 都构成被动关系，此种类型例句共有 769 例。其中，唐宋时代共有 29 例，如：

忠惶恐，私就卜问，**被**不良人疑之，执送县。（《朝野佥载》卷五）

今庙宇有灵底，亦是山川之气会聚处。久之，**被**人掘凿损坏，於是不复有灵，亦是这些气过了。（《朱子语类》卷三）

某初还，**被**宗人煎迫令去，不往。（《朱子语类》卷三）

今人解书，如一盏酒，本自好；**被**这一人来添些水，那一人来又添些水，次第添来添去，都淡了！（《朱子语类》卷一百三）

猴行者曰："我因八百岁时，偷吃十颗，**被**王母捉下，左肋判八百，右肋判三千铁棒，配在花果山紫云洞。"（《大唐三藏取经诗话》）

元代共有 62 例，如：

夏，五月，有物若龙，长六七尺，苍鳞黑色，驴首，两颊如鱼，头色绿，顶有角，其声如牛，见于开封县茶肆前。时茶肆人早起拂拭床榻，见有物若大犬蹲其傍，熟视之，乃是龙也。其人吃惊，卧倒在地。茶肆与军器作坊相近，遂**被**作坊军人得知，杀龙而食之。（《大宋宣和遗事》）

妲已见了，大叫一声，走入人丛中去了，**被**雕抓破面皮，打了金冠。（《武王伐纣平话》卷中）

朱温便寻闹挥拳，打落了乡人两齿，**被**地分投解徐州，送左狱禁勘，恰与刘文政同匣。（《新编五代史平话·梁史平话》卷上）

蒋雄点五千军出城劫张飞寨，劫着空营，四面埋伏军皆起。蒋雄欲保桂阳，**被**张飞先取了，复来迎蒋雄，两军相接，二人交马，**被**张飞刺于马下，收了桂阳郡。张飞入荆州。（《三国志平话》卷下）

来咨，南安路备大庾岭申：梁贤十告：至大四年四月初五日夜，**被**贼打伤，劫讫银钗衣服等物。（《元典章·刑部》）

近据吉州路申，至大三年十月二十六日庐陵县申，尉司牒：周如京告，七月二十九日**被**贼掘开伊祖周左藏坟墓、盗讫金银等事。（《元典章·刑部》）

（正旦云）则我这身上罪何日开除？腹中冤向谁诉与？**被**他人混赖了我孩儿，更陷我毒杀夫主。（《包待制智赚灰栏记》）

那老宰辅出的殿门，正待上车，岂知**被**那穿红的把他那驷马车四马摘了二马，双轮摘了一轮，不能前去。（《赵氏孤儿》）

明代例句较多，共有549例，如：

急赶入去看时，却见卜吉**被**人吊在树上，正欲谋害。（《三遂平妖传》：28）

嵩到时，张角已死；张梁统其众，与我军相拒，**被**皇甫嵩连胜七阵，斩张梁于曲阳。（《三国演义》：2）

关公既殁，坐下赤兔马**被**马忠所获，献与孙权。（《三国演义》：77）

昨夜路上多吃了一杯酒，不敢来见阿舅，权去庙里睡得醒了，却来寻阿舅。不想**被**他们不问事由，将我拿了。（《水浒传》：14）

那人原是吏员出身，便瞧道有些尴尬，那里肯来，**被**武松不管他，拖了过来，却请去赵四郎肩下坐了。（《水浒传》：26）

北门里黄通判家，**被**梁山泊好汉杀了一家人口，劫了家私，如今正烧着哩。（《水浒传》：41）

宋江道："……夜来进兵，又**被**一丈青捉了王矮虎，栾廷玉锤打伤了欧鹏，绊马索拖翻捉了秦明、邓飞。"（《水浒传》：48）

那河边住的塔塔儿一种人，俺巴孩将女儿嫁与他，亲自送去，**被**塔塔儿人拿了，送与大金家。（《元朝秘史》：1）

大王，你好宽心！怎么一去许久？把我们俱闪在这里，望你诚如饥渴！近来**被**一妖魔在此欺虐，强要占我们水帘洞府，是我等舍生忘死，与他争斗。这些时，**被**那厮抢了我们家伙，捉了许多子侄，教我们昼夜无眠，看守家业。（《西游记》：2）

我徒弟纵有手段，决不敢轻动干戈。倘**被**多官拿住，说我们欺邦灭国，问一款大逆之罪，困陷城中，却不是画虎刻鹄也？（《西游记》：37）

只为要来寻他哥子，无意中打死了这个猛虎，**被**知县迎请将来。（《金瓶梅》：1）

蕙祥答道："因做饭，炒大妗子素菜，使着手，茶略冷了些。"**被**月娘数骂了一回，饶了他起来。（《金瓶梅》：24）

〔净〕欲火近干柴，且留得青山在，不可**被**雨打风吹日晒。（《牡丹亭》第二十三出）

且说殷洪敌不住黄飞虎，把一掩就走；黄飞虎赶来，殷洪取出阴阳镜，把白光一晃，黄飞虎滚下骑来，早**被**郑伦杀出阵前，把黄飞虎抢将过去了。（《封神演义》：60）

董昌见时势不好，脱去金盔金甲，逃往村农家逃难，**被**村中绑缚献出。（《喻世明言》：21）

小时**被**人骗出，卖在此间，吕玉听罢，便抱那小厮在怀，叫声："亲儿！"（《警世通言》：5）

如今有了个虚名，**被**这些富贵子弟夸他奖他，惯了他性情，骄了他气质，动不动自作自主。（《醒世恒言》：3）

少不得看见你早晚倒在路旁，**被**狗拖鸦啄的日子在那里。（《初刻拍案惊奇》：24）

京城既破，**被**贼人掳到此地，卖在粘罕府中做婢。（《二刻拍案惊奇》：7）

其余军士也只讨得个会跑，早已**被**杀死百数，抢去衣甲刀枪数百。（《型世言》：17）

读西周生《姻缘奇传》，始憬然悟，豁然解：原来人世间如狼如虎的女娘，谁知都是前世里**被**人拦腰射杀剥皮剔骨的妖狐；如韦如脂如涎如涕的男子，尽都是那世里弯弓搭箭惊鹰缒狗的猎徒。（《醒世姻缘传》引起）

清代共有129例，如：

〔净〕他托俺前来寻访侯郎。征人战马，侯郎无信，茫茫驿路殷勤问。〔小旦问介〕因何落水？〔净〕正在堤下行走，**被**乱兵夺驴，把俺推下水的。（《桃花扇》第二十七出）

不想**被**庵里邻居牵去杀了，所以来告状，就带施牛的这个人做干证。（《儒林外史》：24）

原来宝玉会过雨村回来听见了，便知金钏儿含羞赌气自尽，心中早又五内摧伤，进来**被**王夫人数落教训，也无可回说。（《红楼梦》：33）

忽有家中小厮吵嚷三姐儿自尽了，**被**小丫头们听见，告知薛姨妈。（《红楼梦》：67）

又想自从到此，**被**国王缠足、穿耳、毒打、倒吊，种种辱没，九死一生。（《镜花缘》：36）

拿起界尺来，才要拉他的手，早**被**他一把夺过来，扔在当地。（《儿女英雄传》：18）

这贼解下腰里的钢鞭才要动手，不防身后一钩杆子，早**被**人胡掳住了，按在那里捆了起来。(《儿女英雄传》: 31)

他嫂子是女人，又有了三个月的身孕，本是没有气力的，**被**他叔子一头撞来，刚正撞在肚皮上。(《官场现形记》: 5)

二人谈得高兴，不知早**被**他们团里朋友，报给王三，把他们两人面貌记得烂熟。(《老残游记》: 6)

（2）"准连续被动"：这种情况的"被"字句，"被"字与"被"字后面多 VP 中的第一个 VP 构成被动关系，同时和最后一个 VP 也构成被动关系，但中间夹杂着不能构成被动关系的 VP（或者插入别的成分）。这种情况下，我们认为，基本上是连续的被动关系，所以称为"准连续被动"。共有 96 例，唐代没有发现用例，宋代仅有 1 例：

某在漳州解发银子，折了星两；运司来取，**被**某不能管得，判一个可付一笑字，听他们自去理会。(《朱子语类》卷八十六)

元代用例也较少，共有 5 例，如：

黄巢输了一阵，退走少歇又战。**被**克用赶杀，会合义成、义武两军，相继追击。(《新编五代史平话·唐史平话》卷上)

近于大德六年四月初六日，准本州捕盗司隶军户元良弼状告，四月初五日夜，**被**贼将临街板踏门剟开，入来铺内，偷讫钞两等物。(《元典章·刑部》)

（末）告且听启：小官人镇日攻书，**被**东人急呼至，说着几句，百般打骂赶出去。(《杀狗记》)

明代例句稍多，共有 76 例，如：

话说大宋庆历年间，仁宗皇帝虽然圣明，却**被**奸臣夏竦蒙蔽，引用王拱辰、鱼州询等一班小人，造言生事，谋害忠良，一连罢去了六个贤臣。(《三遂平妖传》: 34)

原来孟优**被**孔明教马谡、吕凯二人管待，令乐人搬做杂剧，殷勤劝酒，酒内下药，尽皆昏倒，浑如醉死之人。(《三国演义》: 88)

郑屠右手拿刀，左手便来要揪鲁达，**被**这鲁提辖就势按住左手，赶将

入去，望小腹上只一脚，腾地踢倒了在当街上。(《水浒传》: 3)

小弟却去才后面净手，见这只鸡在笼里。寻思没甚与哥哥吃酒，**被**我悄悄把去溪边杀了，提桶汤去后面，就那里挦得干净，煮得熟了，把来与二位哥哥吃。(《水浒传》: 46)

遇着不亦鲁黑来哨的官人也迪土卜鲁黑。**被**成吉思出哨的赶上山去，因马肚带断了，就拿住他。(《元朝秘史》: 6)

好大圣，急纵身又要跳出，**被**佛祖翻掌一扑，把这猴王推出西天门外，将五指化作金、木、水、火、土五座联山，唤名五行山，轻轻的把他压住。(《西游记》: 7)

那大圣径至杀场里面，**被**刽子手挝住了，捆做一团。按在那土墩高处，只听喊一声："开刀！"飕的把个头砍将下来，又**被**刽子手一脚踢了去，好似滚西瓜一般，滚有三四十步远近。(《西游记》: 46)

那怪把行者使个绊子腿，跌倒在地，口里心肝哥哥的乱叫，将手就去掐他的臊根。行者道："我的儿，真个要吃老孙哩！"却**被**行者接住他手，使个小坐跌法，把那怪一辘轳掀翻在地上。(《西游记》: 81)

妇人只顾延挨不脱，**被**西门庆拖翻在床地平上，袖中取出鞭子来抽了几鞭子，妇人方才脱去上下衣裳，战兢兢跪在地平上。(《金瓶梅》: 19)

这月娘梳了头，轻移莲步，蓦然来到前边金莲房门首。早**被**春梅看见，慌的先进来，报与金莲。(《金瓶梅》: 83)

提起那春容，**被**老爷看见了，怕奶奶伤情，吩咐殉了葬罢。(《牡丹亭》第二十出)

仗剑跃步砍来，子牙手中剑劈面交还；未及数合，子牙祭打神鞭打将来，马元不是封神榜上人，**被**马元看见，伸手接住鞭，收在豹皮囊里，子牙大惊。(《封神演义》: 60)

两个丫鬟**被**婆子甜话儿偎他，又把利害话儿吓他，又教主母赏他几件衣服，汉子到时，不时把些零碎银子赏他们买果儿吃，骗得欢欢喜喜，已自做了一路。(《喻世明言》: 1)

张稍躲闪不及，只叫得一声"阿呀"，**被**虎一口衔著背皮，跑入深林受用去了。(《醒世恒言》: 5)

清代共有14例，如：

他一时慌了，弯下腰去抓那粉汤，又**被**两个狗争着，咂嘴弄舌的，来抢那地下的粉汤吃。(《儒林外史》: 10)

小的该死，把坟山的死树搬了几棵回来，添补梁柱。不想**被**本家这几位老爷知道，就说小的偷了树，把小的打了一个臭死，叫十几个管家，到小的家来搬树，连不倒的房子多拉倒了。(《儒林外史》：32)

原来，雨村因那年士隐赠银之后，他于十六日便起身入都，至大比之期，不料他十分得意，已会了进士，选入外班，今已升了本府知府。虽才干优长，未免有些贪酷之弊，且又恃才侮上，那些官员皆侧目而视。不上一年，便**被**上司寻了个空隙，作成一本，参他生情狡猾，擅纂礼仪，且沽清正之名，而暗结虎狼之属，致使地方多事，民命不堪等语。(《红楼梦》：2)

那边安老先生见风头不顺，正待破釜沉舟讲一篇彻底澄清的大道理，将作了个：破题儿，又早**被**姑娘接过话来，滔滔不绝的一套，把他四位凑起来二百多周儿、商量了将及一年的一个透鲜的招儿，说了个隔肠如见！(《儿女英雄传》：25)

齐巧那根筹码**被**巡捕看见，走上去拾了起来，袖了出去。(《官场现形记》：21)

(3) "不连续被动之一"："被"字与第一个 VP 不构成被动关系，而和最后面的一个 VP 构成被动关系。共有 423 例，其中，唐宋时代有 18 例，如：

仁节等三军弃步卒，将马先争入，**被**贼设伏横截……(《朝野佥载》卷一)

要做好事底心是实，要做不好事底心是虚。**被**那虚底在里夹杂，便将实底一齐打坏了。(《朱子语类》卷十三)

气之体段，本自刚大，自是能塞天地，**被**人私意妄作，一向蔽了他一个大底体段。(《朱子语类》卷五十二)

猴行者当下怒发，却将主人家新妇，年方二八，美皃（貌）过人，行动轻盈，西施难比，**被**猴行者作法，化此新妇作一束青草，放在驴子口伴。(《大唐三藏取经诗话》)

元代共有 41 例，如：

炀帝全无顾念，**被**宇文化及造变江都，斩炀帝于吴公台下，隋国遂亡。(《大宋宣和遗事》)

至夜，却说纣王许多兵将，与周兵混战，周兵众将各认着纣将决战。**被**黄飞虎出阵，用大刀便劈纣王。(《武王伐纣平话》卷下)

斗经几合，只见朱温拽马退走，**被**王重荣伏兵四起掩击，车马兵士杀伤过半，获粮草兵器四十余舡。(《新编五代史平话·梁史平话》卷上)

那单可及素号骁勇，心里欺负着李思安兵少，却**被**李思安将兵马藏伏在四处了，写着了书来单可及军前索战；那单可及恃勇，便抡刀上马出阵接战。(《新编五代史平话·梁史平话》卷上)

【流民聚众扰民】延祐四年六月，中书省咨，河南省咨，淮东道宣慰司呈：为许重二等家告，**被**流民张德玉等部引老少一千五百余人，抢夺米物财货等事。(《元典章·刑部》)

前者，因为你每不细辛防风，却**被**那伙木贼爬过天花粉墙，上了金线重楼，打开青箱，偷去珍珠琥珀金银花子，丹砂褙子、茯苓裙子、昆布袜子、青皮靴子；那一个豆蔻又起狼毒之心，走入莲房，搂定我的红娘子，扯下棍裆。(《幽闺记》)

明代共有 324 例，如：

张成料走不脱，只得舞枪来斗，不上三合，刘彦威瞋目大叫，吓得张成手软抢枪不动。**被**刘彦威马头早到，一手提下雕鞍，掷于马下，众军齐上结果了性命。(《三遂平妖传》：34)

原来马超明知李蒙追赶，却故意俄延；等他马近举枪刺来，超将身一闪，李蒙搠个空，两马相并，**被**马超轻舒猿臂，生擒过去。(《三国演义》：10)

却说颜良败军奔回，半路迎见袁绍，报说**被**赤面长须使大刀一勇将，匹马入阵，斩颜良而去，因此大败。(《三国演义》：25)

我这里是个非细去处。只因是十方常住，**被**一个云游和尚，引着一个道人来此住持，把常住有的没的都毁坏了。(《水浒传》：6)

小人亲兄武大，**被**西门庆与嫂通奸，下毒药谋杀性命，这两个便是证见。(《水浒传》：26)

量花荣如何肯反背朝廷？实**被**刘高这厮无中生有，官报私仇，逼迫得花荣有家难奔，有国难投，权且躲避在此。(《水浒传》：34)

其后鸡儿年，合塔斤等十一部落，于阿勒灰不剌阿地面，聚会商议，欲立札木合做君，于是众部落共杀马设誓讫，顺额沵古捏河，至于刊沐连河洲的地行，将札木合立做了皇帝，欲攻成吉思与王罕。**被**豁罗剌思种的

人豁里歹,到古连勒古地面,告与成吉思,成吉思使人告与王罕,王罕于是收集军马成吉思行来了。(《元朝秘史》:5)

原来悟空筋斗云与众不同,十分快疾,把个金星撇在脑后,先至南天门外。正欲收云前进,**被**增长天王领着庞、刘、苟、毕、邓、辛、张、陶,一路大力天丁,枪刀剑戟,挡住天门,不肯放进。(《西游记》:4)

那怪不识是计,见有空儿,舞着宝刀,径奔下三路砍。**被**行者急转个大中平,挑开他那口刀,又使个叶底偷桃势,望妖精头顶一棍,就打得他无影无踪。(《西游记》:31)

我**被**他现出本相,险些儿伤了性命。(《西游记》:48)

沙和尚见事不谐,虚晃着宝杖,顾本身回头便走,**被**二怪捽开鼻子,响一声,连手卷住,拿到城里,也叫小妖捆在殿下。(《西游记》:77)

那婆子却待揪他,**被**这小猴子叫一声你打时,就打王婆腰里带个住,看着婆子小肚上,只一头撞将去,险些儿不跌倒,却得壁子碍住不倒。(《金瓶梅》:5)

这几句话,说的雪娥急了,宋蕙莲不防,**被**他走向前,一个巴掌打在脸上,打的脸上通红。(《金瓶梅》:26)

两旁八大夫,正要上前奏事,又**被**一个道人来讲甚么妖魅,便耽搁了时候。(《封神演义》:5)

真君曰:"那一年我往昆仑山来,脚踏祥云,**被**你顶上杀气冲入云霄,阻我云路。"(《封神演义》:31)

公主不知所以,忙欲看时,**被**火灵圣母举剑,照龙吉公主劈来。(《封神演义》:71)

当时,隋汤帝也宠萧妃之色。要看扬州景,用麻叔度为帅,起天下民夫百万,开汴河一千余里,役死人夫无数;造凤舰龙舟,使宫女牵之,两岸乐声闻于百里。后**被**宇文化及造反江都,斩杨帝于吴公台下,其国亦倾。(《喻世明言》:3)

女衫把与儿妇穿去了,男衫因打括时**被**灯煤落下,烧厂领上一个孔。(《警世通言》:11)

张权耳内闻得儿子声音,方才睁眼一看,泪如珠涌,欲待吩咐几声,**被**杨洪走上前,一手推开廷秀,扶挟而行,脚不点地,直至司狱司前,交与禁子,开了监门,挟将进去。(《醒世恒言》:20)

郑贯正坐在堂上,**被**许知县领了兵齐抢入去,将郑贯杀了。(《初刻拍案惊奇》:31)

莫大姐悄悄告诉他,说委实与杨二郎有交,**被**郁盛冒充了杨二郎拐来

卖在这里，从头至尾一一说了。(《二刻拍案惊奇》: 38)

只见燕兵来冲左翼，盛总兵抵死相杀，燕兵不能攻入，复冲中军，**被**铁尚书指挥两翼，环绕过来。(《型世言》: 1)

算计收毕了麦子，即往临清秦家谢孝，就要妥帖了亲事；又兼庄上的厅房楼屋前年**被**那狐精放火烧了，至今还不敢盖起，所以也要急急回来，免在乡间寂寞。(《醒世姻缘传》: 19)

那道士得了这十两非义之财，当时称肉打酒，与庙中道士吃了将近一两，吃得个烂醉如泥。可煞作怪，当夜不知**被**那个偷儿，挖了一个大洞，将那九两多的银钱偷了个洁净。(《醒世姻缘传》: 93)

清代共有40例，如：

大将军有令：主上**被**唐朝郭子仪遣人刺死，即着军士抬往段夫人宫中收殓，候大将军即位发丧。(《长生殿》第三十四出)

王大是个穷人，那有银子？就同严家争吵了几句，**被**严贡生几个儿子，拿栓门的闩、赶面的杖，打了一个臭死，腿都打折了，睡在家里。(《儒林外史》: 5)

且说包勇自**被**贾政吆喝派去看园，贾母的事出来也忙了，不曾派他差使，他也不理会，总是自做自吃，闷来睡一觉，醒时便在园里耍刀弄棍，倒也无拘无束。(《红楼梦》: 111)

正要统领大兵前进，张易之闻知各关攻在消息，因太后抱病在宫，即假传敕旨，差了四员上将，带领十万大兵前来迎敌，**被**众公子带着精兵杀的四散逃生。(《镜花缘》: 100)

你我若不早为之计，及至他久假不归，有个一差二错，那时就难保不**被**公婆道出个不字来，责备你我几句。(《儿女英雄传》: 30)

却说贾大少爷正在自己动手掀王师爷的铺盖，**被**王师爷回来从门缝里瞧见了，顿时气愤填膺，怒不可遏。(《官场现形记》: 27)

其理本来易明，都**被**宋以后的三教子孙挟了一肚子欺人自欺的心去做经注，把那三教圣人的精义都注歪了。(《老残游记》: 11)

今儿我们本来很高兴的，**被**这翠环一个人不痛快，惹的我也不痛快了。(《老残游记》: 17)

(4)"不连续被动之二"："被"字和第一个 VP 或许能构成被动关系，但是，和最后一个 VP 不能构成被动关系（但在所有"被"字后多

VP 结构中必须有一个能够构成被动关系的 VP)①。这样的句子共有 384 个。其中，唐宋时代有 11 例，如：

昭王弃城而走，遂**被**伍相擒身，返缚昭王："你父坟陵，今在何处？"（《伍子胥变文》）

颜子聪明，事事了了。子贡聪明，工夫粗，故有阙处。曾子鲁，却肯逐一用工揋去。揋得这一件去，便这一件是他底，又揋一件去。揋来揋去，事事晓得，**被**孔子一下唤醒云："吾道一以贯之"，他便醒得。（《朱子语类》卷二十七）

忽见波澜渺渺，白浪茫茫，千里乌江，万重黑浪；只见馗龙哮吼，火鬣毫光，喊动前来。**被**猴行者隐形帽化作遮天阵，钵盂盛却万里之水，金镮锡杖化作一条铁龙。无日无夜，二边相斗。**被**猴行者骑定馗龙，要抽背脊筋一条，与我法师结条子。（《大唐三藏取经诗话》）

元代共有 22 例，如：

二帝泣曰："又复何地去俄有人引帝手，**被**执缚驱行，至晚出灵州。"（《大宋宣和遗事》）

又有费颜纵马出，与南宫列又战；不到十合，又**被**南宫列一刀挫折费颜项骨。杀费仲共兵走上潼关去了。（《武王伐纣平话》卷下）

承义未听得时，万事都休，才听得后，一日也忍过不下，归家泣告父亲道："孩儿每出外闲走，**被**军人笑骂，道咱在此快活，怎知娘娘见在孟石村河头担水辛苦。"（《新编五代史平话·汉史平话》卷上）

前后三日，众官尚自不舍，侯成带酒骂吕布。当夜直至后院，（侯成盗马）见喂马人大醉。侯成盗马至于下邳西门，见健将杨奉言侯成盗其马。**被**侯成杀了杨奉，夺了门，浮水而过。约至四更，关公巡绰侯成，得其马。天明，见曹操，具说其事。曹相大喜。（《三国志平话》卷上）

说张益，将一万军到绵州，太守张邦瑞与张益交战，邦瑞大败走，**被**张益使两军相交，杀散川军，救了皇叔，与诸葛相见，把绵、汉州金珠赏了官员。（《三国志平话》卷下）

自后必阇赤赛甫丁阴阳人忽撒木丁麦木丁也起歹心上，**被**旭烈大王杀

---

① 此处（3）、（4）的分类标准与下面将要分析的"封闭式"和"开放式"有所不同。详见下文。

了，交众回回每吃本朝之食。(《元典章》刑部)

某着杨奉将着孙坚的衣袍铠甲，去我父亲跟前献功去，不期**被**张飞夺的去了，又在某跟前称爷道字，更待干罢！(《虎牢关三战吕布》)

明代例句较多，共有302例，如：

婆子正待上前分诉，**被**老管家一手拉开，向书童说道："这老乞婆，人不像人，鬼不像鬼，这般时候却来问老爷取药，教他挨过一夜也不肯，好意劝他出去，到叫起屈来。"(《三遂平妖传》：4)

后面一将，纵马挺枪而出。匡视之，乃河内名将方悦。两马相交，无五合，**被**吕布一戟刺于马下，挺戟直冲过来。(《三国演义》：5)

不想撞着赵云，**被**他一枪刺死，夺了那口剑，看靶上有金嵌青刘红二字，方知是宝剑也。(《三国演义》：41)

武大**被**这妇人赶出去做买卖，央及间壁王婆买下些酒肉之类，去武松房里簇了一盆炭火，心里自想道："……"(《水浒传》：24)

今年觉道身体好生不济，又撞着如今闰月，趁这两日要做，又**被**那裁缝勒掯，只推生活忙，不肯来做。(《水浒传》：24)

不由他不来，**被**武松扯到家里道："老人家爷父一般……"(《水浒传》：26)

张旺不知中计，把头钻入舱里来，**被**张顺肐地揪住，喝一声："强贼！……"(《水浒传》：65)

教者别、忽必来二人做头哨，至撒阿里客额儿地面，遇着乃蛮在康合儿山头哨望的。往来相逐间，**被**乃蛮人将这里骑破鞍子白马的人拿了，共说："原来达达的马瘦。"(《元朝秘史》：8)

就于西边门后坐间，有托雷方五岁，入门来，却出去，**被**合儿吉勒肘下挟出，用手抽刀。(《元朝秘史》：10)

他撞上来，不分好歹，望菩萨举钉钯就筑。**被**木叉行者挡住，大喝一声道："那泼怪，休得无礼！"(《西游记》：8)

今有臣婿状元陈光蕊，带领家小江州赴任，**被**稍水刘洪打死，占女为妻；假冒臣婿，为官多年。(《西游记》附录)

只见那魔斜倚石案，呼呼睡着，芭蕉扇褪出肩衣，半盖着脑后，七星剑还斜倚案边；却**被**他轻轻的走上前拔了扇子，急回头，呼的一声，跑将出去。(《西游记》：35)

那玉楼抽身就往后走，**被**西门庆一手拉住，说道："你往那里去？"

(《金瓶梅》：11)

走到乐星堂儿门首粉头郑爱香儿家，——小名叫做郑观音，生的一表人物，哥就要往他家去，**被**我再三拦住，劝他说道："恐怕家中嫂子放心不下。"（《金瓶梅》：13)

那春梅等四个就要往后走，**被**西门庆喝住，说道："左右只是你应二爹，都来见见罢，躲怎的！"（《金瓶梅》：22)

妇人于是扯过他袖子来，用手去掏，秋菊慌用手撇着不教掏。春梅一面拉起手来，果然掏出些柑子皮儿来。**被**妇人尽力脸上拧了两把，打了两下嘴巴，骂道："贼奴才，你诸般儿不会，像这说舌偷嘴吃偏会。"（《金瓶梅》：73)

当时拿下，递解临安府监候。却说柳生先曾撺过卷子，中了状元。找寻之间，恰好状元吊在杜府拷问。当**被**驾前官校人等冲破府门，抢了状元，上马而去，倒也罢了。（《牡丹亭》第五十五出)

武吉已知孙合赶来，把马一兜，那马停了一步；孙合马来得太速，正撞个满怀，早**被**武吉这回马枪挑下马来，取了首级，掌鼓进营，见子牙报功。（《封神演义》：69)

小人临睡，去东厕净手，**被**他劈头揪住，喊叫有贼。（《喻世明言》：38)

本道见了，落荒便走。**被**那施主赶上，一把捉住道："你便是打我一樸竿的人！"（《警世通言》：39)

只见红的输了便走，后面白的赶来，**被**郑信弯弓，觑得亲，一箭射去，喝声道："着！"把白蜘蛛射了下来。（《醒世恒言》：31)

那褚敬桥还不知甚么缘由，劈面撞着，正要问个来历，**被**他劈胸揪住，喊道："还我人来！"（《初刻拍案惊奇》：8)

那晓得花园门年深月久，苦不甚牢，早**被**外边一伙人踢开了一扇，一路嚷将进来，直到凤生书房门首来了。（《二刻拍案惊奇》：8)

盛氏道他手松做人情，时时絮聒他；又有杨家长孙与徐家来定来买时，他又不与论量，多与他些；又**被**盛氏看见，道："若是来买的都是邻舍，本钱都要折与他。"（《型世言》：3)

到了二更天气，狄宾梁从睡梦中**被**一人推醒，说道："快起去看火！"（《醒世姻缘传》：48)

清代共有 49 例，如：

范进因没有盘费，走去同丈人商议，**被**胡屠户一口啐在脸上，骂了一个狗血喷头，道："不要失了你的时了！"（《儒林外史》：3）

牛玉圃走上去扯劝，**被**两个秀才啐了一口，说道："你一个衣冠中人同这乌龟坐着一桌子吃饭。"（《儒林外史》：22）

方欲拜见时，早**被**他外祖母一把搂入怀中，心肝儿肉叫着大哭起来。（《红楼梦》：3）

林黛玉赶到门前，**被**宝玉叉手在门框上拦住，笑劝道："饶他这一遭罢。"（《红楼梦》：21）

黛玉忙要起身来夺，已**被**宝玉揣在怀内，笑央道："好妹妹，赏我看看罢。"（《红楼梦》：64）

后来徐敬业**被**偏将王那相刺死，即持敬业首级投降，余党俱被擒捕，其兄徐敬功带领家眷，逃在外洋。（《镜花缘》：3）

这一阵喊喳，早**被**何小姐听见，隔窗大声的说道："糊涂的东西，他腿上着着一枝梅针药箭呢！"（《儿女英雄传》：31）

后来从床上找到一个包袱，一摸里头还有两件衣服，意思就要拎了就走，**被**太太看见，一把拦住道："这里头我只剩一件竹布衫、一条裙子，你再拿了去，我就出不得门了！"（《官场现形记》：11）

有天一个回子**被**一个人扭到衙门里喊冤。（《官场现形记》：54）

所以含着两包眼泪，扑哧的笑了一声，并抬起头来看了人瑞一眼，那知**被**他们看了这个情景，越发笑个不止。（《老残游记》：13）

老残正在踌躇，却**被**二翠一齐上来央告，说："这也不要紧的事，你老就担承一下子罢。"（《老残游记》：17）

按照此分类标准进行的分类情况，可参见本章附表三"连续被动"和"不连续被动"的数量统计。

三 分类标准之三："封闭式"和"开放式"

"封闭式"和"开放式"是本章根据"被"字后多 VP 结构中的最后一个 VP 能否构成被动关系进行的分类。先看下面一个例句：

却说曹仁见关公落马，即引兵冲出城来；**被**关平一阵杀回，救关公归寨，拔出臂箭。（《三国演义》：75）

这样的句子，"被"字后第一个 VP 表示被动关系"曹仁**被**关平一阵杀回"，第二个 VP 也可以认作表示被动关系"曹仁**被**关平救关公归寨"（"救"表示把某人或者事物从 A 地——"被"字句受事主语"曹仁"——转移到 B 地——"被"字句的施事者"关平"——那里），但是，第三个 VP 不能表示被动关系，"被关平拔出臂箭"是"离心结构"。为什么"被"字后面最后一个 VP 可以为"离心结构"呢？一方面，是因为"被"字的"遭遇义"，"被"字后面出现"离心结构"是"被"字句历史发展中的一个阶段；另一方面，"被"字后多个 VP 之间联系相当紧密，一气呵成，难以分开（上文已经提到）。由于最后一个 VP 不能表示被动关系，我们称为"被"字后多 VP 结构中的"开放式"。反之，最后一个 VP 能够与"被"字构成被动关系的，我们称为"封闭式"，如下面的句子：

小人亲兄武大，**被**西门庆与嫂通奸，下毒药谋杀性命，这两个便是证见。（《水浒传》：26）

上例中，受事主语"小人亲兄武大"与施事者"西门庆"后面的动作"与嫂通奸""下毒药"都不能构成被动关系，但能和"谋杀性命"构成被动关系。对于这种能越过不能构成被动关系的 VP，而和最后一个"被"字能管辖到的 VP 构成被动关系的情形，我们称为"被"字后多 VP 结构的"封闭式"。"封闭式"和"开放式"有狭义和广义之分。

狭义的"封闭式"，是指"NP + 被 + CF + CP"格式，"被"字后第一个 VP 为 CF，最后一个 VP 为 CP，也就是上述分类标准之二："连续被动"和"不连续被动"中所提到的"不连续被动之一"："被"字与第一个 VP 不构成被动关系，而和最后面的一个 VP 构成被动关系，共有 423 例；狭义的"开放式"，是指"NP + 被 + CP + CF"格式，"被"字后第一个 VP 为 CP，最后一个 VP 为 CF，基本上是指上述分类标准之二："连续被动"和"不连续被动"中所提到的"不连续被动之二"："被"字和第一个 VP 或许能构成被动关系，但是和最后一个 VP 不能构成被动关系（但在所有"被"字后多 VP 结构中必须有一个能够构成被动关系的 VP），共有 384 例。在此就不举例了。

广义的"封闭式"，是指除狭义的"封闭式"的例子，还包括上面所提到的"连续被动"和"准连续被动"的例子，共有 1279 例；广义的"开放式"是指除了狭义的"开放式"，还包括上文提到的分类标准之一："向心结构"和"离心结构"中的"离心结构"的例子，共有 476 例。在此就不举例了。

之所以区分"被"字后多 VP 结构的"封闭式"和"开放式",我们基于以下考虑:对于"被"字后的多 VP 结构,我们认为,最后一个 VP 应该是问题的关键;在说话者和听话者的感觉中,只要出现了"被"字,后面所出现的一个接一个 VP(如果可能的话),说话者和听话者总会有耐心等到"被"字所管辖的最后一个 VP(发生"施事转换"前的一个 VP),然后判断这个 VP 能否构成被动关系。毫无疑问,这也是判定"被"字句发展、成熟、完善的标准之一。

关于狭义的、广义的"封闭式"和"开放式"例句的数量情况,可参见本章附表四"封闭式"和"开放式"的数量统计。

四 其他分类标准

除了以上"向心结构"和"离心结构""连续被动"和"不连续被动""封闭式"和"开放式"的三种分类标准,我们还可以对"被"字后多 VP 结构进行其他的分类(本章不再依据这些分类标准做详细的统计,仅就每一类略举数例,并大体说明在这些分类中哪一类为主流,哪一类为少数),这些分类标准还有:

(1)"被"字后是否带有施事者(一般所说的是否出现"被"字句的关系语,据观察,出现施事者的为绝大多数,不出现施事者的为极少数)。

"被"字后带有施事者的例子如:

(生)尸首怎么样了?可曾埋么?(小生)**被**孙荣背到城南土沙之中埋了。(《杀狗记》)

宋忠回避不迭,**被**云长唤住,细问荆州之事。(《三国演义》:40)

素姐合他说是三月初三日回娘家去,行在通仙桥上,**被**不知名一伙恶棍打抢首饰,剥脱衣裳,把丈夫的胳膊打伤,命在垂危。(《醒世姻缘传》:74)

"被"字后不带有施事者的例子如:

赵忠、程旷、夏恽、郭胜四个**被**赶至翠花楼前,剁为肉泥。(《三国演义》:3)

一十三人尽**被**活捉,捆缚做一团儿,吊在廊下。(《喻世明言》:18)

得罪于监司,**被**诬赃罪,废为庶人,家贫无以糊口。(《警世通言》:6)

（2）"连续动作"和"追加说明"，即"被"字后的多个 VP 是否构成连动结构，多个 VP 之间为连动结构的称为"连续动作"类；有些多 VP 结构中的第二个或者第二个之后的 VP 是对前面的 VP 所做的说明（据观察，"连续动作"为绝大多数，"追加说明"为极少数）。

"连续动作"类的例子如：

蒋雄点五千军出城劫张飞寨，劫着空营，四面埋伏军皆起。蒋雄欲保桂阳，**被**张飞先取了，复来迎蒋雄，两军相接，二人交马，**被**张飞刺于马下，收了桂阳郡。张飞入荆州。（《三国志平话》卷下）

智姐想起去年**被**狄希陈做弄，打了一顿，怀恨在心，正苦无路可报，眉头一蹙，计上心来，说道："狄大嫂，你的衫裙做出不曾？"（《醒世姻缘传》：63）

且无论天道忌满，人事忌全，不可如此放纵；便是一时高兴写了挂上，倘然**被**老人家看见，问我何谓四乐，你叫我怎么回答，快收拾起来罢。（《儿女英雄传》：38）

"追加说明"类的例子如：

两个小的亦**被**武松搠死，一朴刀一个，结果了。（《水浒传》：31）

八戒道："这厮锐气挫了！**被**我那一路钯，打进去时，打得落花流水，魂散魄飞！"（《西游记》：63）

从杭州到严州，不过只有两天多路，倒**被**这些江山船、茭白船，一走走了五六天还没有到。（《官场现形记》：13）

（3）施事者是否唯一，即"被"字后多 VP 结构中，其施事者是一个还是多个（据观察，施事者为同一个 NP 的为绝大多数，多施事者的情形占极少数）。

施事者为单个 NP 的例子如：

人之为学，如今雨下相似：雨既下后，到处湿润，其气易得蒸郁。才略晴，**被**日头略照，又蒸得雨来。（《朱子语类》卷九）

却说那怪绑在树上，咬牙恨齿道："几年家闻人说孙悟空神通广大，今日见他，果然话不虚传。那唐僧乃童身修行，一点元阳未泄，正欲拿他去配合，成太乙金仙，不知**被**此猴识破吾法，将他救去了。"（《西游

记》：80）

　　郑氏道："礼是有，两匹花绸，十六两银子，现在箱内，**被**这强贼抢去，还推我落水。"（《型世言》：25）

　　施事者为多个 NP 的例子如：

　　敢**被**野猫拖了？黄猩子吃了？鹞鹰扑了去？（《水浒传》：46）
　　宋江道："……夜来进兵，又**被**一丈青捉了王矮虎，栾廷玉锤打伤了欧鹏，绊马索拖翻捉了秦明、邓飞。"（《水浒传》：48）
　　因见我相貌，欲求配偶，我方省悟。正不从时，又**被**他做媒的做媒，保亲的保亲，主婚的主婚，我立誓不肯。（《西游记》：64）
　　武二告道："小人哥哥武大，**被**豪恶西门庆与嫂潘氏通奸，踢中心窝，王婆主谋，陷害性命。何九朦胧入殓，烧毁尸伤。见今西门庆霸占嫂子在家为妾。见有这个小厮郓哥是证见。望相公作主则个。"（《金瓶梅》：9）

第四节　"被"字后多 VP 结构格式的功能及其发展趋势

一　"被"字后多 VP 结构格式的功能

　　"被"字后多 VP 结构中的"向心结构"有表示被动关系的功能；"向心结构"和"离心结构"都有表示"遭遇事件"和"遭遇状况"的功能；但各种格式所表示的功能不尽相同。从"封闭式"和"开放式"的角度来分析，"被"字后多 VP 结构，一般来说，最后一个 VP 是否表示被动关系较为重要，如果最后一个 VP 不表示被动关系，则会显得不太和谐；它所表示的大体上是表示完被动之后的施事者的进一步的动作或者行为，是相对于"被"字句的主语来说的所遭遇的事件。

二　"被"字后多 VP 结构的发展趋势

（一）从数量上看"被"字后多 VP 结构的发展趋势
（1）"被"字后多 VP 结构中，"向心结构"的例子占绝大多数，而且时代越晚，比例越大。"离心结构"在宋元明时代有一些用例，至清代呈减少趋势。

(2) 从"连续被动"与"不连续被动"的角度来看,"连续被动"与"准连续被动"的句子在总数上稍占优势(共有 865 例,占所有"被"字后多 VP 结构"向心结构"的 51.73%);"不连续被动"中的"之一"类和"之二"类占所有"被"字后多 VP 结构"向心结构"的 48.27%(共有 807 例)。从各个时代的语料来看,宋代"不连续被动"占优势,到了元代开始低于半数,在明代的《金瓶梅》中又出现反复,之后一直低于半数的比例。"不连续被动"中的"之一"类(共有 423 例)多于"之二"类(共有 384 例),各个时代的变化趋势不明显。

(3) 从"开放式"和"封闭式"的角度分析,"封闭式"占多数,"开放式"所占比例较小而且随时代的发展呈下降趋势。从统计结果来看,"开放式"在宋元时代用例较少,明代猛增,清代又减少。在现代汉语中,偶尔也能遇到"开放式"的句子,但是数量已经很少了。

(二) 从叙事和项数分布角度看"被"字后多 VP 结构的发展趋势

关于"被"字后多 VP 结构的发展,可以从叙述的角度和"项数分布"的角度进行分析。"被"字后多 VP 结构出现的可能性是:"被"字后的 VP 为连动结构。早期的"被"字后出现多 VP 结构的情形多是连动结构,再后来的发展就与"被"字表示"遭遇事件"有关。

叙述的六要素是:时间、地点、人物、事件、原因、结果。本书第三章中提到的(2)"NP1 + 被 + 详细事件"格式中所举的第三、第四两个例子,"被"字后的事件叙述得非常详细,时间、地点、人物、事件、原因、结果六要素俱全,第二个例子除了时间要素外其他五要素也都有,这样俨然是"被"字后出现了一部"微型小说"。这样的"被"字句,如第四个例子,"被"字后的施事者是在第三个 VP 中才明显引出来的,这在"被"字句中是非常少见的。

什么是"项数分布"?我们对"被"字后多 VP 结构的 VP 数量进行了统计,"被"字后管辖几个 VP,就称为其项数为几项,项数最多的称为"峰值"。一般来说,"被"字后带有 2—3 项 VP 较为正常,如果带有的项数超过 4 项,就是表示"遭遇事件"的意味比较浓。考察"被"字后多 VP 结构的项数在各个文献中的分布情况,能够对"被"字后多 VP 的全貌有较深刻的认识。"遭遇事件"的原则是尽量把"被"字之后的事件说得尽可能明白,因而"被"字后的 VP 结构会有很多数量。如果在后来的发展中 VP 的数量减少了,这就表明"被"字的"遭遇事件"的功能有所减弱了。我们可以统计各个时代"被"字后所管辖的 VP 的数目,列一张表，以观看其发展趋势。"被"字后多 VP 结构项数分布情况及所占比例分别为：2 项，1065 例，占 60.68%；3 项，433 例，占 24.67%；4 项，158 例，占 9.00%；5 项以及 5 项以上，99 例，占 5.64%。其中 2—3 项共有 1498 例，占 85.36%，4 项以上 VP 共有 257 例，占 14.64%（详见本章附表五"被"字后多 VP 结构的项数分布）。

从历史发展趋势看，《朱子语类》至《三遂平妖传》中"被"字后多 VP 结构的项数为 4 项以上的很少。含 4 项以上 VP 的比较集中的文献是《三国演义》《水浒传》《西游记》《金瓶梅》和《封神演义》，在时代上就是元末明初至明代中期。明代后期的文献《三言》《二拍》《型世言》中又减少了，峰值为 5 项。明末清初的《醒世姻缘传》出现了一个峰值为 8 项的例子：

县官糊糊涂涂的罚了许多东西，问了许多罪，尽把本来面目抹杀过了。却**被**巡道私行访知了备细，发了刑厅，把一千人犯逐个隔别了研审，把那骨髓里边的事都问出来了，把那淫妇打了四十大鸳鸯板子、一夹棍、二百杠子，问成了抵偿，拖将出来。（《醒世姻缘传》：12）

进入清代以后，文献中"被"字后 VP 的项数在 4 项以上的就很少了，最多的为含 5—6 个 VP。项数的减少说明"被"字后多 VP 结构的简化，在句子形式上看起来更像是被动式。

三 "被"字后多 VP 在现代汉语中的状况

在现代汉语所运用的"被"字句中，"被"字后也经常出现多 VP 结构的情形。从"向心结构"和"离心结构"的角度来看，基本上都是"向心结构"的句子。从"连续被动"和"不连续被动"的角度来看，两者都很常见，如"他**被**警察抓住带走了""他**被**警察跑过来抓住了"等。但是，从"封闭式"和"开放式"的角度来看，"开放式"的句子已经很少了，最后一个 VP 在绝大多数情况下都是表示被动关系的，如"他**被**警察跑过来抓住了"常说，而"他**被**人偷了钱包跑掉了"少说。学者偶尔能举出带有"开放式"的例子，如李临定（1980）的举例中有一例值得注意：

你进去，把小缸儿藏起来，省得**教**四嫂看见又得哭一场。（老舍）

这样的句子我们认为是现代汉语中少有的"开放式"的句子，然而，所用的被动标志是"教"而不是"被"。我们偶尔也能遇到这样的例子：

27日中午，当张某某再次到医院下手时，**被**监控室保安发现并报警，上海派出所民警赶到后将其当场抓获。（引自福州公安网 2006 年 6 月 29 日新闻）

总之，"被"字后多 VP 结构的"开放式"在现代汉语中是非常少的。这种用法跟近代汉语中的用法一样，都是由于 NP2 所发出的动作是连续的、一气呵成的所造成的。

本章小结

本章讨论的是"被"字后出现多 VP 结构的"被"字句格式。要点如下：（1）明确"被"字的管辖关系；（2）对此种结构进行多种角度的分类和分析以及数据统计；（3）讨论此种结构功能、发展趋势和在现代汉语中的状况。

第七章 "被"字后动词带补语结构的发展

"被"字后动词带补语的结构也是近代汉语"被"字句的常见复杂形式之一。在我们所调查的唐代至清代 35 部文献 8632 例"被"字句中,"被"字后动词带补语的"被"字句共计 4652 例,所占比例高达 53.89%,在不同时期所占比例也有较大差别,总体趋势是随着历史的发展不断增加,不仅数量大,而且补语的类型复杂多样,有些句子还带有多个相同或不同类型的补语,各种不同的补语类型有不同的发展趋势。本章对"被"字后动词所带补语的"被"字句从构成形式和所表达的语义两个方面进行分析,并探讨其发展演变的规律。

第一节 已往学者的研究状况

一 学术界对此问题的研究状况

学术界很早就注意到"被"字句中动词带补语的情形。王力(1957)认为,从语言的节奏方面说,在处置式中,宾语提前了,单音节动词放在后面就显得孤单,被动式也不能例外。因此,带关系语的被动式发展的结果也和处置式一样,同新兴的使成式结合起来。被动式同使成式的结合和处置式同使成式的结合产生的时代差不多甚至是同时的。他举的例子是:

我因八百岁时偷吃十颗,**被**王母捉下。(《取经诗话》:11)
全忠**被**克用搏倒。(《五代史平话》)
关兴、张苞纵马冲突,**被**乱箭射回。(《三国演义》:84)

另外,除使成式之外,被动式也可以和别的形式相结合,在被动式后面跟着动向补语:

被他三人拉到聚升楼酒馆里。(《儒林外史》：29)

后来，学术界关于"被"字后动词带补语的研究可以概括为以下三个方面：

（一）"被"字后动词所带补语的类型

唐钰明（1988）在考察"被"字句的历史发展时注意到：在汉晋以后，结果补语、趋向补语、时间补语等纷纷在"被"字句中出现。大约从宋代开始，出现了以助词"得"为标志的补语，由于"得"的帮助，元明清时代的补语开拓了一条广阔的路子，不仅可以带单词，而且可带各类词组，其中包括主谓词组，如：

那大船小船约有百十来只，正**被**这大风刮得你撞我磕。(《水浒传》：19)

我们今日在黄风洞口救我师父，不期**被**那怪将一口风喷来，吹得我眼珠酸痛。(《西游记》：21)

这个所在**被**我闹得血溅长空、尸横遍地。(《儿女英雄传》：9)

沈锡伦（1988）：晚唐宋元时代，形容词性语素充当补语，趋向动词性语素充当补语。

袁宾（1989）《祖堂集》"被"字句动词带补语17例，有处所补语、程度补语、结果补语和趋向补语四种。变文16例，前四种加上时间补语。《祖堂集》和变文"被"字句动词带补语的句例分别占"被"字句总数的22%和17%，相当数量的"被"字句带有多种意义的补语，这是"被"字句发展中的新的现象。

许仰民（1990）分析《金瓶梅词话》中被动式所带补充成分有形容词、动词和词组等，所表示的语法意义可分为趋向、结果、处所、数量和情状等。其中趋向补语有单音节趋向动词"去""过""出""来"等，双音节趋向补语有"出来""下去""过去""出去""起来"等，而且有的双音节趋向补语可嵌入宾语，如"被仵作看出破绽来""被妇人劈手一推，夺过酒来"等，这是近代汉语趋向补语的新发展，并为现代汉语所继承。

柳士镇（1992）将南北朝时期的"被"字后带补语结构概况为六种类型：

（1）数量补语：虎牢**被**围二百日。(《宋书·索虏传》)

(2) 结果补语：美辞皆**被**删落。(《三国志·魏志注》)
(3) 处所补语：太宗**被**拘于殿内。(《宋书·阮佃夫传》)
(4) 趋向补语：昨**被**招来，今却得还。(《搜神记》：15)
(5) 比较复杂的补充成分：琼**被**选为周至令。(《魏书·寇赞传》)
(6) 出现施事者的带补语结构：**被**石酒气冲入鼻中。(《搜神记》：19)

史国东（1994，2000）：近代汉语"被"字句成分的复杂化，V 带宾语、状语、补语。

蒋冀骋、吴福祥（1997）："被"字句里动词带补语，唐代还比较少见，晚唐五代时这类例子渐多起来，语义上这些补语可分为七种类型：

（1）方位处所补语：

从东扫向西，又**被**西风吹向东。(《敦煌变文集》：398)
侍郎当时失对，**被**贬潮州。(《祖堂集》：2001)

（2）时间补语：

雀儿**被**禁数日，求其狱子脱枷。(《敦煌变文集》：252)
狐猿**被**禁多年深，放出城南百尺林。(《敦煌变文集》：118)

（3）数量补语：

行至神庙五里以来，泥神**被**北方天王喝一声，虽是泥神一步一倒，直至大王马前，礼拜乞罪。(《敦煌变文集》：333)
语由未了，**被**神人以手指却一匝，宫人例总瞌睡，兼房关锁并开。(《敦煌变文集》：326)

（4）程度补语：

汉王**被**骂牵祖宗，羞看左右耻君臣。(《敦煌变文集》：53)
雀儿**被**吓胆碎，口口惟称死罪。(《敦煌变文集》：250)

（5）状态补语：

但雀儿明明恼子，交**被**老乌趁急，走不择舍，逢孔即入。(《敦煌变文集》:252)

今时学人，触目有滞，盖为依他数量作解，**被**他数量该括得定，分寸不能移易。(《祖堂集》3:003)

(6) 结果补语：

于是王郎既**被**吓倒，左右宫人一时扶接。(《敦煌变文集》:793)
有一铜铃**被**风摇响。(《祖堂集》1:051)

(7) 趋向补语：

只为同名复同姓，名字交错**被**追来。(《敦煌变文集》:719)
师**被**推出。(《祖堂集》2:095)

晚唐五代的"被"字句里，动词带补语的用例已较常见。宋代以后，由于"得"的广泛使用，各种类型的词组都可以在补语的位置上出现，从而使补语结构逐渐复杂化，语义也更加丰富化：

仁本是恻隐温厚底物事，却**被**他们说得抬虚打险，瞠眉努眼。(《朱子语类》卷六)
这个所在**被**我闹得血溅长空、尸横遍地。(《儿女英雄传》:9)

岳立静（1999）提到两种类型带补语的"被"字句：被+V+C+N受（郭威被刺污了歙儿）和被+V+得+C（郭威……思量白净面皮今被刺得青了），认为在元明时代虽有一定数量动词后带宾语或补语的用例，但相比之下，动词为简单形式的更为常见。

王明华（2001）《金瓶梅词话》"被"字后"动+补"结构分为六种情形：动+结果补语；动+趋向补语；动+介词短语；动+数量；动+得/个；动+可能补语。该文认为，从补语的情况看，晚唐五代时还未出现后两种，汉语补语的类型除程度补语外，其他类型的补语在《金瓶梅词话》的被动句中都出现了。在《金瓶梅词话》中补语的出现竟占"被"字句的一半以上（225例/446例），说明"被"字句与补语的关系越来越紧密。

黄锦君（2002）《二程语录》动词带补语：动态助词"著"、时间词、形容词、动宾结构、趋向动词。

冯春田（2003）《聊斋俚曲》"被"字句动词后有处所、数量、时间、趋向补充成分，另有动补结构后出现宾语。

郑剑平（2003）提到《金瓶梅》中有72条三种带补语的结构：补语是一个动词；补语是介词短语；动补结构是V得（的）C。

丁勇（2006）《元典章》"被"字句里动词带补语有74例，有处所补语、程度补语、结果补语、时间补语和数量补语有5种。

此外，李临定（1980）、曹小云（1990）、冯春田（2000）、林红（2000）、崔宰荣（2001b）等也都涉及中古、近代和现代汉语中的"被"字后动词带补语的研究。

综合以上各位学者对"被"字后动词带补语情况的研究，近代汉语"被"字后的补语在语法意义上的类型有结果补语、趋向补语、时间补语、处所补语、程度补语、数量补语、可能补语、情况/状态补语等；在结构上，主要有被＋V＋单个动词/形容词、被＋V＋介词结构、被＋V＋"得"字结构等。

（二）"被"字后动词带补语的发展趋势及数量统计

刘子瑜（1997）敦煌变文有221例"被"字句中带补语的共有49例，补语的产生是语言表达日益精密化的要求，"近代被动式也要求同时把行为的结果说出来"；在形式上，"被"字句产生初期，其动词多为单音节，变文有49例带补语的用例中，动词为单音节有42例，双音节有7例。单音节动词在句中往往给人以不稳定的感觉，带上补语能增强整个句子的稳定性。

施发笔（2001）《水浒传》动补式有114例，"动补＋了式"有33例。

吴福祥（2003a）敦煌变文有12种动词带补语的"被"字句有3例，只表示位移的趋向。吴福祥（2003b）《朱子语类辑略》动词带补语有30例：结果补语；趋向补语；状态补语；程度补语。

（三）"被"字后带补语结构的功能及其出现的必然性

李珊（1994）认为，被动式的应用是为了传达受事主语受到动作影响之后的某种受动状态，所以，被动式必须有表示受事受动状态的结果形式。就动词所表示的动作来看，被动式通常表示已然的完成了的动作，动作既为已然、已成，动作本身也必定有其结果。因此，动词之后带上各种补语（不限于补语）是最合乎语法、语义的需求。"被"字结构和述补结构结合在一起使用大约始于唐代（如"信被焚烧死"，出自《史记·吕太后本纪索隐》引晋灼语）。到了《红楼梦》里就出现了结果补语、趋向补语、可能补语、程度补语和其他补语（动+得+补，动+在/给/到/向/往/以等介词）结构充当的补语。

蒋绍愚、曹广顺主编（2005）认为，句法核心为动补结构。早在战国末期，"被围于赵""被污恶言"之类的用例已经出现，但频率很低。随着汉语动补结构的发展，不仅介词结构和名词性成分可以作补语，谓词性成分也可以作补语了，这种后起的动补结构也可以作"被"字式的句法核心了，例如：

雀儿**被**禁数日。（《燕子赋》）
大唐国内山总**被**阇梨占却了也。（《祖堂集》卷六《洞山和尚》）
当寺白虎精哮吼近前相敌，**被**猴行者战退。（《大唐三藏取经诗话》卷中）

范晓（2006）认为，有些具有致使力的特征的一价动词或某些不具有致使力的特征的一价动词如"累""震"等，当后面带上补充成分表示客体的变化的情状时也可组成"被"字句，如：

李正平**被**工作累病了。
丁四**被**赵老的怒吼声震呆了。
马先生**被**他的孩子哭醒了。

以上"累""震""哭"都是一价动词，它们分别致使客体"李正平""丁四""马先生"产生"病""呆""醒"等变化情状。不带补语的一价动词一般不能构成"被"字句，如"李正平被工作累""丁四被赵老的怒吼声震""马先生被他的孩子哭"等不能成立。一价动词后有补充成分，补充说明由于"累""震""哭"而引起施事产生某种情状。这种句子与其说是一价动词组成"被"字句，还不如说是一个多价性的动词性结构体组成的"被"字句。

二 目前研究的成绩及存在的主要问题

从以上各家的研究情况来看，学术界对"被"字后动词带补语的情况比较重视，材料分析细致，研究结论比较可靠。存在的主要问题有：所调查的语料范围有一定的局限，尚缺乏对某一范围内的语料进行穷尽式的分析；分类标准不甚统一，如有的从语义出发，有的又从形式出发，有时两种又结合在一起等；对"被"字后动词带补语的复杂情况缺少关注，如带多个补语的情形等。

第二节 "被"字后动词带补语的大致情形及分类原则

一 "被"字后带补语的复杂情形举例

"被"字后动词带补语的基本结构形式是"NP1 + 被（+ NP2）+ V + C"，但是，具体情形比较多种多样。有的结构比较简单，如：

缘中间情有牵制，**被**他挠数日。（《朱子语类》卷十六）
以此知人不可乱说话，便都**被**人看破了。（《朱子语类》卷八十）
师父已**被**他擒去了。（《西游记》：20）

从语义上看，第一例中的"数日"表示时间，第二例中的"破"表示结果，第三例中的"去"表示趋向。

有些结构则比较复杂，如：

郭大郎道："只是坊佐人家，没这狗子；寻常**被**我们偷去煮吃尽了，近来都不养狗了。"（《喻世明言》：15）
樵子叩头道："母亲，儿已**被**山主拿去，绑在树上，实是难得性命。"（《西游记》：86）

这两个例子，"被"字后都带有两个VP，前一例两个VP各带补语"去"和"尽"，后一例两个VP各带补语"去"和"在树上"。又如：

只见灯明，前番那个唱曲儿的养娘玉兰，引着两个小的，把灯照见夫人**被**杀死在地下，方才叫得一声："苦也！"（《水浒传》：31）
申公豹笑曰："赵道兄**被**姜尚钉头七箭书射死岐山，你们还不知道？"（《封神演义》：49）

这两个例子,"被"字后只带有一个VP,但带有两个补语。前一例补语是"死"和"在地下",后一例补语是"死"和"岐山",处所补语前没有介词。又如:

一个沙弥半日夹不上,这番扑起灶上来盛,**被**他扯住耳朵,一连几个栗暴,打得沙弥大哭,道:"这疯子,你要吃,我要吃,怎蛮打我?"(《型世言》:34)

早有一将,引一队步军至,乃曹洪部将晏明也,持三尖两刃刀来战赵云。不三合,**被**赵云一枪刺倒,杀散众军,冲开一条路。(《三国演义》:41)

这两个例子,"被"字后各带有三个VP,前一例中的两个VP带补语"住"和"得沙弥大哭",后一例三个VP各带补语"倒""散"和"开"。又如:

前者,因为你每不细辛防风,却**被**那伙木贼爬过天花粉墙,上了金线重楼,打开青箱,偷去珍珠琥珀金银花子,丹砂褥子、茯苓裙子、昆布袜子、青皮靴子;那一个豆蔻又起狼毒之心,走入莲房,搂定我的红娘子,扯下裩裆。(《幽闺记》)

此例中,"被"字后带有两个NP,前一个NP带有四个VP,其中三个VP带了补语"过""开""去",第二个NP也带有四个VP,其中三个也带了补语"入""定""下"。

原来这海马周三名叫周得胜,便是那年**被**十三妹刀断钢鞭打倒在地要给他擦脂抹粉落后饶他性命立了罚约的那个人。(《儿女英雄传》:21)

此例中,"被"字结构作定语,"**被**十三妹刀断钢鞭打倒在地要给他擦脂抹粉落后饶他性命立了罚约的"修饰中心语"那个人",其中"被"字后动词带有补语"倒"和"在地"。

二 "被"字后动词带补语的分类原则

鉴于"被"字后动词带补语的情形比较复杂的情况,我们在对其进行分类时，针对我们所调查的具体材料的实际情况，采取以形式为主的分类方式，在此基础上，说明每种构成形式所表示的语义。经过统计，按照数量的从少到多从次序，我们将"被"字后动词带补语的句子分为九类：

（1）被＋V＋时间词/时间短语；
（2）被＋V＋处所词/处所短语；
（3）被＋V＋表示程度的副词/形容词；
（4）被＋V＋"个/一个"结构；
（5）被＋V＋数量词/数量短语；
（6）被＋V＋"得/的"字结构；
（7）被＋V＋动宾/介宾结构；
（8）被＋V＋表示趋向性动作的动词；
（9）被＋V＋表示结果的动词/形容词。

在我们所调查的35部文献8632例"被"字句中，"被"字后动词带补语的共有4652例。由于前面提到的有一个句子中带多个补语的复杂情形，我们在数量及所占比例的统计方面，遵循以下原则：

（1）如果某例句"被"字后动词只带一个补语，则按照其构成形式归入以上九种结构中的某一类。

（2）如果某例句"被"字后动词带两个或者两个以上不同类型的补语，如某句既带"趋向性动词"的补语和"表示结果的补语"，则分别计入以上两种类型。

（3）如果某例句"被"字后动词带两个或者两个以上相同类型的补语，如"被"字后为多VP结构，分别带了两个"表示趋向性动作的动词"作补语，则计为1个例句，因为这是1个带"趋向性动词"作补语的例句，但在统计"被"字后动词带多个补语的情况时，将其作为带两个补语的情况进行统计。

（4）本章附表二至附表四统计每一部文献中每一种类型的"被"字后动词带补语的例句的数量，并计算其在该文献中所有"被"字后动词带补语的句子中的比例，如《朝野金载》共有"被"字句有68例，"被"字后动词带补语的有17例，其中有1例是"被＋V＋时间词/时间短语"类型的，那么这种类型所占的比例是 $1 \div 17 \times 100\% = 5.9\%$。其余以此类推。

（5）本章附表五统计"被"字后动词带多个补语的情况，只要一个例句带两个或者两个以上补语（不管是不是同一种类型）都计为1例，并计算其在该文献中所有"被"字后动词带补语的句子中的比例，后面的

"峰值"指的是在该文献中一个"被"字句所带的最多的补语的个数。"被"字后一个 VP 中带两个补语的情况也按这种方式统计。

第三节 "被"字后动词带补语的类型

我们依据前人对"被"字后动词带补语的类型的研究及上一节制定的原则,将"被"字后动词带补语分为"被+V+时间词/时间短语""被+V+处所词/处所短语""被+V+表示程度的副词/形容词""被+V+个/一个 X""被+V+数量词/数量短语""被+V+'得/的'字结构""被+V+动宾/介宾结构""被+V+表示趋向性动作的动词"和"被+V+表示结果的动词/形容词"九个类别,并在下一节对带多个补语的情况进行分析。

一 被+V+时间词/时间短语

带这类补语的结构在形式上是"被+V+时间词/时间短语",语义上指的是在"被"字后的动词所表示的动作进行、完成或者持续的时间。

这类补语在所有"被"字后带补语结构中数量最少,共有 42 例,占所有"被"字后动词带补语例句的 0.90%,各时代分布较为零散。唐代仅有 1 例:

自后长史朱思贤**被**告反,禁身半年,才出即卒。(《朝野佥载》卷六)

宋代与元代各有 1 例:

缘中间情有牵制,**被**他挠数日。(《朱子语类》卷十六)
那时幽州**被**围已三百余日,城中危困已甚。(《新编五代史平话·唐史平话》卷上)

明代数量最多,共有 31 例,如:

张屠道:"**被**你这厮恼了我们半日,你却在这里。"(《三遂平妖传》:28)
杀散余兵,直至北山之下,见张郃、徐晃两人围住黄忠,军士**被**困多

时。(《三国演义》:71)

老孙五百年前大闹天宫,**被**太上老君放在八卦炉中炼了四十九日,炼成个金子心肝,银子肺腑,铜头铁背,火眼金睛,那里一时三刻就化得我?(《西游记》:34)

俺姐姐桂卿**被**淮上一个客人包了半年,常接到店里住,两三日不放来家。(《金瓶梅》:11)

昔汝先王,**被**囚羑里七年,蒙赦归国,愈自修德,以报君父知遇之恩,未闻有一怨言及君,至今天下共以大德称之。(《封神演义》:94)

我家在南雄府住,丈夫富贵,也**被**申公摄来洞中五年。(《喻世明言》:20)

别个守船的看见,都说:"断了缆,**被**流水滚下去多时了,我们没本事救得。"(《醒世恒言》:32)

谁知都**被**那和尚们盘桓了一夜,这时正好熟睡。(《醒世恒言》:39)

赛儿对正寅说:"两个人**被**缚在柱子上一日了,肚里饥,趁众人在堂前,我拿些点心,下饭与他吃。"(《初刻拍案惊奇》:31)

小童攒着眉头道:"一店中**被**这妇人累了三年了。"(《二刻拍案惊奇》:14)

公子**被**他们如此舞弄了数年,弄得囊中空虚,看看手里不能接济。(《二刻拍案惊奇》:22)

后复战于白沟河,先胜后败,随走济南,**被**围三月。(《型世言》:8)

一定是**被**令夫人监禁了几日,这是有的么?(《醒世姻缘传》:61)

清代共有8例,如:

牛浦**被**剥了衣服,在日头下捆了半日,又受了粪窖子里熏蒸的热气,一到船上就害起痧疾来。(《儒林外史》:23)

却说五儿**被**宝玉鬼混了半夜,又兼宝钗咳嗽,自己怀着鬼胎,生怕宝钗听见了,也是思前想后,一夜无眠。(《红楼梦》:109)

我们**被**这一部《新唐书》闹了十七年,累的心血殆尽,手腕发酸,那里还有精神弄这野史!(《镜花缘》:100)

这张金凤姑娘**被**十三妹缠磨了半日,脸上虽然十分的下不来,心上却是二十分的过不去。(《儿女英雄传》:9)

大人**被**这几位姨太太闹了几天几夜,没有好生睡,实在有点撑不住了,所以请的假。(《官场现形记》:60)

着要将他们收监，岂不是又**被**他多活了一天去了吗？（《老残游记》：5）

这类补语在各文献中的情况详见本章附表二"被"字后动词所带各类补语的数量及所占比例（一）。

二 被+V+处所词/处所短语

带这类补语的结构在形式上是"被+V+处所词/处所短语"，在"被"字后的动词之后，直接加上一个表示处所的词或短语来表示动作行为发生的处所，而不用介词结构"在/于××场所"来表示。

这类补语在所有"被"字后带补语结构中数量也较少，共有55例，占所有"被"字后动词带补语例句的1.18%。唐代共有4例：

眼不识文，**被**举南馆。（《朝野佥载》卷一）
右丞卢藏用、中书令崔湜，太平党，**被**流岭南。（《朝野佥载》卷三）
无问禽兽水牛，入水即**被**曳深潭，吸血死。（《朝野佥载·补辑》）
其碑文云："王行则者，奉征伐东蕃没落，同船一百余人俱**被**贼擒，送之倭国。一身逃窜，有遇还归。麟德二年九月十五日，造此宝塔。"云云。（《入唐求法巡礼行记》卷二）

宋代共有5例，全部都出自《朱子语类》，如：

有道理杀得他时，即杀之。如**被**他拘一处，都不问，亦须问他：朝廷差我来，你拘我何为？（《朱子语类》卷十三）
后来**被**项羽王他巴蜀汉中，他也入去，这个也是。（《朱子语类》卷九十）
时樊茂实为侍郎，乃云：此一对，当初汪内翰用时却未甚好，今**被**李解元用此赋中，见得工。（《朱子语类》卷一百三十九）

元代共有12例，其中《新编五代史平话》中就有8例。如：

炀帝全无顾念，**被**宇文化及造变江都，斩炀帝于吴公台下，隋国遂亡。（《大宋宣和遗事》）
朱温依他所教，掘地安葬朱五经，只留得金色飞鱼二个，都不全，及**被**打杀，并断为两三段，填埋穴内，葬父在上。（《新编五代史平话·梁史

平话》卷上)

朱温便寻闹挥拳,打落了乡人两齿,**被**地分投解徐州,送左狱禁勘,恰与刘文政同匦。(《新编五代史平话·梁史平话》卷上)

杨行密先布阵索战,与庞师古交锋,斗经数合,**被**朱瑾统五千人驻中军,壅淮水灌师古军营,汴兵大乱。(《新编五代史平话·梁史平话》卷上)

德威诈败走却,陈夜叉一直赶上,**被**周德威奋铁挝反击,陈夜叉坠马,被周德威生擒,以献李克用军前。(《新编五代史平话·梁史平话》卷上)

及为周太祖收捕,崇训先自杀了弟妹,次将杀符氏,**被**符氏藏匿帏下,崇训求之不得,为乱军所迫,崇训自刎而死。(《新编五代史平话·周史平话》卷下)

争斗,**被**张明孙推倒墒下,骑压在田,将云一头髻揪扯,连头脑,于田禾内连撞数下。(《元典章·刑部》)

救提作伴;又**被**强梁拿缚山寨,几至杀身,幸得寨主是他故人,情深意重,方得释免;若无他救,不知生死何地。(《幽闺记》)

明代15部文献中共有31例:

这小妖精**被**风刮起半空,飘飘荡荡,直吹到东京雷太监园中坠下。(《三遂平妖传》:14)

公曰:"关某出城死战,**被**困土山,张辽劝我投降,我以三事相约。"(《三国演义》:25)

成何依令向前,**被**关公一箭射落水中。(《三国演义》:74)

因**被**高太尉陷害,刺配沧州。(《水浒传》:11)

原来这董超、薛霸自从开封府做公人,押解林冲去沧州,路上害不得林冲,回来**被**高太尉寻事刺配北京。(《水浒传》:62)

那条龙,在剐龙台上,**被**天兵将绑缚其中。(《西游记》:10)

奴奴年幼,跑不动,唬倒在地,**被**众强人拐来山内,大大王要做夫人,二大王要做妻室,第三第四个都爱我美色,七八十家一齐争吵,大家都不忿气,所以把奴奴绑在林间,众强人散盘而去。(《西游记》:80)

申公豹笑曰:"赵道兄**被**姜尚钉头七箭书射死岐山,你们还不知道?"(《封神演义》:49)

用一口飞剑,来取元始天尊,**被**白鹤童子一如意,把飞剑打落尘埃,

元始袖中取一盒，揭开盖丢起空中：把碧霄连人带马装在盒内，不一会化为血水，一道灵魂往封神台去了。(《封神演义》：51)

徐芳望后一闪，那剑竟砍落马首，把徐芳撞下鞍鞒，**被**士卒生擒活捉，拿缚关下。(《封神演义》：81)

当时，隋汤帝也宠萧妃之色。要看扬州景，用麻叔度为帅，起天下民夫百万，开汴河一千余里，役死人夫无数；造凤舰龙舟，使宫女牵之，两岸乐声闻于百里。后**被**宇文化及造反江都，斩杨帝于吴公台下，其国亦倾。(《喻世明言》：3)

你在伏家投胎，后日仍做献帝之后，**被**曹操千磨百难，将红罗勒死宫中，以报长乐宫杀信之仇。(《喻世明言》：31)

范氏宗族一半死于乱军之中，一半**被**大军擒获，献俘临安。(《警世通言》：12)

李氏口里道："我是讨军装杨化，在鳌山集**被**于大郊将黄烧酒灌醉，扶至石桥子沟，将缰绳把我勒死，抛尸海中。"(《初刻拍案惊奇》：14)

问夜珠道："你那时**被**妖法慑起半空，我两个老人家赶来，已飞过墙了。"(《初刻拍案惊奇》：24)

早**被**众人抬放一张卧榻上，一个壮士，拔出风也似一把快刀来，任生此时正是：命如五鼓街山月，身似三更油尽灯。(《二刻拍案惊奇》：34)

前三次俱大胜，后边**被**他伏兵桥下，突出杀了，倭势愈大。(《型世言》：7)

又对众官道："我昔年**被**掳鞑中，备观城形胜，山顶水少，只靠得几个石池，不足供他数千人饮食。"(《型世言》：17)

清代8部文献中仅有3例：

小生侯方域，**被**逮狱中，已经半月。(《桃花扇》第三十三出《会狱》)

方才梦见马士英**被**雷击死台州山中，阮大铖跌死仙霞岭上。(《桃花扇》第四十出《入道》)

逞雄心挑战无火关　启欲念**被**围巴刀阵。(《镜花缘》：98)

这类补语在各文献中的情况详见本章附表二"被"字后动词所带各类补语的数量及所占比例（一）。

三 被+V+表示程度的副词/形容词

带这类补语的结构在形式上是"被+V+表示程度的副词/形容词",在"被"字后的动词之后有表示程度的形容词或副词来补充说明动作进展的程度。这些表示程度的形容词和副词是"极""急""多""杀""紧""重""甚""迫""重""轻"和"足"等,有双音节的是在前面这些词的基础上构成"紧急""太重""太甚""太急""甚急""至急"和"甚迫"等联合或偏正结构。

这类补语在所有"被"字后带补语结构中数量也较少,共有57例,占所有"被"字后动词带补语例句的1.23%。在我们所调查的语料中,唐代尚未有动词后带有程度词的例子,宋代有2例,全部出自《朱子语类》:

他用那心时,都在紧要上用。**被**他静极了,看得天下之事理精明。(《朱子语类》卷一百)

盖州郡财赋各自不同,或元初立额有厚薄,或后来有增减,少间人尽占多处去。虽曰州郡富厚,**被**人炒多了,也供当不去。(《朱子语类》卷一百九)

元代共有26例,全部出自元杂剧,其中"杀"一词作补语出现25次,"杀"的结合能力很强,可以放在"气""想""痛""热""唬""害""忧愁""苦""抛闪"等词的后面。如:

如今**被**军马追赶紧急,汝可隐形全庇此人这场大难。(《幽闺记》)

(马员外做不快科,云)则**被**这小贱人直气杀我也!(《包待制智赚灰栏记》)

(龙王云)秀才,则**被**你险些儿热杀我也!(《张生煮海》)

(做见正末科,云)咥!我倒是没头鬼,原来是这个老弟子孩儿!则**被**你唬杀我也。(《生金阁》)

(下)(裴舍与旦休书科)(正旦云)少俊,端端,重阳,则**被**你痛杀我也!(《墙头马上》)

(下)(正旦抱病,梅香扶上,云)自从王秀才去后,一卧不起,但合眼便与王生在一处,则**被**这相思病害杀人也呵!(《倩女离魂》)

(做哭科,云)我那满堂娇儿,说道今日第三日,送他来家,不知来

也是不来？则**被**你想杀我也。(《李逵负荆》)

（哭科，云）天那，怎么有这一场诧事儿也，则**被**你忧愁杀我也。(《合汗衫》)

（正末云）哎哟，张孝友孩儿，则**被**你苦杀我也。(《合汗衫》)

我这里便觑绝时雨泪盈腮，不由我不感叹伤怀。则**被**你抛闪杀您这爹爹和您奶奶，婆婆也，去来波，问俺那少年儿是在也不在。(《合汗衫》)

明代 15 部文献共有 21 例，除"紧""急""极""甚"和"迫"等之外，仍有 6 例由"杀"构成的带补语结构，在元代用例的基础上又多出"看杀""奚落杀""迷杀"等。如：

那头陀心慌，又**被**蹬紧了胸脯好不自在，尽力叫道："佛爷爷佛祖师，放俺起来，待俺细说。"(《三遂平妖传》：10)

祖茂**被**华雄追急，将赤帻挂于人家烧不尽的庭柱上，却入树林潜躲。(《三国演义》：5)

程昱曰："袁谭**被**袁尚攻击太急，不得已而来降，不可准信。"(《三国演义》：32)

忽流星马急报，言孟达、霍峻守葭萌关，今**被**东川张鲁遣马超与杨柏、马岱领兵攻打甚急，救迟则关隘休矣。(《三国演义》：65)

化曰："关公兵败，现困于麦城，**被**围至急。"(《三国演义》：76)

包节级措手不及，**被**解宝一枷锁打重，把脑盖劈得粉碎。(《水浒传》：49)

兹因北虏犯边，抢过雄州地界，兵部王尚书不发救兵，失误军机，连累朝中杨老爷，俱**被**科道官参劾太重。(《金瓶梅》：17)

俺兄弟闲对一局，以遣日月，今见燃灯老师**被**你欺逼太甚，强逆天道，扶假灭真，自不知己罪，反特强追袭，吾故问你端的。(《封神演义》：47)

小畜，今**被**杨戬等追赶甚迫，恳求娘娘救命。(《封神演义》：97)

栾太守曰："贤婿非人也，是阴鬼诈为天官，在豫章城内**被**我追捕甚急，故走来此处。"(《警世通言》：36)

小姐小姐，则**被**你有影无形看杀我。(《牡丹亭》第二十六出《玩真》)

小姐小姐，则**被**你想杀俺也。(《牡丹亭》第二十八出《幽媾》)

则欺负俺不分外的书生欺别个！姑姑，这多半觉美鲝鲝，则**被**你奚落

杀了我。(《牡丹亭》第三十出《欢挠》)

　　孙小官也跳进去，拦腰抱住道："亲亲姐姐，我**被**你想杀了！"(《二刻拍案惊奇》：35)

　　蒋日休见了便喊道："我几乎**被**你迷杀了。"(《型世言》：38)

　　我全是为只有一个娘，怕**被**你气杀了，叫娘躲了你出来。(《醒世姻缘传》：44)

　　清代8部文献只有8例，其中有1例"杀"字构成的结构"笑杀"。如：

　　姊姊，那玉环妹妹，可不**被**梅妃笑杀也！(《长生殿》第七出《幸恩》)

　　你又是个要强的人，俗话说的，金子终得金子换，谁知竟**被**老爷看重了你。(《红楼梦》：46)

　　那姑娘听了这话，果然把小脖颈儿一梗梗，眼珠儿一转，心里说道："这话不错，倒不要**被**这先生看轻了。"(《儿女英雄传》：19)

　　此时，众人已**被**刁迈彭灌足米汤，不由己的冲口而出，一齐说道："大人是我们军门的盟弟，军门过去了，大人就是我们的主人，谁敢说得一句什么！"(《官场现形记》：49)

　　老爷**被**他这一说，气极了，问他："有几个脑袋，敢不跪？"(《官场现形记》：50)

　　这类补语在各文献中的情况详见本章附表二"被"字后动词所带各类补语的数量及所占比例（一）。

四　被+V+"个/一个"结构

　　带这类补语的结构在形式上是"被+V+个/一个×"，其中的"个/一个×"原是数量结构，在"被"字句中，虚化为动词后带补语的标志，"个/一个"后面的成分可以是动词或者形容词，也可以是比较复杂的结构或者俗语、惯用语。在语义上，带这种补语的结构表示的是程度、状态或者结果，有的有较强的修辞色彩，表示夸张或者描述的色彩。如《金瓶梅》《醒世姻缘传》和《儒林外史》中经常出现的"被打了个臭死"，既可表示状态，又表示结果，还表示一定的程度，修辞意味也很浓，显得既形象又生动、既诙谐又夸张，极具口语色彩。另外，如"被V了个不亦乐乎"就在好几部文献中有数例，看来已经成为明清时代的常用语。另外如"被摔了个倒栽葱""被跌了个仰八叉""被踢了一个嘴抢地""被骂了一个狗血喷头"等也非常具有形象化和口语化色彩，这是在其他类型的"被"字后动词带补语的结构中很难见到的。

在我们所调查的语料中，唐宋元时代都没有用例，全部出现在明清两代，共有72例，占所有"被"字后动词带补语例句的1.55%。其中明代共有53例，清代共有19例。另外，"被+V+个×"与"被+V+一个×"在语义上并无分别，前者有60例，后者有12例。

明代"被+V+个×"的例子如：

原是剑州一个宦家的幸僮，因偷了本家使婢，**被**乡宦打个半死，赶出叫化。（《三遂平妖传》：5）

高廉军马神兵，**被**宋江、林冲杀个尽绝。（《水浒传》：54）

斗不到三合，白钦一枪搠来，吕方闪个过，白钦那条枪从吕方肋下戳个空，吕方这枝戟却**被**白钦拨个倒横。（《水浒传》：98）

耶律国珍此时心忙，枪法慢了些，**被**董平右手逼过绿沉枪，使起左手枪来，望番将项根上只一枪，搠个正著。（《水浒传》：83）

正行处，只见那山坡前，走出一个道人，手拿着一个玻璃盘儿，盘内安着两粒仙丹，往前正走；**被**行者撞个满怀，掣出棒，就照头一下，打得脑里浆流出，腔中血迸撺。（《西游记》：17）

那怪不识是计，见有空儿，舞着宝刀，径奔下三路砍。**被**行者急转个大中平，挑开他那口刀，又使个叶底偷桃势，望妖精头顶一棍，就打得他无影无踪。（《西游记》：31）

老君赶上抓一把，**被**他一摔，摔了个倒栽葱，脱身走了。（《西游记》：7）

原来是道路不平，未曾细看，忽**被**萝藤绊了个踉跄。（《西游记》：32）

大圣一只手撑持不得，又**被**他一钩钩着脚，扯了个刘跐蹿，连井索通跌下井去了。（《西游记》：53）

不想都**被**这秃厮听了个不亦乐乎。（《金瓶梅》：8）

两个在暗地里调情玩耍，众人倒不曾看出来。不料宋蕙莲这婆娘，在槅子外窗眼里，**被**他瞧了个不耐烦。（《金瓶梅》：24）

欺负的急了，他令弟韩二哥看不过，来家骂了几句，**被**这起光棍不由分说，群住了打个臭死。（《金瓶梅》：34）

王六儿便骂道:"是那里少死的贼杀了！无事来老娘屋里放屁。娘不是耐惊耐怕儿的人！"**被**刘二向前一脚,踩了个仰八叉,骂道"……"(《金瓶梅》:99)

可惜先王栉风沐雨,道为子孙万世之基,金汤锦绣之天下,**被**你这昏君断送了个干干净净;你死於九泉之下,将何颜见你之先王哉?(《封神演义》:9)

担上绳子撒在地下,马来的急,绳子套在那马蹄子上,把一箩面拖了五六丈远,面都泼在地上;**被**一阵狂风,将面刮个干净。(《封神演义》:15)

行人答曰:"官人不知,近日新来两个恶人,力大无穷,把黄河渡船,俱**被**他赶个罄尽。"(《封神演义》:45)

那婆子**被**蒋家打得个片瓦不留,婆子安身不牢,也搬在隔县去了。(《喻世明言》:1)

如今与他角了口,料也**被**他腾倒个小死哩。(《型世言》:9)

一把要夺他头发,**被**他臂上一拳,打个缩手不及。(《型世言》:35)

就是小珍哥合晁源谤说你通奸和尚道士,要写休书,又**被**你嚷到街上对了街邻骂了个不亦乐乎,分析得甚是明白。(《醒世姻缘传》:30)

单只落了一个老婆,又**被**假汪为露的鬼魂睡了个心满意足。(《醒世姻缘传》:42)

相公娘子到了通仙桥上,**被**光棍们打了个臭死,把衣裳剥了个精光,裹脚合鞋都没了。(《醒世姻缘传》:73)

事事讲妥,期在毕姻,吉日良辰,俱已择定,**被**一个泄嘴的小童漏了风信,被吴氏采访了个真实不虚,监生也只得抵赖不过。(《醒世姻缘传》:94)

寄姐不曾堤防,**被**素姐照着胸前一头拾来,碰个仰拍叉;扯回鞭去,照着寄姐乱打。(《醒世姻缘传》:95)

清代"被+V+个×"的例子,如:

陈木南正在暗欢喜,又**被**他生出一个劫来,打个不清,陈木南又要输了。(《儒林外史》:53)

依旧**被**我闹了个马仰人翻,更不成个体统,至今珍大哥哥还抱怨後悔呢。(《红楼梦》:16)

听他道:"一身的钮襻子**被**那和尚撕了个稀烂,敞胸开怀,赤身露体,

走到人前，成何体面！"(《儿女英雄传》：8)

那知这段话正**被**随缘儿媳妇听了个不亦乐乎！(《儿女英雄传》：22)

你道怪不怪，只这么个两不对账的礼儿，竟会**被**他两个行了个满得样儿！(《儿女英雄传》：37)

凡他手里顶红的书差，不上三天，都**被**后任换了个干净……(《官场现形记》：40)

至于瞿耐庵一边，一到任之后，晓得钱粮已**被**前任收个净尽，心上老大不自在，把前任恨如切骨，时时刻刻想出前任的手。(《官场现形记》：41)

过了些时，活该有事，**被**他爸爸回来一头碰见，气了个半死，把他闺女着实打了一顿，就把大门锁上，不许女儿出去。(《老残游记》：6)

下面是明清时代"被+V+一个×"的例子：

慌得他去请四海龙王助雨，又不能灭得我三昧真火；**被**我烧了一个小发昏，连忙着猪八戒去请南海观音菩萨。(《西游记》：42)

我杜子春天生莽汉，幸遇那老者两次赠我银子，我不曾问得他名姓，**被**妻子埋怨一个不了。(《醒世恒言》：37)

宗仁也**被**缠得一个不耐烦，费掉了好些盘费，才得停妥。(《二刻拍案惊奇》：18)

王喜只因少留了他一遭酒，**被**他拨得一个不停脚，并不曾有工夫轮到耕种上，麦子竟不曾收得。(《型世言》：9)

狄希陈不及防备，**被**素姐飕的一个漏风巴掌，兜定一脚，踢了一个嘴抢地。(《醒世姻缘传》：64)

又掩着口道："秀才指日就是，那吃长斋，胡须满腮，竟**被**他说一个着！"(《儒林外史》：2)

范进因没有盘费，走去同丈人商议，**被**胡屠户一口啐在脸上，骂了一个狗血喷头，道："不要失了你的时了！"(《儒林外史》：3)

王大是个穷人，那有银子？就同严家争吵了几句，**被**严贡生几个儿子，拿栓门的闩、赶面的杖，打了一个臭死，腿都打折了，睡在家里。(《儒林外史》：5)

两个差人，慌忙搬了行李，赶着扯他，**被**他一个四门斗里，打了一个仰八叉。(《儒林外史》：41)

有天晚上，满船上的人都睡着了，反**被**盐枭跳上了他的船，把船上的

帐篷、军器拿了一个干净。(《官场现形记》:30)

店里整布袋的粮食都填满了城门洞,囤子里的散粮**被**乱人抢了一个精光。(《老残游记》:14)

这类补语在各文献中的情况详见本章附表三"被"字后动词所带各类补语的数量及所占比例(二)。

五 被 + V + 数量词/数量短语

带这类补语的结构在形式上是"被 + V + 数量词/数量短语",用来补充说明行为动作的数量,由表示动量的量词短语充当(个别的仅由数词充当)。从我们调查的语料来看,用于"被"字后动词带补语结构中的动量词最常见的是"下""场""次""重""顿""遍""句""声""把""阵"等。

带这类补语的结构在所有"被"字后带补语结构中共有 360 例,占所有"被"字后动词带补语例句的 7.74%。

唐代仅有 3 例,全部出现在《朝野佥载》中,其中有 1 例仅出现数词而没有量词:

崇道至都宅藏隐,为男娶崔氏女未成,有内给使来取充贵人,崇道乃赂给使,别取一崔家女去入内。事败,给使具承,掩崇道,并男三人亦**被**纠捉,敕杖各决一百,俱至丧命。(《朝野佥载》卷一)

州县参谒者,呼令入门,但知直视,无复瞻仰,踏蛇而惊,惶惧僵仆,**被**蛇绕数匝。(《朝野佥载》卷二)

周定州刺史孙彦高**被**突厥围城数十重,不敢诣厅,文符须征发者于小窗接入,锁州宅门。(《朝野佥载》卷二)

宋代共有 7 例,在我们所调查的语料中出现了现代汉语中常用的动量词"下",其他还有"声""重""番""阵"等,如:

但触动便不得,**被**人叫一声便走了。(《朱子语类》卷三十一)

若使有王者受命而得天下,改正朔,易服色,殊徽号,天下事一齐**被**他改换一番。(《朱子语类》卷六十四)

道心虽先得之,然**被**人心隔了一重,故难见。(《朱子语类》卷七十八)

先主孔明正做得好时，**被**孙权来战两阵，到这里便难向前了。(《朱子语类》卷九十六)

九龙咸伏，**被**抽背脊筋了；更**被**脊铁棒八百下。(《大唐三藏取经诗话》)

行者放下金镮杖，叫取孩儿入手中，问："和尚，你吃否？"和尚闻语，心敬便走。**被**行者手中旋数下，孩儿化成一枝乳枣，当时吞入口中。(《大唐三藏取经诗话》)

元代共有19例，在我们所调查的语料中出现了现代汉语中仍常用的"顿"，其他出现频率较高的是"阵""重""下""场"等，也有临时性充当动量词的，比如"被踢了一脚"的"脚"（朱德熙1982年称其为"借用自名词的动量词"），如：

惟有纣王一身尚在，领着败兵前往朝歌去。又**被**黄飞虎、殷交二人，剿杀一阵，杀得兵士十人亡九。(《武王伐纣平话》卷下)

恰天时阴晦下雨，尘雾冥迷，却**被**刘郭将五千军在河曲田地里藏伏了，四面鼓噪，围了晋王数重。(《新编五代史平话·唐史平话》卷上)

被知远厮打一顿，夺得这钱回来。(《新编五代史平话·汉史平话》卷上)

又记得旧日在李家未赘时，曾出外牧马，马吃着报恩寺田禾稼，**被**寺僧拿去笞了二十下。(《新编五代史平话·汉史平话》卷上)

争斗，**被**张明孙推倒墙下，骑压在田，将云一头髻揪扯，连头脑，于田禾内连撞数下。(《元典章·刑部》)

那程婴抱着这孤儿，来到府门上，撞见韩厥将军，搜出孤儿来；**被**程婴说了两句，谁想韩厥将军也拔剑自刎了。(《赵氏孤儿》)

(净) 它打我一拳，**被**我闪过，踢了一脚。(《张协状元》)

到这五鸡山，**被**贼打一铁查，劫了罄尽。(《张协状元》)

(末) 告且听启：小官人镇日攻书，**被**东人急呼至，说着几句，百般打骂赶出去。(《杀狗记》)

回来偶然**被**绊一跌，原来是哥哥醉倒在雪中，因此孙荣背他回来。(《杀狗记》)

(李大户同罗、搽旦、杂当上，李云) 他受了我红定，倒**被**他抢白一场，难道便罢了？(《秋胡戏妻》)

我一时间路见不平，**被**那年纪小的则一拳打杀了，**被**官司问做误伤人

命，脊杖了六十，迭配沙门岛去。(《合汗衫》)

明代共有 235 例，在我们所调查的语料中出现了现代汉语中常用的动量词"次""把""遍"和"回"，"下""顿""番""场"等出现的频率仍然很高，临时充当动量词的名词更加丰富多样。

"次""把""遍"和"回"的例子，如：

仓不忿，与那将交战，**被**他连胜数次，身中三枪。(《三国演义》: 28)

那时此宝有二丈多长，斗来粗细；**被**我捏他一把，意思嫌大，他就小了许多；再教小些，他又小了许多；再教小些，他又小了许多。(《西游记》: 3)

我因省悟本根，养成灵气，在此处修行，**被**我将祖居翻盖了一遍，立做一个水鼋之第。(《西游记》: 49)

话说西门庆**被**应伯爵劝解了一回，拭泪令小厮后边看饭去了。(《金瓶梅》: 63)

"下""顿""番""场""阵""次"的例子，如：

那婆子心头，又像**被**棒槌捣了一下。(《三遂平妖传》: 4)

闲话休题，且说胡永儿**被**父亲打了一顿，逼取册儿烧了。(《三遂平妖传》: 20)

孔明诲之曰："汝兄愚迷，汝当谏之。今**被**吾擒了四番，有何面目再见人耶！"(《三国演义》: 89)

这妇人见勾搭武松不动，反**被**他抢白了一场。(《金瓶梅》: 2)

嵩到时，张角已死；张梁统其众，与我军相拒，**被**皇甫嵩连胜七阵，斩张梁于曲阳。(《三国演义》: 2)

阿秀初时不肯，**被**母亲逼了两一次，想着：父亲有赖婚之意，万一如此，今宵便是永诀；若得见亲夫一面，死亦甘心。(《喻世明言》: 2)

带有临时充当动量词的名词的例子，如：

瘸子忙把酒罐放下要走，**被**道人劈面打上一掌，打个翻筋斗，爬起来，拐着腿，向井亭乱跑。(《三遂平妖传》: 5)

当面有几个心腹庄客,都被燕青劝了一杯。(《水浒传》:91)

那妇人听了这话,被武松说了这一篇,一点红从耳朵边起,紫涨了面皮,指着武大便骂道:"……"(《水浒传》:24)

仇人相见,分外眼睁,且教你吃我一刀!就身边拔起刀来,向前劈胸揪住便剁。被胡永儿喝一声,禁住了手,卜吉和身与脚都动不得了。(《三遂平妖传》:25)

若低头闻一闻儿,我就一把捞住,却不是我的人了?不期被他走来,弄破我这勾当,又几乎被他打了一棒。(《西游记》:27)

八戒道:"山凹里两个女妖精在井上打水,我只叫了他一声,就被他打了我三四杠子!"(《西游记》:82)

呆子躲闪不及,被他照脊梁上打了一简,睡在地下,只叫:"罢了!"(《西游记》:90)

被月娘瞅了一眼,说道:"你自家把不住自家嘴头了。"(《金瓶梅》:74)

这西门庆在上,又将手中拿的洒金老鸦扇儿,只顾引逗他耍子。被妇人夺过扇子来,把猫尽力打了一扇靶子,打出帐子外去了。(《金瓶梅》:51)

爱月儿道:"怪攮刀子的,我不好骂出来!"被伯爵拉过来,咬了一口走了。(《金瓶梅》:68)

话说老子作罢诗,一声钟响,就不见了三位道人;通天教主心下愈加疑惑,不觉出神,被老子打了二三扁拐。(《封神演义》:78)

发手一石打来,邬文化一排扒木打下来,龙须虎闪过其钉,打入土有三四尺深,急自拽起排扒来;到被龙须虎来大腿连腰上打了七八石头,再转身又打了五六石头。(《封神演义》:91)

今太子亦在天上已四日矣,因忉利天有恒伽阿做青梯优迦会,为听仙乐忘返,被三足神乌啄了一口,西王母已杀是乌。(《喻世明言》:37)

你道赵干为何先不走了,偏要跟着张弼到县,自讨打吃?也只恋着这几文的官价,思量领去,却被打了五十皮鞭,价又不曾领得,岂不与这尾金色鲤鱼为贪着香饵上了他的钩儿一般?(《醒世恒言》:26)

另外,这个时期出现了由动词的重复形式作为动量词的例子,如:

他套上衣服,开了门,往外就走;被行者一把扯住,将自己脸上抹了一抹,现出原身,喝道:"好妖怪,那里走!"(《西游记》:18)

别你后，项刻就到这座山上，见一个女子问讯，原来就是他爱妾玉面公主。**被**我使铁棒唬他一唬，他就跑进洞，叫出那牛王来。(《西游记》：61)

亏得黑影子，**被**一条小凳绊了一绊，便拿起来两下，撞开了门，随着声儿听去，正在床中，摸去却与烈妇身子撞着道："儿，再三劝你，定要如此短见。"(《型世言》：10)

丁利国正要跑将过去，待扯住他的轿子，与他说话，**被**他先看见了，望着丁利国笑了一笑，把嘴扭了一扭。(《醒世姻缘传》：27)

一个四十多岁的妇人进县里告状，方递上状走出去，到县前牌坊底下，**被**人挤了一挤，跌倒了爬不起来，即时围了许多人，割腿的割腿，砍胳膊的砍胳膊。(《醒世姻缘传》：31)

清代共有96例，跟明代的情形比较类似，"次""遍""下""顿"等出现较多，由名词充当的动量词的情形以及由动词的重复形式作为动量词的例子依旧出现，这里略举数例：

〔生〕哎，朕在此想念妃子，却**被**这厮来搅乱一番。好烦恼也！(《长生殿》第九出《复召》)

因向几个同案商议，瞒着丈人到城里乡试。出了场即便回家，家里已是饿了两三天。**被**胡屠夫知道，又骂了一顿。(《儒林外史》：3)

先年冢宰公去世之后，他关着门，总不敢见一个人，动不动就**被**人骗一头，说也没处说。(《儒林外史》：18)

金家媳妇自是喜欢，兴兴头头找鸳鸯，只望一说必妥，不想**被**鸳鸯抢白一顿，又**被**袭人平儿说了几句，羞恼回来，便对邢夫人说："不中用，他倒骂了我一场。"(《红楼梦》：46)

却说周瑞的干儿子何三，去年贾珍管事之时，因他和鲍二打架，**被**贾珍打了一顿，撵在外头，终日在赌场过日。(《红楼梦》：111)

兰芝趁著大家饮酒，又在那里让菜，**被**众人罚了一杯。(《镜花缘》：85)

直等到三天以后，他才忽然想起，告知了张进宝，**被**张进宝着实骂了一顿，才连忙打发了赶露儿起身。(《儿女英雄传》：3)

送客之后，歇了两三天，刘中丞接到京信也是一个要好的小军机写给他的，上头写的明明白白，是中丞**被**三个御史一连参了三个折子，所以放了钦差查办。(《官场现形记》：18)

此时余荩臣穿了一件簇新的外国缎夹袍子,**被**王小五子拿头在他怀里腻了两腻,登时绉了一大片。(《官场现形记》:32)

话言未了,只见拍的一声响,那巡捕脸上早**被**大帅打了一个耳刮子。(《官场现形记》:53)

倘**被**别家孩子打了两下,恨得甚么似的。(《老残游记》:13)

听说老婆回去**被**王二结结实实的打了一顿。(《老残游记》:19)

这类补语在各文献中的情况详见本章附表三"被"字后动词所带各类补语的数量及所占比例(二)。

六 被+V+"得/的"字结构

带这类补语的结构在形式上是"被+V+'得/的'字结构",用来补充说明动作行为的程度、结果、状态或者可能性。王力(1958)将述补结构中的"得"看作词尾,认为词尾"得"来自动词"得",从汉代开始可以放在动词之后,又产生"达成"的意义,到了唐代虚化为递系句的动词词尾和紧缩句的动词词尾,到了宋代又作为能愿式的动词词尾。"被"字句中出现"得/的"字结构,在我们所调查的文献中,是从《朱子语类》开始的。关于"被"字句中的"得"字与"的"字,似乎没有什么分别,有的文献全部用"得"字,如《朱子语类》《警世通言》《初刻拍案惊奇》《二刻拍案惊奇》等,仅有《牡丹亭》一部文献只用"的"字而不用"得"字,而且仅有1例。多数文献是"得""的"并用,如《水浒传》《金瓶梅》《醒世姻缘传》《儿女英雄传》,等等。以《水浒传》为例:

马到关前,高声大叫:"我是宋江手下军师吴用,欲待来寻兄长,**被**宋兵追赶得紧,你可开关救我。"(《水浒传》:85)

和尚便道:"俺两个出家人,**被**军马赶的紧,救咱们则个!"(《水浒传》:85)

宋江等并无异心,只**被**滥官污吏逼得如此。(《水浒传》:79)

我也是朝廷命官之子,无可奈何,**被**逼迫的如此。(《水浒传》:34)

从以上4个例子可以看出,"得"与"的"可以出现在同样的句法结构中而所表示的语法意义是相同的。另外,《西游记》中有1例,"被"字后出现两个VP,分别带了"得"字和"的"字结构作为补语:

那只虎蹲着身，伏在尘埃，动也不敢动动。却**被**他照头一棒，就打的脑浆迸万点桃红，牙齿喷几珠玉块，唬得那陈玄奘滚鞍落马，咬指道声："天哪，天哪！"（《西游记》：14）

带这类补语的结构在所有"被"字后带补语结构中共有484例，占所有"被"字后动词带补语例句的10.40%。本章附表三分别统计了"得"和"的"在各文献中的出现情况并加以汇总，所计算的比例则是汇总之后的数据在本文献中带补语的"被"字句的百分比。据统计，带"得"字的共有342例，带"的"字的共有143例，以上《西游记》中同时出现"得"与"的"字的则计入两种数据中，总数仍然是484例。

唐代文献没有发现动词后带"得/的"字结构作补语的"被"字句。宋代的这种带补语结构全部出现在《朱子语类》中，共有69例，占《朱子语类》所有"被"字后动词带补语结构"被"字句总数的29.2%，比例也很高。"得"字之后，有的是简单的结构，有的是复杂的结构。从语义上说，以下8个例子分别表示结果、状态、程度和可能性（各举2例）：

如鸡抱卵，看来抱得有甚暖气，只**被**他常常恁地抱得成。（《朱子语类》卷八）

郭先生云：弓弩之制，**被**神宗改得不好。（《朱子语类》卷二十五）

仁本是恻隐温厚底物事，却**被**他们说得抬虚打险，瞠眉弩眼，却似说麒麟做狮子，有吞伏百兽之状，盖自"知觉"之说起之。（《朱子语类》卷六）

便是这般所在，本是平直易看。只缘**被**人说得支蔓，故学者多看不见这般所在。（《朱子语类》卷二十九）

斯文既在孔子，孔子便做著天在。孔子此语，亦是**被**匡人围得紧后，方说出来。（《朱子语类》卷三十六）

过者，言其感人之速如此，只**被**后来人说得太重了。（《朱子语类》卷六十）

非是别有一个道，**被**我忽然看见，攫挐得来，方是见道。（《朱子语类》卷十三）

只是他命好，使一番了，第二番又**被**他使得胜。（《朱子语类》卷七十二）

元代"被 + V + '得/的'字结构"共有21例，如：

惟有纣王一身尚在，领着败兵前往朝歌去。又**被**黄飞虎、殷交二人，剿杀一阵，杀得兵士十人亡九。（《武王伐纣平话》卷下）

郭威**被**……思量白净面皮今**被**刺得青了，只得索性做个粗汉，学取使枪使棒，弯弓走马。（《新编五代史平话·周史平话》卷上）

先教人掩扑了我几夜恩情，来这里**被**他骂得我百节酸疼，我便似墙贼蝎蜇喋声。（《诈妮子调风月》）

（旦连唱）在路途值雪正飞，盘缠**被**劫得没分文，打一查血沥沥底。（《张协状元》）

（正末唱）只**被**你打的来不知一个颠倒。（《赵氏孤儿》）

（关末云）哥哥，想十八路诸侯，不曾得吕布半根儿折箭，谁想**被**俺杀的他大败亏输也。（《虎牢关三战吕布》）

家缘家计，都**被**火烧的光光了。（《货郎旦》）

不想秀才遇着上仙，授他三件法宝，**被**他烧的海水滚沸，使某不堪其热，只得央石佛寺法云禅师为媒，招请为婿。（《张生煮海》）

（正旦唱）【挂玉钩】小业种把枕门掩上些，道不的跳天撅地十分劣。**被**老相公亲向园中撞见者，唬的我死临侵地难分说。（《墙头马上》）

可怜见俺许来大家私，**被**一场天火烧的光光荡荡，如今无靠无依，没奈何，长街市上，有那等舍贫的财主波，救济俺老两口儿佛……（《合汗衫》）

（雁叫科）（云）则**被**那波毛团叫的凄楚人也。（《汉宫秋》）

则**被**这枷纽的我左侧右偏，人拥的我前合后偃。（《窦娥冤》）

我每日哭啼啼守住望乡台，急煎煎把仇人等待，慢腾腾昏地里走，足律律旋风中来，则**被**这雾锁云埋，撺掇的鬼魂快。（《窦娥冤》）

明代共有 274 例，如（限于篇幅，每种文献仅举 1 例）：

却说袁公**被**一番雷电闹吵得不耐烦，到得本院，如醉如梦，左右吏卒，押他跪于阶下，高声禀道："拿得偷书贼当面！"（《三遂平妖传》：2）

曹操引百万之众，**被**吾聊施小计，杀得片甲不回。（《三国演义》：52）

那大船小船约有四五十来只，正**被**这大风刮得你撞我磕，捉摸不住，那火光却早来到面前。（《水浒传》：19）

行者道："我们今日在黄风洞口救我师父，不期**被**那怪将一口风喷来，

吹得我眼珠酸痛；今有些眼泪汪汪，故此要寻眼药。"(《西游记》：21)

这几句话，说的雪娥急了，宋蕙莲不防，**被**他走向前，一个巴掌打在脸上，打的脸上通红。(《金瓶梅》：26)

(旦叹介) 幽姿暗怀，**被**元阳鼓的这阴无赖。(《牡丹亭》第三十六出《婚走》)

哪吒**被**他骂得性起，恨不得就要一圈打死他；奈太乙真人吩咐，只是按住他道："你叫！"(《封神演义》：13)

你不知道，吴山在家时，**被**父母拘管得紧，不容他闲走。(《喻世明言》：3)

得贵一来乘着酒兴，二来年纪也是当时了，**被**支助说得心痒，便问道："你且说如何去试他？"(《警世通言》：35)

就是醉梦中，**被**你说得醒；就是聪明的，**被**你说得呆，好个烈性的姑姑，也**被**你说得他心地改。(《醒世恒言》：3)

众人都**被**风颠得头晕，个个是呵欠连天，不肯同去。(《初刻拍案惊奇》：1)

不说夫妻商量，且说五虎出了朱家的门，大家笑道："这家子**被**我们说得动火了，只是扯下这样大谎，那里多少得些与他起个头？"(《二刻拍案惊奇》：10)

白监生与这些家人先一哄就走，公子也惊得面色皆青，转身飞跑，又**被**门槛绊了一跤，跌得嘴青脸肿。(《型世言》：1)

麻从吾做了八个月通判，倒在山阳县署了六个月印，**被**他刮地皮，剔骨髓，弄得有八千银子净净的回家。(《醒世姻缘传》：27)

清代共有120例，如：

不料各路诸将，连**被**郭子仪杀得大败，心中好生着急。(《长生殿》第三十四出《刺逆》)

咱乃睢州许总兵的家将，俺总爷**被**高杰一骂，吓得水泻不止。(《桃花扇》第二十六出《赚将》)

此时，王道台**被**缚得心口十分疼痛，跪着接酒在手，一饮而尽，心便不疼了。(《儒林外史》：8)

贾政**被**李十儿一番言语，说得心无主见，道："我是要保性命的，你们闹出来不与我相干。"(《红楼梦》：99)

多九公道："老夫才见几个有须妇人，那部胡须都似银针一般，他却

用药染黑，面上微微还有墨痕，这人中下巴，**被**他涂的失了本来面目。"（《镜花缘》：32）

被那张金凤骂得眼泪往肚子里咽，被那王八的奶奶儿呕得肝火往顶门上攻，直到此时，方喘转这口气来，才落得张金凤明白他是片侠气柔肠。（《儿女英雄传》：8）

严州一带全是个山，本是盗贼出没之所，土匪亦是一年到头有的，如今是**被**统领的威名震压住了，吓得他们一个也不敢出来。（《官场现形记》：13）

弄的朱夫子也出不了这个范围，只好据韩昌黎的《原道》去改孔子的《论语》，把那攻乎异端的攻字，百般扭捏，究竟总说不圆，却把孔、孟的儒教**被**宋儒弄的小而又小，以至于绝了！（《老残游记》：9）

这类补语在各文献中的情况详见本章附表三"被"字后动词所带各类补语的数量及所占比例（二）。

七　被＋V＋动宾/介宾结构

带这类补语的结构在形式上是"被＋V＋动宾/介宾结构"，动词后的动宾/介宾结构用来补充说明动作行为的目的地、处所、结果，也有极个别例子表示比较。带这类补语的结构在所有"被"字后带补语结构中共有834例，占所有"被"字后动词带补语例句的17.93%，又可分为"被＋V＋动宾结构"和"被＋V＋介宾结构"两种情形，由于前者数量较少，而且在结构上与后者有共同之处，所以，我们没有将其单独作为一类，而是归结为"被＋V＋动宾/介宾结构"一种类型。下面分别论述。

"被＋V＋动宾结构"中的动宾结构所使用的动词有"至""入""到"和"作/做""为""成"。朱德熙（1982）认为，由"到"作补语组成的述补结构都是及物的，这类述补结构带四种情形的宾语：带处所宾语、带时间宾语、带一般宾语和带谓词性宾语。在我们所调查的语料中，出现在"被"字句中的"至/到＋宾语"结构所表示的绝大多数是"被"字后面的动词所表示的行为动作的目的地，也可以说是处所，在各个时代都能发现用例。唐代的例子如：

卢还，如言累烧三符，其妻遂活，顷之能言。初云："**被**车载至泰山顶，别有宫室，见一年少，云是三郎。"（《广异记·赵州参军妻》）

昕家在东郡，客游河南，其妹染疾死，数日苏，说云："初**被**数人领

入坟墓间,复有数十人,欲相凌辱。"(《广异记·李昕》)

缘还俗僧张法满,京兆府准递归西蕃,**被**递送到凤翔节度府。(《入唐求法巡礼行记》卷四)

宋代仅有1例,如:

先生**被**召至上饶,闻之,有忧色。(《朱子语类》卷一百二十七)

元代的例子,如:

是夜鳌山脚下人丛闹里,忽见一个妇人吃了御赐酒,将金杯藏在怀里,吃光禄寺人喝住:"这金盏是御前宝玩,休得偷去!"当下**被**内前等子拿住这妇人,到端门下。(《大宋宣和遗事》)

却说那刘皇后生自寒族,其父以医卜为业,幼年**被**掳入宫,得幸从唐主。(《新编五代史平话·唐史平话》卷下)

道罢,郭威心中欣喜,去街上买些酒吃,恰遇平章刘知远朝回,那郭威醉倒路旁,**被**喝道军卒将藤棒子打起来,拥至知远马前。(《新编五代史平话·周史平话》卷上)

本人状招:于六月二十四日,带酒见倒诧土墙,望潭内有舡,采打莲蓬,跳过墙去,**被**捉到官,罪犯。(《元典章·刑部》)

你既然**被**马员外娶到家,可曾生得一男半女么?(《包待制智赚灰栏记》)

(生)尸首怎么样了?可曾埋么?(小生)**被**孙荣背到城南土沙之中埋了。(《杀狗记》)

我婆婆因为与赛卢医索钱,**被**他赚到郊外勒死。(《窦娥冤》)

明代用例较多,每部文献各举1例:

这小妖精**被**风刮起半空,飘飘荡荡,直吹到东京雷太监园中坠下。(《三遂平妖传》:14)

赵忠、程旷、夏恽、郭胜四个**被**赶至翠花楼前,剁为肉泥。(《三国演义》:3)

回去实说,俺要在野猪林结果他,**被**这和尚救了,一路护送到沧州,因此下手不得。(《水浒传》:9)

第七章 "被"字后动词带补语结构的发展

我被三种蔑儿乞逐入不儿罕山时,你又与我一同甘苦。(《元朝秘史》:9)

始闻那妖猴被老君引至兜率宫锻炼,以为必致平安,不期他又反出。(《西游记》:7)

傅伙计不敢不出来,被武二引到僻静巷口。(《金瓶梅》:9)

因大破蚩尤,被火器打入海中,千年未能出劫。(《封神演义》:37)

金莲、牡丹二妇人再三劝他:你既被摄到此间,只得无奈何,自古道:"在他矮檐下,怎敢不低头?"(《喻世明言》:20)

有人告永王磷谋叛,肃宗即遣子仪移兵讨之,永王兵败,李白方得脱身,逃至浔阳江口,被守江把总擒拿,把做叛党,解到郭元帅军前。(《警世通言》:9)

那人来到里边寻着老婆,将馒头递与,还未开言说是那里来的,被伙伴中叫到外边吃酒去了。(《醒世恒言》:18)

当下被众人索了,登时押到县堂。(《初刻拍案惊奇》:11)

京城既破,被贼人掳到此地,卖在粘罕府中做婢。(《二刻拍案惊奇》:7)

公子,我便是高贤宁,是你令尊门生,你父亲被拿至京必然不免,还恐延及公子我所以私自领你逃走,延你铁家一脉。(《型世言》:1)

那唱《昙花记》的木清泰,被宾头卢祖师山玄卿仙伯哄到一座古庙独自一人过夜,群魔历试他,凭他怎的,只是一个不理,这才成了佛祖。(《醒世姻缘传》:32)

清代的例子,如:

我们被选入宫,伺候两日,怎么还不见动静。(《桃花扇》第二十五出《选优》)

杜慎卿带着这小小子,同三人步出来,被他三人拉到聚升楼酒馆里。(《儒林外史》:29)

宝玉听了这话,方无了言语,被袭人等扶至炕上,脱换了衣服。(《红楼梦》:8)

柁工被这果香钻入鼻孔,一心想啖,不因不由把船靠了山角。(《镜花缘》:45)

姐姐说话可一会价的性急,他的脾气可一会儿的价性左,咱们可试着步儿来;万一有个一时说不对路,倒不要被人听见,一下子吹到公婆耳朵

里，显见得姐姐才来了几天儿，两个人就不和气似的。(《儿女英雄传》：30)

且说过道台是日一早果然是**被**刘中丞传到院上。(《官场现形记》：18)

方才月球即明即暗的道理，我方有二分明白，今又**被**姑娘如此一说，又把我送到浆糊缸里去了。(《老残游记》：11)

另外，出现在"被"字句中的"至/到＋宾语"结构所表示的极少数是"被"字后面的动词所表示的行为动作的程度（个别例子是"至于"），如：

曰："谏了又谏，**被**挞至于流血，可谓劳矣。所谓父母爱之，喜而不忘；父母恶之，劳而不怨。劳。只是一般劳。"(《朱子语类》卷二十七)

盖管蔡初无不好底心，后来**被**武庚煽惑至此。(《朱子语类》卷五十八)

张员外**被**他直诈到二十两，众员外道："也好了。"(《醒世恒言》：31)

调羹平日也还算有涵养，**被**人赶到这极头田地，便觉也就难受，背地里也不免得珠泪偷弹。(《醒世姻缘传》：59)

急奔前来说："姐姐在这里么，我**被**这些人捉弄到这个分儿。"(《红楼梦》：116)

后来**被**周兵追到至急之际，手下只剩千余人。(《镜花缘》：3)

"被＋V＋动宾结构"中的动宾结构所使用的动词是"作/做""为"和"成"的一般表示行为动作的结果，各个时代均能发现少数用例。唐宋元时代的例子，如：

老人乞命，忠缚其手而诘问之，云：是北村费老，**被**罚为虎。(《广异记·费忠》)

"棐"字只与"匪"同，**被**人错解作"辅"字，至今误用。(《朱子语类》卷七十八)

盖自有一样事，**被**诸先生说成数样，所以便著疑。(《朱子语类》卷十一)

主人曰："今早有小行者到此，**被**我变作驴儿，见在此中。"(《大唐

三藏取经诗话》)

朱温依他所教，掘地安葬朱五经，只留得金色飞鱼二个，都不全，及**被**打杀，并断为两三段，填埋穴内，葬父在上。(《新编五代史平话·梁史平话》卷上)

谁知又**被**牛相公招为女婿，一向逗留在此，不能归去见父母一面。(《琵琶记》)

我一时间路见不平，将那年纪小的来只一拳打杀了，**被**官司问做误伤人命，脊杖了六十，迭配沙门岛去。(《合汗衫》)

明清时代的例子，如：

那人道："某因生来面丑，受罚之时，又**被**娘娘法旨将神刀在脸上一刺，刺成多目，益增凶怪，人见某乞食，便自惊死，亦系薄命，非某之罪也。"(《三遂平妖传》：38)

程远志见了，早吃一惊，措手不及，**被**云长刀起处，挥为两段。(《三国演义》：1)

吕布虽然长大，却**被**绳索捆作一团，布叫曰："缚太急，乞缓之！"(《三国演义》：19)

邓龙急待挣扎时，早**被**鲁深智一禅杖，当头打着，把脑盖劈作两半个，和交椅都打碎了。(《水浒传》：17)

玄奘道："我爹爹**被**强盗打死了，我娘**被**强盗霸占为妻。"(《西游记》：附录)

菩萨道："悟能不曾来呀。"行者道："正是。未曾到得宝山，**被**那妖精假变做菩萨模样，把猪八戒又赚入洞中，现吊在一个皮袋里，也要蒸吃哩。"(《西游记》：42)

张山答曰："二千岁，因伐西岐，**被**姜尚用太极图化作飞灰多日矣。"(《封神演义》：63)

一十三人尽**被**活捉，捆缚做一团儿，吊在廊下。(《喻世明言》：18)

得罪于监司，**被**诬赃罪，废为庶人，家贫无以糊口。(《警世通言》：6)

说这几个人，闻得孩子已**被**莫家认作儿了，许多焰腾腾的火气，却像淋了几桶的冰水，手臂多索解了。(《二刻拍案惊奇》：10)

陆绶还领几个残兵，要来抵敌，**被**沈参将兵砍做肉泥。(《型世言》：24)

这汪为露常常的绅揽了分上,自己收了银钱,不管事体顺理不顺理,麻虮丁腿一般,逼住了教宗昭写书。**被**那府县把一个少年举子看作了个极没行止的顽皮,那知道都是汪为露干的勾当。(《醒世姻缘传》:35)

传了三帝,计二十二年,**被**宇文泰之子宇文觉篡位,改为周朝。(《镜花缘》:53)

不料五科为朋友要好,如今倒**被**人家拿做了把柄。(《官场现形记》:9)

下面来看"被+V+介宾结构"。这种结构虽然数量很多,但其中的介词只有"向""于"和"在"三个。"向"的用例比较少,表示的是行为动作的目的地或者动作关涉的对象,如:

遂**被**杷推御史纪先知捉向左台,对仗弹劾,以为谤朝政,败国风,请于朝堂决杖,然后付法。(《朝野佥载》卷四)

且说赵昂的老婆**被**做娘的抢白下楼,一路恶言恶语,直嚷到自己房中,说向丈夫。(《醒世恒言》:20)

那时瑞虹身不由主,**被**他解脱干净,抱向床中,任情取乐。(《醒世恒言》:36)

由"于"和"在"构成介宾结构的用例非常多。其中"于"字绝大多数用于引进处所,仅发现1例表示比较:

文王见说渔公之计术,文王言:"我恁得阴阳,世无所及,**被**渔公智过于吾。"(《武王伐纣平话》卷中)

表示引进处所的例子,如:

差总管曹仁师、张玄遇、麻仁节、王孝杰,前后百万众,**被**贼败于黄獐谷,诸军并没,罔有孑遗。(《朝野佥载》卷一)

炀帝全无顾念,**被**宇文化及造变江都,斩炀帝于吴公台下,隋国遂亡。(《大宋宣和遗事》)

有川将元帅张任,无三合,**被**黄忠斩于马下。(《三国志平话》卷下)

张成料走不脱,只得舞枪来斗,不上三合,刘彦威瞋目大叫,吓得张成手软抡枪不动。**被**刘彦威马头早到,一手提下雕鞍,掷于马下,众军齐

上结果了性命。(《三遂平妖传》：34)

鲍忠急待退，**被**华雄手起刀落，斩于马下，生擒将校极多。(《三国演义》：5)

当下张顺**被**苦竹枪并乱箭射死于水池内。(《水浒传》：94)

那猴道："我是五百年前大闹天宫的齐天大圣；只因犯了诳上之罪，**被**佛祖压于此处。"(《西游记》：14)

李瓶儿只指望孩儿好来，不料**被**艾火把风气反于内，变为慢风……(《金瓶梅》：59)

子牙曰："不料众道友俱**被**困于黄河阵中，吉凶不知如何？"(《封神演义》：50)

进庵，急呼二子吩咐说话，已**被**虎臣拘囚于别室。(《喻世明言》：22)

后因周文王**被**囚于羑里，吊子伯邑考，添弦一根，清幽哀怨，谓之文弦。(《警世通言》：1)

到正隆六年，大举侵宋，**被**弑于瓜洲。(《醒世恒言》：23)

侯元极了，施符念咒，一毫不灵，**被**斩于阵，党与遂散。(《初刻拍案惊奇》：31)

一个千户房旄，见贼势凶勇，自己支撑不来，折身便走，早**被**项总督伏剑斩于马前，取头号令。(《型世言》：17)

而"在"字的用法比较简单，在我们所调查的语料中，全部用于引进处所。唐代没有发现"在"的用例，宋元时代较多，如：

程子说得甚分明，复将元说成段看。后来多**被**学者将元说折开分布在他处，故意散乱不全，难看。(《朱子语类》卷二十七)

然小行者**被**他作法，变作一个驴儿，吊在厅前。(《大唐三藏取经诗话》)

太子曰："尔不言，吾岂得知？"奶母曰："自从十载之前，太子始年一岁，**被**妲己谗佞你父王，把尔亲母姜皇后从摘星楼上撺在楼下，搦杀尔亲母。"(《武王伐纣平话》卷上)

那单可及素号骁勇，心里欺负着李思安兵少，却**被**李思安将兵马藏伏在四处了，写着了书来单可及军前索战；那单可及恃勇，便抡刀上马出阵接战。(《新编五代史平话·梁史平话》卷上)

争斗，**被**张明孙推倒墈下，骑压在田，将云一头髻揪扯，连头脑，于

田禾内连撞数下。(《元典章·刑部》)

见那厮手慌脚乱紧收拾,**被**我先藏在香罗袖儿里。(《诈妮子调风月》)

明清时代"在"的用例进一步增多,同时期"于"的用例则大量减少。如:

急赶入去看时,却见卜吉**被**人吊在树上,正欲谋害。(《三遂平妖传》:28)

壮士曰:"黄巾数百骑,尽**被**我擒在坞内!"(《三国演义》:12)

今日小弟陈达不听好言,误犯虎威,已**被**英雄擒捉在贵庄,无计恳求,今来一径就死。(《水浒传》:2)

话表齐天大圣**被**众天兵押去斩妖台下,绑在降妖柱上,刀砍斧剁,枪刺剑刲,莫想伤及其身。(《西游记》:7)

这个人**被**叉竿打在头上,便立住了脚,待要发作时,回过脸来看,却不想是个美貌妖娆的妇人。(《金瓶梅》:2)

正说话间,只见龙兵来报:夜叉李良**被**一孩儿打死在陆地,特启龙君知道。(《封神演义》:12)

一十三人尽**被**活捉,捆缚做一团儿,吊在廊下。(《喻世明言》:18)

小时**被**人骗出,卖在此间,吕玉听罢,便抱那小厮在怀,叫声:"亲儿!"(《警世通言》:5)

再说瑞虹**被**掠贩的纳在船中,一味悲号。(《醒世恒言》:36)

那蒋震卿**被**关在大门之外,想着适间失言,老大没趣。(《初刻拍案惊奇》:12)

真珠姬方才噙了眼泪,说得话出来道:"奴是王府中族姬,**被**歹人拐来在此的。"(《二刻拍案惊奇》:5)

朱安国道:"只是如今**被**我阿叔占在那边,要你去一认。"(《型世言》:25)

狄希陈着了极,捞了那打玉兰的鞭子待去打他,倒没打的他成,**被**他夺在手内,一把手采倒在地,使腚坐着头,从上往下鞭打。(《醒世姻缘传》:48)

跑不得了,家眷行囊,俱**被**乱民抢去,还把学生打倒在地。(《桃花扇》第三十六出《逃难》)

范进因没有盘费,走去同丈人商议,**被**胡屠户一口啐在脸上,骂了一

个狗血喷头,道:"不要失了你的时了!"(《儒林外史》:3)

黛玉忙要起身来夺,已**被**宝玉揣在怀内,笑央道:"好妹妹,赏我看看罢。"(《红楼梦》:64)

斗了多时,李孝逸**被**余承志一枪刺在腿上,大败而逃。(《镜花缘》:99)

当下又把自进庙门直到**被**和尚绑在柱上要剖取心肝的种种苦恼情形,详细说了一遍。(《儿女英雄传》:12)

你那年捐这捞什子官的时候,连我娘家妹子手上一付镀银镯子,都**被**你脱了下来凑在里头,还说不用人家的钱!(《官场现形记》:10)

这类补语在各文献中的情况详见本章附表四"被"字后动词所带各类补语的数量及所占比例(三)。

八 被+V+表示趋向性动作的动词

带这类补语的结构在形式上是"被+V+表示趋向性动作的动词"。朱德熙(1982)提到现代汉语中能充任补语的趋向动词单音节的有"来""去""进""出""上""下""回""过""起""开"等,双音节的有"来"和"去"与其他几个趋向动词结合的有"进来""出来""上来""下来""回来""过来""起来""开来""进去""出去""上去""下去""回去""过去"等。近代汉语中,还有一些其他表示趋向性的动词单音节的如"至""入""退"等,双音节的如"归来""入来""入去""开去"等(在我们所调查的文献中没有发现"开来"的例子),都能够充当动词的补语,各个时代所使用的趋向性动词也不尽一致。

带这类补语的"被"字句共有1482例,占所有"被"字后动词带补语例句的31.86%之多,将近1/3的比例,是"被"字后动词带补语的主要形式之一。

唐代共有15例,所使用的趋向性动词有"去""至""来""退""入"和"归来",如:

昔有愚人入京选,皮袋**被**贼盗去,其人曰:"贼偷我袋,将终不得我物用。"(《朝野佥载》卷二)

孝杰将四十万众,**被**贼诱退,逼就悬崖,渐渐挨排,一一落间。(《朝野佥载》补辑)

诸官之妻曾**被**王唤入者,莫不羞之。(《朝野佥载》补辑)

出门看之,便**被**捉去。(《广异记·姚萧品》)

问其故,曰:"身是扬州谭家女,顷**被**召至,以无罪蒙放回。"(《广异记·六合县丞》)

十一月七日,开元寺僧贞顺私以破釜卖与商人,现有十斤,其商人得铁出去,于寺门里逢巡检人,**被**勘捉归来。(《入唐求法巡礼行记》卷一)

不久之会,第四舶射手、水手二人**被**免来。(《入唐求法巡礼行记》卷一)

天子时时看来,旗枪交横辽乱。见说,**被**送来者不是唐叛人,但是界首牧牛、耕种百姓,枉**被**捉来。(《入唐求法巡礼行记》卷四)

宋代共有76例,其中《朱子语类》中有74例,所使用的趋向性动词较为丰富,单音节趋向性动词有"去""出""开""退""起""过""下"等,双音节趋向性动词有"下去""出来""下来""入去""出去"等,已经出现"被赶上高处去",即双音节趋向性动词之间插入宾语的情形(朱德熙1982年称其为"处所宾语插在复合趋向补语中间"的情形)。单音节的例子,如:

也煞**被**他引去了好人,可畏可畏!(《朱子语类》卷四)

某作或问,恐人有疑,所以设此,要他通晓。而今学者未有疑,却反**被**这个生出疑!(《朱子语类》卷十四)

如这处,他一向说后去,**被**后人来就几希字下注开了,便觉意不连。(《朱子语类》卷十六)

只是杀贼一般,一次杀不退,只管杀,杀数次时,须**被**杀退了。(《朱子语类》卷二十四)

恻隐元在这心里面,**被**外面事触起。(《朱子语类》卷五十三)

其切近处,则自他一念之微而无毫厘之差,其功用之大,则天地万物一齐**被**他剪截裁成过,截然而不可犯。(《朱子语类》卷六十四)

见人胡乱一言一动,便**被**降下了。(《朱子语类》卷一百一十六)

当时,白虎精哮吼近前相敌,**被**猴行者战退。(《大唐三藏取经诗话》)

猴行者曰:"我因八百岁时,偷吃十颗,**被**王母捉下,左肋判八百,右肋判三千铁棒,配在花果山紫云洞。"(《大唐三藏取经诗话》)

双音节的例子,如:

第七章 "被"字后动词带补语结构的发展

小人徇人欲，只管被它坠下去，只见沉了，如人坠水相似。(《朱子语类》卷四十四)

近世被濂溪拈掇出来，而横渠二程始有"气质之性"之说。(《朱子语类》卷五十九)

震六二不甚可晓。大概是丧了货贝，又被人赶上高处去，只当固守便好。(《朱子语类》卷七十三)

后被朝廷写下常平法一卷下来，也不道是行得行不得，只休了。(《朱子语类》卷一百一十一)

却见得他底高，直是玄妙，又且省得气力，自家反不及他，反为他所鄙陋，所以便溺於他之说，被他引入去。(《朱子语类》卷一百二十六)

又曰："此老当国，却留意故家子弟，往往被他牢笼出去，多坠家声。"(《朱子语类》卷一百三十一)

元代共有 66 例，占该时代所有"被"字后动词带补语例句的 22.76%，低于其他时代的比例。单音节趋向性动词有"去""下""起""上""过""来""出""开""至"等，如：

笼内金珠、宝贝、匹段等物，尽被那八个大汉劫去了，只把一对酒桶撇下了。(《大宋宣和遗事》)

武吉用手推门子，门子仆然倒地，更不起来，口中无气致命。被门子左右捽下武吉，武吉大哭，心内想：渔公是好人。(《武王伐纣平话》卷中)

有先锋副将南宫列与费达相见，二人各施礼毕，南宫列与费达约斗数合，费达使枪去刺南宫列；被南宫列架起一刀，劈了费达，杀退纣兵。(《武王伐纣平话》卷下)

唐弘夫方待退走，被朱温跃马赶上，横枪一刺，刺下马来。(《新编五代史平话·梁史平话》卷上)

德钧本意要并了范延光的一军，逗留不进，被延光恁地奏过，唐主不允所请，却统兵去西阳与赵延寿合兵投北去，在那团柏谷口下营。(《新编五代史平话·晋史平话》卷上)

引所部军来捉韩通，通未及避，被彦升赶近前来，一刀枭了首级去了。(《新编五代史平话·周史平话》卷下)

本妇告发到官，及令男郑福德反告郑阿李别欲改嫁等事，遮掩杀人罪名，致被官司推问出杀人实情，追究尸仗明白，即与张阿褒殴打任张山儿

活埋身死，情罪无异，例合处死。(《元典章·刑部》)

近于大德六年四月初六日，准本州捕盗司隶军户元良弼状告，四月初五日夜，**被**贼将临街板踏门剜开，入来铺内，偷讫钞两等物。(《元典章·刑部》)

小官人镇日攻书，**被**东人急呼至，说着几句，百般打骂赶出去。(《杀狗记》)

双音节趋向性动词有"下来""过来""出去""回来""起来""出来""下去""回去"等，也有双音节趋向性动词之间插入宾语的情形"被赶出门去"等。如：

单可及乘胜追击，走到小地名沧滩，伏兵四出掩击，单可及**被**李思安刀横脾转，从马上斫下来，俘杀三万余人。(《新编五代史平话·梁史平话》卷上)

汴军骁将邓季筠出战，**被**李存孝就马上活捉过来，余军大溃。(《新编五代史平话·唐史平话》卷上)

他前时不肖，**被**我赶将出去；今想老成似在先时分了。(《新编五代史平话·汉史平话》卷上)

被知远厮打一顿，夺得这钱回来。(《新编五代史平话·汉史平话》卷上)

道罢，郭威心中欣喜，去街上买些酒吃，恰遇平章刘知远朝回，那郭威醉倒路旁，**被**喝道军卒将藤棒子打起来，拥至知远马前。(《新编五代史平话·周史平话》卷上)

(合) 又**被**清风引出来。(《张协状元》)

(末) 我一巡巡到山凹里，只见霞光万道，瑞气千条。**被**我把刀尖掘将下去，只见一个石匣，石匣里面一顶金盔，一把宝剑。(《幽闺记》)

学生正染病间，**被**他父亲——也是王尚书——偶然遇见，夺回去了。(《幽闺记》)

院君，**被**我赶出门去。(《杀狗记》)

明代共有1024例，占该时代所有"被"字后动词带补语例句的32.50%。其中单音节的有"去""开""出""来""起""上""下""过""退""回""进"等，这里各举1例：

又有一人说:"此时不见回,莫非赶不着獐,反**被**獐赶去!"(《三遂平妖传》:3)

婆子正待上前分诉,**被**老管家一手拉开,向书童说道……(《三遂平妖传》:4)

原是剑州一个宦家的幸僮,因偷了本家使婢,**被**乡宦打个半死,赶出叫化。(《三遂平妖传》:5)

这一日是东北风,火势**被**风刮起,必必剥剥把草棚上盖都烧完了。(《三遂平妖传》:11)

因他用心不过,毕竟也**被**他赶上。(《三遂平妖传》:13)

一来**被**仙笔传下他的真魂,因此精神颠倒;二来有王家后三字在肚内打搅。(《三遂平妖传》:15)

张鸾因想起媚儿**被**风刮来之时,他曾闻空中神语两句道:"胡家女儿王家后,送与冲霄处士受。"(《三遂平妖传》:15)

却说文招讨正坐在交椅上,忽**被**一人拦腰抱过一边,离交椅有五七步路。(《三遂平妖传》:37)

正遇宋宪、魏续,**被**翼德一阵杀退,得出重围。(《三国演义》:16)

关公见下邳火起,心中惊惶,连夜几番冲下山来,皆**被**乱箭射回。(《三国演义》:25)

西门庆下马腿软了,**被**左右扶进,径往前边潘金莲房中来。(《金瓶梅》:79)

这个时期,双音节趋向性动词非常丰富,有"下来""出来""过去""上去""过来""入去""出去""进来""开去""回去""下去""上来""入来""起来""进去""回来"等,双音节趋向性动词之间插入宾语的情形如"被老儿蹁进一只脚来"也很多。这里各举1例:

所以秦始皇恁般英雄,也**被**风雨打将下来。(《三遂平妖传》:14)

白云本是无心物,却**被**清风引出来。(《三遂平妖传》:15)

原来马超明知李蒙追赶,却故意俄延;等他马近举枪刺来,超将身一闪,李蒙搠个空,两马相并,**被**马超轻舒猿臂,生擒过去。(《三国演义》:10)

黄劭不及提备,**被**李典生擒活捉过来。(《三国演义》:12)

郑屠右手拿刀,左手便来要揪鲁达,**被**这鲁提辖就势按住左手,赶将入去,望小腹上只一脚,腾地踢倒了在当街上。(《水浒传》:3)

在先敝寺十分好个去处，田庄又广，僧众极多，只**被**廊下那几个老和尚吃酒撒泼，将钱养女，长老禁约他们不得，又把长老排告了出去。(《水浒传》: 6)

　　那后槽那里忍得住，便从床上赤条条地跳将出来，拿了搅草棍，拔了闩，却待开门，**被**武松就势推开去，抢入来把这后槽劈头揪住。(《水浒传》: 31)

　　又见天色晚了，因问："刘二那厮如今在那里?"主管道："**被**小人劝他回去了。"(《金瓶梅》: 99)

　　被他一把拖了上来道："娘子来了。"(《二刻拍案惊奇》: 14)

　　官人五更出去，却**被**贼人闪将入来，单单只把梁上那个皮匣子盗将去了。(《水浒传》: 56)

　　他在东京城外客店里跳将出来，拿著双斧，要去劈门。**被**我一交撷翻，拖将起来，说与他：哥哥已自去了，独自一个凤甚么? (《水浒传》: 73)

　　尚兀自点军未了，探马飞报将来：西门乌龙岭上，马麟**被**白钦一标枪标下去，石宝赶上复了一刀，把马麟剁做两段。(《水浒传》: 97)

　　高侍郎心慌，只要脱身，无心恋战，**被**呼延灼赶进去，手起双鞭齐下，脑袋骨打碎了半个天灵。(《水浒传》: 98)

　　行者道："原来猪八戒**被**那怪假变观音哄将回来，吊于皮袋之内。"(《西游记》: 42)

　　谁知陈大郎的一片精魂，早**被**妇人眼光儿摄上去了。(《喻世明言》: 1)

　　宋四公恰待说，**被**赵正拖起去，教宋四公：未要说我姓名，只道我是你亲戚，我自别有道理。(《喻世明言》: 36)

　　颜氏魆地里**被**他钻进来说这句话，到惊了一跳，收泪问道："你怎地说?"(《醒世恒言》: 35)

　　朱大伯劈脚也跟随进来，慈长老着了急，连忙闭门，已**被**老儿踹进一只脚来了。(《三遂平妖传》: 8)

　　清代共有 301 例，占该时代所有"被"字后动词带补语例句的 32.93%，比之前各时代所占比例都高。其中，单音节的趋向性动词跟明代相比，只是在我们所调查的语料中没有发现"退"一词而多了一个"至"的用例，如：

客官慢走，你看黄河堤上，逃兵乱跑，不要**被**他夺了驴去。(《桃花扇》第二十七出《逢舟》)

那开米店的赵老二，扯银炉的赵老汉，本来上不得台盘，才要开口说话，**被**严贡生睁开眼睛喝了一声，又不敢言语了。(《儒林外史》：6)

谁知近日水月庵的智能私逃进城，找至秦钟家下看视秦钟，不意**被**秦业知觉，将智能逐出，将秦钟打了一顿，自己气的老病发作，三五日光景呜呼死了。(《红楼梦》：16)

虽**被**夫人时吊起，已经勾引彼同行。(《红楼梦》：51)

如今虽然**被**他们争回这个脸来，然而我心上倒反害起怕来。(《官场现形记》：53)

环儿在外间屋子里躲着，**被**丫头找了来。(《红楼梦》：84)

多九公道："林兄如**被**女儿国留下，他在那里，何等有趣，你却把他救出，岂非以怨报德么？"(《镜花缘》：19)

此鸟海外犬封国最多，名叫飞涎鸟，口中有涎如胶，如遇饥时，以涎洒在树上、别的鸟儿飞过，沾了此涎，就**被**粘住。(《镜花缘》：10)

这班人倒反感颂县太爷不置：一条人命大事，轻轻**被**他瞒过，这便是老州县的手段。(《官场现形记》：14)

今**被**贾府家人唤至，逼他与二姐退婚，心中虽不愿意，无奈惧怕贾珍等势焰，不敢不依，只得写了一张退婚文约。(《红楼梦》：64)

清代的双音节趋向性动词也很丰富，在我们所调查的语料中，跟明代相比只少了"上来"和"入来"的用例，如：

每日骑着这个驴上县下乡，跑得昏头晕脑。打紧又**被**这瞎眼的王八在路上打个前失，把我跌了下来，跌的腰跨生疼。(《儒林外史》：2)

周进跟到贡院门口，想挨进去看，**被**看门的大鞭子打了出来。(《儒林外史》：2)

有一个童生推着出恭，走到察院土墙跟前，把土墙挖个洞，伸手要到外头去接文章，**被**鲍廷玺看见，要采他过来见太爷。(《儒林外史》：26)

话说那万中书在秦中书家厅上看戏，突**被**一个官员，带领捕役进来，将他锁了出去。(《儒林外史》：50)

别的一家子爷们都**被**琏二叔并蔷兄弟让过去听戏去了。(《红楼梦》：11)

秦梅士年老嘴快，首先走来把申守尧埋怨一顿，说："我们熬了几十

年，才熬到这门一个际遇，如今又**被**你闹回去了。"(《官场现形记》：44)

原来平儿早**被**李纨拉入大观园去了。(《红楼梦》：44)

陈木南正在暗欢喜，又**被**他生出一个劫来，打个不清，陈木南又要输了。(《儒林外史》：53)

齐巧前天收拾抽屉，把他拿了出来，不料**被**九姨太瞧见，夺了过去。(《官场现形记》：36)

齐巧那根筹码**被**巡捕看见，走上去拾了起来，袖了出去。(《官场现形记》：21)

倘**被**亲友中传说开去，你小小年纪，这个名儿却怎生担得起？(《儿女英雄传》：25)

探春那里肯饮，却**被**史湘云、香菱、李纨等三四个人强死强活灌了下去。(《红楼梦》：63)

当下薛姨妈早**被**薛宝钗劝进去了，只命人来卖香菱。(《红楼梦》：80)

却说屋里的何小姐方才见四个贼擒住了两个，那两个才办条逃路，又**被**外面一声喊吓回来了，早料这一惊动了外面，大略那两个也走不了。(《儿女英雄传》：31)

这种类型的带补结构中的趋向性动词，从语义来讲，绝大多数表示行为动作的趋向（黄伯荣、廖序东 2011 年称其为"表示事物随动作而移动的方向"），少数趋向性动词已经发生了虚化，比如，"过"一词，可以表示趋向，虚化之后表示行为动作的完成（有人称为动态助词）。下面各举 1 例：

它打我一拳，**被**我闪过，踢了一脚。(《张协状元》)
飞曰："嫂嫂休要**被**他瞒过了！"(《三国演义》：28)

另外，出现在近代汉语"被"字句中"被"字后动词之后的"过"还出现了否定形式"被+V 不过"形式，表示的是一种否定的结果，如：

道士苦留再过一日，婆子**被**央不过，只得允从。(《三遂平妖传》：6)
帝**被**逼不过，只得更衣出前殿。(《三国演义》：80)
店家**被**他发话不过，一连又筛了三碗。(《水浒传》：23)
那人**被**行者扯住不过，只得说出道："此处乃是乌斯藏国界之地，唤

做高老庄。"(《西游记》：18)

西门庆再三谦让，**被**花子虚、应伯爵等一干人逼勒不过，只得做了大哥。(《金瓶梅》：1)

张富**被**官府逼勒不过，只得承认了。(《喻世明言》：36)

赵干**被**他絮聒不过，只得装一个钓竿，商量来东潭钓鱼。(《醒世恒言》：26)

我**被**他摆布不过，正要想个讨策脱身。(《初刻拍案惊奇》：2)

究竟**被**凌辱不过，一年而死。(《型世言》：3)

安公子在帘缝儿边**被**他看不过，自己倒躲开，在那把掌大的地下来回的走。(《儿女英雄传》：4)

二房东**被**他吵不过，发了两句话，要他明天让房子，太太才不敢哭了。(《官场现形记》：11)

"被 + V + 表示趋向性动作的动词" 在各文献中的情况详见本章附表四"被"字后动词所带各类补语的数量及所占比例（三）。

九 被 + V + 表示结果的动词/形容词

带这类补语的结构在形式上是"被 + V + 表示结果的动词/形容词"，在语义上用来补充说明"被"字后动词所表示的行为动作所产生的结果。

带这类补语的"被"字句共有 1783 例，占所有"被"字后动词带补语例句的 38.33% 之多，将近四成的比例，是"被"字后动词带补语中所占比例最高的形式，占所有"被"字句的比例也达到了 20.66%。从各时代的情况来看，唐代有 8 例，占同时代所有"被"字后动词带补语例句的 16.00%；宋代有 72 例，占同时代所有"被"字后动词带补语例句的 29.15%；元代有 113 例，占同时代所有"被"字后动词带补语例句的 38.97%；明代有 1260 例，占同时代所有"被"字后动词带补语例句的 39.99%；清代有 330 例，占同时代所有"被"字后动词带补语例句的 36.11%。

在这种"被"字后动词带补语的"被 + V + C"结构中，V 绝大多数是单音节动词，双音节动词只有少数；C 绝大多数是动词，形容词只有很少一部分；充当 C 的动词绝大多数是单音节动词，双音节动词也只有极少一部分。

在我们所调查的语料中，充当 C 的动词出现频率最高的是"住"，其他出现频率较高的有"散""动""定""尽""醒""破""死""杀"

"坏""见""倒""伤""断""绽""败""中""毁""落""湿""翻""脱""肿""成""乱""绝""怕""急""烂""昏""止""慌""污""及""醉""透""碎""熟""净""细""息""乏""跑""穿""皱""掉""完""折""空""活""糟"等。这里,我们仅分析"住""死""破""坏""倒""翻""醒""见""中"几个词。

"住"可以和很多动词构成诸如"拿住""擒住""捉住""执住""拽住""喝住""挂住""扯住""拦住""围住""记住""按住""挡住""当住""揪住""禁住""阻住""缚住""绑住""捆住""抱住""射住""守住""留住""唤住""接住""锁住""敌住""接住""截住""结住""挟住""据住""靠住""顶住""踏住""带住""捽住""搭住""拖住""钩住""逼住""封住""搅住""提住""撞住""抵住""压住""隔住""隐住""劝住""抓住""咬住""遮住""照住""架住""罩住""卷住""定住""拉住""叫住""把住""裹住""困住""缠住""占住""迷住""扶住""含住""粘住""绊住""塞住""勒住""瞒住""制住""钉住""熏住""闷住""问住""难住""鼓住""欺住""混住""笼住""吃住""攥住""搬住""扣住""买住"等结构,"住"字之前的动词大多数是表示"擒拿""捆绑""拦扯""覆盖""呼喝""抵挡"等意义的及物动词,而用于"被"字句中,形成"被V住"结构,这里略举数例:

契丹分明是**被**金帛买住了。(《朱子语类》卷一百三十五)

至门首,待入门而去,**被**门子拽住,索门子钱。(《武王伐纣平话》卷中)

当夜,张飞、先主引三万军,半夜前后去劫。是空寨,**被**曹军围住。(《三国志平话》卷中)

吴三郎即自思量道:"好没运智,只消得去寻些硬的物来,打破出佛肚皮,便救得他两个出来。"正待要下供桌,却**被**有个人在背后拦腰抱住了。(《三遂平妖传》:28)

黄忠、魏延又**被**吴兰、雷铜敌住。(《三国演义》:64)

毕竟唐牛儿**被**阎婆结住,怎地脱身,且听下回分解。(《水浒传》:21)

行者一骨鲁跳起来,耳朵里掣出铁棒,要打那些和尚,**被**三藏喝住道:"这猴头!"(《西游记》:16)

方才哥在他家,**被**那些人缠住了,我强着催哥起身。(《金瓶梅》:13)

话说哪吒在宝德门将敖光踏住后心,敖光扭颈回头看时,认得是哪吒,不觉心中大怒。(《封神演义》:13)

施公要还礼,却**被**桂生扶住,只得受了。(《警世通言》:25)

约莫一个更次,众鸡忽然乱叫起来,却像**被**什么咬住一般。(《醒世恒言》:18)

程朝奉心上有事,**被**带住了身子,好不耐烦。(《二刻拍案惊奇》:28)

只见这三个人脸都失色,桓福便往水中一跳,早**被**一挠钩搭住,船里一行五个都拿进城来。(《型世言》:22)

狄希陈条条贴贴的坐在地上,就如**被**张天师的符咒禁住了的一般,气也不敢声喘。(《醒世姻缘传》:60)

那奸夫冷笑了,却乘着阴晦,背后大把泥打去,惊得他太乙救苦天尊不绝声,抄近欲往树林里走,又**被**树枝钩住了雷巾,喊叫有鬼。(《型世言》:24)

妙姑一人想也**被**贼闷住,不能言语,况且贼人必多,拿刀弄杖威逼着,他还敢声喊么?(《红楼梦》:112)

你们今日**被**那黑女难住,走也走不出,若非俺去相救,怎出他门?(《镜花缘》:19)

和尚见他的兵器**被**人吃住了,咬着牙,撒着腰,往后一拽。(《儿女英雄传》:6)

后来幸亏**被**众位师爷劝住,齐说:"这事闹出来不好听。"(《官场现形记》:5)

老残道:"两手脉沉数而弦,是火**被**寒逼住,不得出来,所以越过越重。"(《老残游记》:3)

"死"可以和很多动词构成诸如"螫死""杀死""打死""射死""震死""勒死""搠死""挟死""淹死""殴死""气死""刺死""闸死""谋死""筑死""药死""咬死""踢死""摔死""烧死""啄死""逼死""扑死""拖死""骂死""弄死""击死""骑死""毒死""踹死"等,形成"被V死"结构,这里略举数例:

令一人脱衣而入,**被**蝎螫死,宛转号叫,苦痛不可言,食顷而死。(《朝野佥载》卷二)

守荣**被**敬瑭一箭射死;洪进亦举刀自刎死。(《新编五代史平话·晋史

平话》卷上)

正说间,有先锋孙辅差人禀话,方知妖犯胡永儿适才亦**被**天雷震死,益信生事害民,天诛难免,非虚誓也。(《三遂平妖传》:40)

策到门旗下,将于糜丢下,已**被**挟死。(《三国演义》:15)

宋江听得又折了刘唐,**被**候潮门闸死,痛哭道:"屈死了这个兄弟!"(《水浒传》:95)

我丈夫因与黄花观观主买竹竿争讲,**被**他将毒药茶药死,我将这陌纸钱烧化,以报夫妇之情。(《西游记》:73)

已而又一男,自言花子虚,不幸**被**妻气死,蒙师荐拔,今往东京郑千户家托生为男。(《金瓶梅》:100)

马忠**被**哪吒烧死。(《封神演义》:79)

那白蝴蝶采百花之精,夺日月之秀,得了气候,长生不死,翅如车轮,后游于瑶池,偷采蟠桃花蕊,**被**王母娘娘位下守花的青鸾啄死。(《警世通言》:2)

丘乙大禀说妻子**被**刘三旺谋死正是此日,这尸首一定是他撇下的。(《醒世恒言》:34)

今法**被**人殴死者,必要简尸。(《二刻拍案惊奇》:31)

追去时,岑邦彦已因惊堕马,**被**马踹死。(《型世言》:24)

若说起驿马,连年都**被**进荔枝的爷每骑死了。(《长生殿》第十五出《进果》)

就是婆家**被**毒死了的长工王二。(《老残游记》:16)

"破"可以和很多动词构成诸如"打破""看破""勘破""说破""震破""识破""抓破""撞破""识破""点破""瞧破""照破""喝破""攻破""斫破""扯破""弄破""揪破""筑破""拉破""冲破""觑破""瞧破""道破""窥破""唬破""碰破""挖破""挤破""喊破",等等,形成"被V破"结构,这里略举数例:

晚际,见其归来,**被**雹打破笠子而来。(《入唐求法巡礼行记》卷二)

盖他平日事理,每每**被**他看破,事事到头做,便晓得一贯之语是实说也。(《朱子语类》卷二十七)

姬昌见古墓自摧,宁目视之,见一女子尸形,宛然如生;却**被**大雷震破女子之腹,内有一孩儿啼。(《武王伐纣平话》卷上)

原来左黜变了碓嘴,指望瞒过众人,却**被**和尚识破,又复隐身而去,要变做诸葛遂智模样,去害文招讨,却**被**玄女娘娘将照妖宝镜空中悬起,照破原形,使他变化不能,就着雷部登时震死,以全白猿神石壁之誓。(《三遂平妖传》:40)

布对卓曰:"适来曹操似有行刺之状,及**被**喝破,故推献刀。"(《三国演义》:4)

那门已此紧闭牢关,莫想能毁;**被**他七八钯,筑破门扇,里面却都是泥土石块,高迭千层。(《西游记》:49)

找寻之间,恰好状元吊在杜府拷问。当**被**驾前官校人等冲破府门,抢了状元,上马而去,倒也罢了。(《牡丹亭》第五十五出《圆驾》)

次后访问得,就卖在市上人家,几遍要悄地去再见一面,又恐**被**人觑破,报与张万户,反坏了自己大事,因此又不敢去。(《醒世恒言》:19)

他有偌多的东西在我担里,我若同了这带脚的货去,前途**被**他喊破,可不人财两失?(《初刻拍案惊奇》:36)

忽然的**被**一个莫生人当面叫破,他如何不疑?(《儿女英雄传》:16)

"坏"可以和很多动词构成诸如"打坏""拆坏""说坏""作坏""写坏""缠坏""弄坏""烧坏""湿坏""唬坏""冲坏""砍坏""浸坏""诱坏""夹坏""惊坏""急坏""咬坏""教坏""批坏""挤坏""蛀坏""闹坏""扳坏""搅坏""问坏",等等,形成"被V坏"结构,这里略举数例:

若论鲁,如左传所载,有许多不好事,只是恰不曾**被**人拆坏。(《朱子语类》卷三十三)

你为何枷上没了本州的封皮?两个公人告道:"于路上春雨淋漓,却**被**水湿坏了。"(《水浒传》:37)

师兄**被**他烧坏了,不能行动,着弟子来请菩萨。(《西游记》:41)

到明天,大宋江山管情**被**这些酸子弄坏了。(《金瓶梅》:64)

后宋时,苏东坡来做太守,因见有这两条路**被**水冲坏,就买木石,起人夫,筑得坚固。(《警世通言》:28)

达生转头看时,只见黄知观**被**夹坏了,在地下哼,吃了一惊,正不知个甚么缘故。(《初刻拍案惊奇》:17)

宗昭往河南去后汪为露还写了他的假书,与一件人命关说,**被**县官查将出来,几乎把一个秀才问坏,从此方才洗了那一双贼手。(《醒世姻缘传》:35)

我想这本传奇，精深奥妙，倘**被**俗手教坏，岂不损我文名。(《桃花扇》第二十四出《骂筵》)

听见他杂览倒是好的，于文章的理法，他全然不知，一味乱闹，好墨卷也**被**他批坏了。(《儒林外史》: 18)

红红道："适因衣鱼二字，偶然想起书集往往**被**他蛀坏，实为可恨。"(《镜花缘》: 87)

"倒"可以和很多动词构成诸如"压倒""困倒""搏倒""射倒""推倒""问倒""唬倒""搦倒""踢倒""砍倒""刺倒""戳倒""打倒""杀倒""捆倒""弄倒""考倒""拨倒""放倒""难倒""蹬倒""斫倒""冲倒""绊倒""滑倒""挤倒""治倒""筑倒""药倒""扳倒""摔倒""刮倒""揪倒""奏倒""劈倒"等，形成"被V倒"结构，这里略举数例：

先生曰："朋友来此，多**被**册子困倒，反不曾做得工夫。"(《朱子语类》卷一百一十七)

那时朱全忠在河中，忽一夜得个梦，道全忠与李克用两个厮搏，全忠**被**克用搏倒，有黑蛇将全忠脑上啮吃，痛连心腹，因此觉来。(《新编五代史平话·唐史平话》卷上)

任迁脚跟落地，早落慌了，**被**柳春生肩膀上一叉搦倒，活活绑住。(《三遂平妖传》: 36)

奶览措手不及，**被**傅婴一刀砍倒在地，孙高再复一刀，登时杀死。(《三国演义》: 38)

头陀把衣服正脱下来，**被**石秀将刀就颈上一勒，杀倒在地。(《水浒传》: 45)

慌得那架火、看炉，与丁甲一班人来扯，**被**他一个个都放倒，好似癞痢的白额虎，风狂的独角龙。(《西游记》: 7)

妇人正手里拿着叉竿放帘子，忽**被**一阵风将叉竿刮倒，妇人手擎不牢，不端不正却打在那人头上。(《金瓶梅》: 2)

苏胜的者婆和衣睡在那里，听得嚷，摸将出来，也**被**徐能一斧劈倒。(《警世通言》: 11)

董天然听得这话，就磕睡里慌忙披着衣服来开房门，不防备，**被**陈鹦儿手起刀落，斫倒在房门边挣命，又复一刀，就放了命。(《初刻拍案惊奇》: 31)

袭人忙道："我才倒茶来，**被**雪滑倒了，失手砸了钟子。"（《红楼梦》：8）

"翻"可以和很多动词构成诸如"做翻""拖翻""砍翻""打翻""麻翻""点翻""搠翻""掀翻""踢翻""射翻""剁翻""劈翻""撷翻""戳翻""捆翻"等，形成"被V翻"结构，这里略举数例：

监司虽大於州，州虽大於邑，然都**被**下面做翻了，上面如何整顿！（《朱子语类》卷一百一十二）

韩综急拨帐前大戟迎之，早**被**丁奉抢入怀内，手起刀落，砍翻在地。（《三国演义》：108）

多少好汉，**被**蒙汗药麻翻了。（《水浒传》：16）

不期竹筏中钻出两个人来，各拿一把钢叉，张俭、张韬措手不及，**被**两个拿叉戳翻，直捉下山来。（《水浒传》：95）

祝朝奉见势头不好了，却待要投井时，早**被**石秀一刀剁翻，割了首级。（《水浒传》：50）

祝龙措手不及，倒撞下来，**被**李逵只一斧，把头劈翻在地。（《水浒传》：50）

却**被**行者接住他手，使个小坐跌法，把那怪一辘轳掀翻在地上。（《西游记》：81）

"醒"可以和很多动词构成诸如"唤醒""惊醒""叮醒""推醒""熏醒""叫醒""哭醒""笑醒""疼醒"等，形成"被V醒"结构，这里略举数例：

捱来推去，事事晓得，**被**孔子一下唤醒云："吾道一以贯之"，他便醒得。（《朱子语类》卷二十七）

那乙道**被**他惊醒，也只想道这小娘子不失信，果然来了。（《三遂平妖传》：6）

把他那钻在草里睡觉，**被**啄木虫叮醒，朝石头唱喏，编造什么石头山、石头洞、铁叶门、有妖精的话，预先说了。（《西游记》：32）

到了二更天气，狄宾梁从睡梦中**被**一人推醒，说道："快起去看火！"（《醒世姻缘传》：48）

那人从梦中**被**那大粪熏醒转来，东看西看，南嗅北嗅，愈抽愈臭，那

晓得人屎却在他鼻孔之中！（《醒世姻缘传》：62）

凤姐一时苏醒，想起尤二姐已死，必是他来索命。**被**平儿叫醒，心里害怕，又不肯说出，只得勉强说道："我神魂不定，想是说梦话。"（《红楼梦》：113）

到了夜间，林之洋**被**两足不时疼醒，即将白绫左撕右解，费尽无穷之力，才扯了下来，把十个脚指个个舒开。（《镜花缘》：32）

那知二位姐姐平素虽不谈天，今日忽要一总发泄出来：刚才一连数次，睡梦中不是**被**这位姐姐哭醒，就是**被**那位姐姐笑醒，心里只觉乱跳；并且那种叹息之声，更令人闻之心焦。（《镜花缘》：66）

"见"可以和很多动词构成诸如"看见""听见""撞见""碰见""绰见""瞥见""窥见""遇见""瞧见""观见"等，形成"被V见"结构，这里略举数例：

非是别有一个道，**被**我忽然看见，攫拏得来，方是见道。（《朱子语类》卷十三）

曾点不知是如何，合下便**被**他绰见得这个物事。（《朱子语类》卷一百一十七）

几乎**被**那老子听见了。（《东堂老》）

不期大王知觉，**被**小大王等撞见，是我徒弟不知好歹，打伤两个，众皆喊叫，举兵着火，他遂顾不得我，走出去了。（《西游记》：92）

被人瞧见盘问时，将何回答？（《喻世明言》：4）

随后金员外回来，单氏还在仓门口封锁。**被**丈夫窥见了，又见地下狼藉些米粒，知是私房做事。（《警世通言》：5）

"中"可以和很多动词构成诸如"射中""打中""刺中""踢中"等，形成"被V中"结构（其中有1例是"被V不中"的结构，表示的否定的结果），这里略举数例：

辽奋力再赶，坐下战马，又**被**文丑一箭射中面颊。（《三国演义》：26）

前日张清出城交锋，郝思文出马迎敌，战无数合，张清便走，郝思文赶去，**被**他额角上打中一石子，跌下马来。（《水浒传》：70）

蒋门神大怒，抢将来，**被**武松一飞脚踢起，踢中蒋门神小腹上，双手

按了，便蹲下去。(《水浒传》: 29)

苗天秀梦中惊醒，便探头出舱外观看，**被**陈三手持利刀，一下刺中脖下，推在洪波荡里。(《金瓶梅》: 47)

白躬身奏道："臣因学浅，**被**大师批卷不中，高大尉将臣推抢出门。"(《警世通言》: 9)

以上是"被 + V + C"结构中 V 与 C 都是单音节动词的例子。V 为双音节动词，C 为单音节动词的例子，如：

女婿陈敬济磕了头，哭说："近日朝中，俺杨老爷**被**科道官参论倒了。"(《金瓶梅》: 17)

这秋菊不依，走在那边屋里，见春梅歪在西门庆脚头睡得正好。**被**他摇推醒了，道："娘来了，要吃茶，你还不起来哩。"(《金瓶梅》: 73)

过迁听罢，大喝道："你这鸟人！我只因当初**被**人引诱坏了，弄得破家荡产，几乎送了性命。"(《醒世恒言》: 17)

每日**被**那娼妇淘碌空了的身子，又是一顿早辰的烧酒，在那七层桌上左旋右转，风魔了的一般，眼花头晕，焉得不脑栽葱搠将下来？(《醒世姻缘传》: 93)

幸亏宝玉**被**一个林黛玉缠绵住了，心心念念只记挂着林黛玉，并不理论这事。(《红楼梦》: 28)

幸而项王无谋，**被**他这几句话牢笼住了，不曾作出来。(《儿女英雄传》缘起)

住在这里，弄得名声**被**别人带累坏了，我却犯不着！(《官场现形记》: 49)

V 为单音节动词，C 为双音节动词的例子，如：

前日这个头脑，正有些好处，又**被**你乱炒，弄断绝了。(《初刻拍案惊奇》: 26)

V 与 C 都为双音节动词的例子，如：

次日到衙门里升厅，那提控、节级并缉捕、观察，都**被**乐三上下打点停当。(《金瓶梅》: 47)

C 为形容词的例子非常少，如：

曰："只尽心篇语简了，便难理会。且如养气一章，**被**它说长了，极分晓，只是人不熟读。"（《朱子语类》卷十九）

拿出来也**被**人看低了！（《醒世恒言》：3）

这颗头今日也不济了！常时刀砍斧剁，莫能伤损，却怎么**被**这金光撞软了皮肉？（《西游记》：73）

说不了，孤拐上有些疼痛，急伸手摸摸，却**被**火烧软了，自己心焦道："怎么好？"（《西游记》：75）

他五百年前吃了这城国王及文武官僚，满城大小男女也尽**被**他吃了干净，因此上夺了他的江山。（《西游记》：74）

那时瑞虹身不由主，**被**他解脱干净，抱向床中，任情取乐。（《醒世恒言》：36）

这类补语在各文献中的情况详见本章附表四"被"字后动词所带各类补语的数量及所占比例（三）。

第四节 "被"字后动词带补语结构的发展变化及其复杂化

蒋绍愚（2005）认为，述补结构的产生与发展，是汉语语法史上的一件大事，它使汉语的表达更加精密了。我们认为，述补结构出现在"被"字句中，无疑使"被"字句的表达更加精密。在"被"字后动词带补语的结构的产生和发展过程中，各时代各种补语的数量及比例的发展变化、补语的复杂化及多个补语的情况是值得讨论的问题。下面进行分析。

一 各时代各种补语的数量及比例的发展变化

通过以上对"被"字后动词带补语情况的分析与统计，可以看出"被"字后动词带补语情况的历史发展情况。各时代各种补语的数量及比例的发展变化大致可概括为以下三个方面：

（一）"被"字后动词带补语的比例随时代发展而上升

在我们所调查的语料中，唐代"被"字句中"被"字后动词带补语的只占所有"被"字句的 25.64%，仅 1/4 强；到了宋代就超过了 1/3，达到了 36.70% 的比例；而在元代的语料中比例进一步上升，达到了 37.18%；到了明代，比例已接近六成，达到了 57.31%；而到了清代已经超过六成，比例为 61.51%。在个别文献中，"被"字后动词带补语的比例已达到或超过七成，如《西游记》《金瓶梅》与《桃花扇》。可见，"被"字后动词带补语是"被"字句发展的一大趋势。

（二）"被"字后动词所带的各种类型补语的数量及比例不均衡

数量较少的是前四种。"被＋V＋时间词/时间短语"类型的补语数量最少，所占比例不足 1%，各个时代仅有零星的例子。其次是"被＋V＋处所词/处所短语"的补语，刚超过 1% 的比例。这类补语是承袭文言中的"吾闻秦军围赵王钜鹿"一类不用介词标引处所的用法而来，因而在近代汉语"被"字句中出现较少，而在"被"字句中补充说明动作发生的处所多用"被＋V＋于/在＋处所"来表示。再次是"被＋V＋表示程度的副词/形容词"类型，仅有 1.23% 的比例。这类补语在语义上用来补充说明"被"字后动词所表示行为动作的程度，而除此种用法之外，"被＋V＋'得/的'字结构"也有一些表示程度的，也就是说，"被＋V＋得/的＋表示程度的副词/形容词"结构承担了部分补充说明程度意义的功能。在我们所调查的语料中，"被＋V＋个/一个 X"结构是从明代的文献开始的，表示程度、状态或者结果，有较强的修辞色彩，占所有"被"字后动词带补语的比例为 1.55%。

第五、第六、第七种所占比例分别为 7.74%、10.40% 和 17.93%，在"被"字后动词带补语的结构中是较为常见的类型。

第八、第九种无疑是所占比例最高的两种"被"字后动词带补语结构的类型。两种结构占所有"被"字后动词带补语例句的比例分别为 31.86% 和 38.33%，两者加起来的比例更高达 70.19%，即七成多的"被"字后动词所带的补语是表示趋向或者是结果的。或许可以说，"表示趋向"也是一种广义上的"表示结果"，比如"被人捉去"和"被人捉住"两例对比，基本上都可以认为是"被捉"的结果，而前者在"被人捉住"的基础上还多了一层"被人捉到某地方去"的意思。

（三）"被"字后动词所带的各种类型补语所占比例在历史发展中有升有降

前三种类型由于数量较少，在各时代基本上呈随机性分布，没有太明显的规律。第四种即"被＋V＋个/一个 X"结构在我们所调查的文献中是从明代开始的，在明清两代的分布也无太明显的差别。

第五种即"被+V+数量词/数量短语"结构基本上呈上升的趋势。

第六种即"被+V+'得/的'字结构"在唐代没有发现用例，但在宋代《朱子语类》中出现最多，占所有"被"字后动词带补语的29.2%，后来的文献所占比例超过20%的很少，只有《醒世姻缘传》《儿女英雄传》与《老残游记》，但都没有达到《朱子语类》的比例。这是《朱子语类》"被"字后动词带补语较为突出的特色。

第七种即"被+V+动宾/介宾结构"，是以上九种"被"字后动词带补语类型中所占比例唯一明显呈下降趋势的带补结构。唐代该类型所占比例最高，为40.00%；宋代的比例为10.12%；元明清时代所占比例分别为22.76%、19.96%和10.28%，整体明显呈下降的趋势。

第八种即"被+V+表示趋向性动作的动词"结构在各个时代所占比例的表现比较平稳，除在元代占所有"被"字后动词带补语的比例为22.76%之外，其他时代所占比例均为30%—33%。

第九种即"被+V+表示结果的动词/形容词"在唐代只有16.00%的比例，宋代达到了29.15%，元代的比例又上升到了38.97%，而在明代达到了峰值39.99%，清代略有下降，比例为36.11%。

二 补语的复杂化及多个补语的情况

"被"字后动词带补语的结构作为近代汉语"被"字句的一种常见复杂形式，还可以和其他形式结合起来形成更加复杂的格式，如"被"字后动词前面出现状语、后面出现宾语、"被"字后为多VP结构各带补语、同一个动词带两个补语等。这里，我们讨论"被"字后动词带两个和两个以上补语的复杂情形。

"被"字后动词带多个补语的数量，即"被"字后一个或多个VP带两个或者两个以上的补语的情形，在我们所调查的语料中共有535例，占所有"被"字后动词带补语例句的11.50%。

唐代仅1例，所带补语数量的峰值是两个（所带补语在所有句子中的最多的数量，下文统一称为"峰值"）：

孝杰将四十万众，**被**贼诱退，逼就悬崖，渐渐挨排，一一落间。（《朝野佥载》补辑）

宋代共有11例，占同时代所有"被"字后动词带补语数量的4.45%，此时代的峰值是4个，如：

非是别有一个道，**被**我忽然看见，攫挐得来，方是见道。(《朱子语类》卷十三)

温公之说，前后自不相照应，**被**他一一捉住病痛，敲点出来。(《朱子语类》卷一百三十)

然小行者**被**他作法，变作一个驴儿，吊在厅前。(《大唐三藏取经诗话》)

猴行者曰："我因八百岁时，偷吃十颗，**被**王母捉下，左肋判八百，右肋判三千铁棒，配在花果山紫云洞。"(《大唐三藏取经诗话》)

元代共有 31 例，占同时代所有"被"字后动词带补语数量的 10.69%，此时代的峰值是 6 个，即本章第二节所举的《幽闺记》中的例子，其他的例子，如：

炀帝全无顾念，**被**宇文化及造变江都，斩炀帝于吴公台下，隋国遂亡。(《大宋宣和遗事》)

有先锋副将南宫列与费达相见，二人各施礼毕，南宫列与费达约斗数合，费达使枪去刺南宫列；**被**南宫列架起一刀，劈了费达，杀退纣兵。(《武王伐纣平话》卷下)

又记得旧日在李家未赘时，曾出外牧马，马吃着报恩寺田禾稼，**被**寺僧拿去笞了二十下。(《新编五代史平话·汉史平话》卷上)

争斗，**被**张明孙推倒墈下，骑压在田，将云一头髻揪扯，连头脑，于田禾内连撞数下。(《元典章·刑部》)

小官人镇日攻书，**被**东人急呼至，说着几句，百般打骂赶出去。(《杀狗记》)

我婆婆因为与赛卢医索钱，**被**他赚到郊外勒死。(《窦娥冤》)

明代的例子较多，共有 426 例，占同时代所有"被"字后动词带补语数量的 13.52%，此时代的峰值是 6 个，如：

这小妖精**被**风刮起半空，飘飘荡荡，直吹到东京雷太监园中坠下。(《三遂平妖传》：14)

瓒自出战，伏兵四起，军马折其大半。退守城中，**被**袁绍穿地直入瓒所居之楼下，放起火来。(《三国演义》：21)

两马相交，斗不到数合，**被**卢俊义把枪只一逼，逼过大刀，抢入身去，劈腰提住，一脚蹬开战马，把酆美活捉去了。(《水浒传》: 77)

才立罢，王罕的先锋只儿斤冲将来，兀鲁兀惕、忙忽惕迎着冲将去，将他每败了。追去时，**被**王罕的后援土绵土别干的阿赤黑失仑冲将来，将咱忽亦勒答儿刺下马，忙忽惕军复翻回於忽亦勒答儿落马处立了。(《元朝秘史》: 7)

那魔十分凶猛，使口宝剑，流星的解数滚来，把个沙僧战得软弱难搪，回头要走；早**被**他逼住宝杖，轮开大手，挝住沙僧，挟在左胁下，将右手去马上拿了三藏，脚尖儿钩着行李，张开口，咬着马鬃，使起摄法，把他们一阵风，都拿到莲花洞里。(《西游记》: 33)

这几句话，说的雪娥急了，宋蕙莲不防，**被**他走向前，一个巴掌打在脸上，打的脸上通红。(《金瓶梅》: 26)

这无人所在，表白一会。你说姑娘和柳秀才那事干得好，又走得好！只**被**陈教授那狗才，禀过南安府，拿了俺去。(《牡丹亭》第四十出《仆侦》)

仗剑跃步砍来，子牙手中剑劈面交还；未及数合，子牙祭打神鞭打将来，马元不是封神榜上人，**被**马元看见，伸手接住鞭，收在豹皮囊里，子牙大惊。(《封神演义》: 60)

婆子去扯他时，**被**他两手拿住衣袖，紧紧挟定在椅上，动掸不得。(《喻世明言》: 1)

那雄龟精的腹壳，**被**吾神劈来，埋于后园碧桃树下。(《警世通言》: 27)

乃将真情隐过，只说夜半**被**盗越入私衙，杀死县令夫妇，窃去首级，无从捕获。(《醒世恒言》: 30)

李氏口里道："我是讨军装杨化，在鳌山集**被**于大郊将黄烧酒灌醉，扶至石桥子沟，将缰绳把我勒死，抛尸海中。"(《初刻拍案惊奇》: 14)

孙小官道："我身子**被**这里妈妈锁住，饿了几日，而今拼得见官，那里有使用？"(《二刻拍案惊奇》: 35)

又听两个光棍拨置，到县中首他创做白莲佛会，夜聚晓散，男女混杂，**被**县里拿出打了十五，驱逐出院。(《型世言》: 4)

丁利国正要跑将过去，待扯住他的轿子，与他说话，**被**他先看见了，望着丁利国笑了一笑，把嘴扭了一扭。(《醒世姻缘传》: 27)

清代共有 66 例，占同时代所有"被"字后动词带补语数量的比例也有所回落，为 7.22%，此时代的峰值是 4 个，如：

跑不得了，家眷行囊，俱**被**乱民抢去，还把学生打倒在地。(《桃花扇》第三十六出《逃难》)

那开米店的赵老二，扯银炉的赵老汉，本来上不得台盘，才要开口说话，**被**严贡生睁开眼睛喝了一声，又不敢言语了。(《儒林外史》：6)

林黛玉赶到门前，**被**宝玉叉手在门框上拦住，笑劝道："饶他这一遭罢。"(《红楼梦》：21)

原来身后有个山羊在那里吃草，却**被**大虫看见，扑了过去，就如鹰拿燕雀一般，抱住山羊，张开血盆大口，羊头吃在腹内；把口一张，两只羊角飞舞而出。(《镜花缘》：49)

况且那砚台上的铭跋镌着老人家的名号，你我庙里又弄了这个未完，万一**被**人勒破，追究起来，我当如何？(《儿女英雄传》：10)

齐巧那根筹码**被**巡捕看见，走上去拾了起来，袖了出去。(《官场现形记》：21)

二人谈得高兴，不知早**被**他们团里朋友，报给王三，把他们两人面貌记得烂熟。(《老残游记》：6)

"被"字后动词带多个补语的原因有两个：一是"被"字后为多 VP 结构各带补语；二是有个别同一个动词带两个补语的情况。前面我们所举的例子基本上是"被"字后为多 VP 结构各带补语的情况，下面我们来看"被"字后一个 VP 带两个补语的情况。

黄伯荣、廖序东（2011）提到了现代汉语的述补结构（非"被"字句中的述补结构）中带双层补语的三种类型：结果 + 动量（叫醒三次）、趋向 + 动量（踏上一脚）、趋向 + 趋向（拿出书来）。我们在"被"字句中也发现了"被"字后一个动词带两个补语的句子，在上述"被"字后动词带多个补语的 535 例中共有 98 例，占所有"被"字后动词带补语结构的 2.11%，而其情形也较现代汉语复杂。在我们所调查的语料中，发现了一个动词带两个补语的十种情形（黄伯荣、廖序东所提到的第三种我们认为是双音节趋向性动词之间插入宾语的情形而不计入在内），按照出现频率从高到低的次序各举 1 例：

（1）被 + V + 结果 + 介宾结构，共有 57 例，如：

见表不能成事，即欲来投东吴，却**被**黄祖留住在夏口。(《三国演

义》:38)

(2) 被+V+趋向+数量，共有11例，如：

我一时依了爹，只怕隔壁韩嫂儿传嚷的后边知道，也似韩伙计娘子，一时被你娘们说上几句，羞人答答的，怎好相见？(《金瓶梅》:78)

(3) 被+V+趋向+介宾结构，共有9例，如：

不期令郎年纪幼小，自恃刚强，不肯进城请仁兄答话，因此被小弟擒回在后营，此小弟实为仁兄也。(《封神演义》:3)

(4) 被+V+结果+处所，共有8例，如：

申公豹笑曰："赵道兄被姜尚钉头七箭书射死岐山，你们还不知道？"(《封神演义》:49)

(5) 被+V+趋向+处所，共有5例，如：

问夜珠道："你那时被妖法慑起半空，我两个老人家赶来，已飞过墙了。"(《初刻拍案惊奇》:24)

(6) 被+V+结果+趋向，共有3例，如：

婆留手执铁棱棒打头，正遇着张龙，早被婆留一棒打落水去。(《喻世明言》:21)

(7) 被+V+结果+时间，共有2例，如：

那呆子左挣右挣，挣不得脱手，被行者拿定多时，只见那半空里闪出一个妖精。(《西游记》:69)

(8) 被+V+介宾结构+趋向，仅有1例，如：

小官人**被**罗家捉奸,送在牢中去了。(《初刻拍案惊奇》:29)

(9) 被+V+趋向+时间,仅有1例,如:

别个守船的看见,都说:"断了缆,**被**流水滚下去多时了,我们没本事救得。"(《醒世恒言》:32)

(10) 被+V+结果+数量,仅有1例,如:

孔宣坐在营中大恼,把脸**被**他打伤二次,颈上亦有伤痕,心中大怒,只得服了丹药。(《封神演义》:70)

"被"字后动词带多个补语以及其中一个VP带两个补语的情况在各文献中的情况详见本章附表五"被"字后动词所带个多补语情况统计。

本章小结

本章讨论的是"被"字后动词带补语的情形,要点如下:(1)"被"字后带补语的各种情形及其分类;(2)各时代各种类型"被"字后动词带补语的数量及比例的消长变化;(3)"被"字后动词带补语的各种复杂情形的发展变化。

结　　语

　　语言是非常复杂的，不管采取哪一种方式或者思路来研究某种语言现象，都是为了更好地说明问题。

　　以往研究"被"字句，学术界比较通行的做法是："被"字句在发展到表示被动关系之后，语言中所出现的不表示被动关系的"被"字句是一种偏离正常轨道的句子。这种看法是有道理的，但是，对于"被"字句为何会偏离轨道，似乎不太容易说明白。

　　我们采取的是相反的思路。我们认为，"被＋主谓结构"是"被"字句发展到一定阶段的产物（参见本书第三章），表示的功能是"遭遇事件"（少数"被"字句表示"遭遇状况"），所有的"被＋主谓结构"都是表示"遭遇事件"或者"遭遇状况"的，一般所说的被动句只是其中的一类情况（即使是多数情况），基本上指的是其中的"向心结构"一类，所采用的标准就是看"NP1＋被（＋NP2）＋VP"格式中 VP 的动作是否指向前边的主语 NP1；我们认为，一般所说的"被"字句表示被动关系的句子，是所有的"NP1＋被（＋NP2）＋VP"格式的"被"字句的一部分，而不是采取学术界通行的、相反的做法：所有的"被"字句都应该表示被动关系，不表示被动的句子是例外或者偏离轨道。

　　在"被"字句复杂格式的发展演变的问题上，我们将运动学中的"向心"（centripetal）与"离心"（centrifugal）这样一对术语引入"被"字句的研究之中，将"被"字后的 VP 分为"向心结构"（Centripetal Constructions, CP）和"离心结构"（Centrifugal Constructions, CF）两种。

　　在"被"字句的发展中，"被"字经历了一个从"遭遇事物"到"遭遇动作"然后到"遭遇事件"的一个过程。"被"字发展到后面以主谓结构作宾语也就是表示"遭遇事件"的阶段，后面的主谓结构就有可能按自己的道路继续发展，出现了这个动作不指向"被"字前面主语的可能，后来出现的"NP1＋被＋NP2＋A"格式，"被"字后的成分是形容词或描写性的 A，这类句式是从"被＋主谓结构"（其中 V 为动词）类推而来的，出现了这种句子之后,"被"字句就表示"遭遇状况"。从这种角度来看,表示被动关系的"被"字句是"遭遇动作"和"遭遇事件"中的一部分。在"被"字句所表示的语义色彩方面,我们将被动式区分为"原"和"被","被进"和"被抑"两对领域,前者是上位领域,后者是下位领域。有一个问题需要注意的是,"被进"和"被抑"这对领域不能超越"原"和"被"的领域,即不能将"被"字句(或者被动式)所表达的语义色彩上升到"被"字句(或者被动式)是否从根本上表达"不幸""不如意"色彩这样的高度来谈。被动式的基本特点是:主语是"不由自主"的,动作是别人发出的而对主语产生影响的,其中或许是好的动作(如"表扬"),也可能有"坏"的动作(如"打"),而对其是否是表示"遭遇不幸"的,则是下位领域所应该考虑的事情。

"被"字句的"零主语"问题是学术界经常讨论的问题之一。我们认为,这关乎能否补出主语的问题,也就是其主语到底是省略还是隐含的问题。对"被"字句主语问题的考察和分析应涉及篇章分析的内容。按照主语同"被"字的远近关系以及主语是否出现,我们将所有的"被"字句分为四类:①紧贴主语类;②顺承主语类;③省略主语类;④与主语无关类。其中顺承主语的"被"字句超过了一半。在学术界所讨论的"零主语被字句"中,多数是我们所说的"省略主语类",其次是"顺承主语类"中的"被"字后动词带复指性宾语、领属性宾语的句子。从这样的分析来看,我们不赞成"被"字句的"零主语"主张。

"被"字后动词带宾式也是近代汉语和现代汉语中的常见复杂"被"字句格式。在对这种"被"字句的分类中,我们认为,NP1 与 VP 的关系是看似明显却又容易被忽视的一种关系,也是在研究"被"字后动词带宾语的时候最为重要的一种关系。我们确定的分类标准是:兼顾"被"字后动词带宾式"NP1 + 被 + (NP2 +) VP + NP3"中的 NP1 与 NP3 的关系和 NP1 与 VP 的关系,将"被"字后动词带宾语的句子分为"松散的带宾结构"和"紧密的带宾结构"两大类。"紧密的带宾结构"又可以分为两类:主宾同指类和宾语隶属于主语类,后者又可以分为"狭义领属"类和"广义领属"类。"复指"和"领属"是"被"字后动词带宾式中 NP1 和 NP3 之间最基本的关系。这两种关系基本上是"被"字后动词之所以能够带宾语的推动力量,也是"被"字后动词之所以能够带宾语的根本原因。

"被"字句在近代汉语中的发展,其中有一个比较突出的特点就是"被"字后的动词由单个 VP 结构扩展为多个 VP 结构。管辖关系是研究"被"字后多 VP 结构必须首先说明的问题。对"被"字后出现多 VP 结构的各种情形进行分类可以采取六条不同的标准，以便描述近代汉语中"被"字后多 VP 结构的各种详细的复杂的面貌。"被"字后多 VP 结构的发展，可以从以上的分类中看出各类别在不同的历史时期有不同的发展趋势。从叙事的角度来看"被"字后的多 VP 结构，早期叙事的意味较浓。项数的减少表明"被"字单纯表示"遭遇事件"的功能有所减弱。"被"字后多 VP 结构在现代汉语中的表现是"开放式"的数量非常少。

"被"字后动词带补语的结构也是近代汉语"被"字句的常见复杂形式之一。在我们所调查的语料中，"被"字后动词带补语的"被"字句共有 4652 例，所占比例高达 53.89%，在不同时代所占比例也有较大差别，总体趋势是随着历史的发展不断增加，不仅数量大，而且补语的类型复杂多样，有些句子还带有多个相同或不同类型的补语，各种不同的补语类型有不同的发展趋势。我们对"被"字后动词所带补语的"被"字句从构成形式与所表达的语义两个方面进行分析，并探讨其发展演变的规律。

从历史发展来看，"被"字句不是主动式的转换形式，而是来源于表示"遭受"义的"被"字。"被"字句发展到后面带施动者的阶段被看作关键性的一步，被认为是真正表示被动关系的"被"字句的形成。这种关键性表现在：这是"被"字后面出现了主谓结构，由此导致了"被"字句在近代汉语时期结构上的复杂化及不表示被动关系等情形，对"被"字句的研究应在其整体的发展演变历史中进行考察，"被"字的词性也倾向于动词。

"被"字句是一个很复杂的研究课题，有些问题还可以做进一步的深入研究。

附　　表

第三章附表一　　"被"字后"被+NP"与"被+V"格式的数量统计

序号·文献	所有"被"字句	"被+NP"数量	"被+V"数量
1.《朝野佥载》	68	4	15
2.《广异记》	58	5	18
3.《入唐求法巡礼行记》	39	1	7
4.《伍子胥变文》	30	1	14
5.《朱子语类》	655	33	48
6.《大唐三藏取经诗话》	18	1	0
7.《大宋宣和遗事》	20	4	7
8.《武王伐纣平话》	67	1	0
9.《新编五代史平话》	101	1	11
10.《三国志平话》	35	0	1
11.《元典章·刑部》	227	9	128
12.《元杂剧》	330	6	12
13.《三遂平妖传》	178	2	7
14.《三国演义》	587	13	96
15.《水浒传》	702	3	53
16.《元朝秘史》	85	0	14
17.《西游记》	616	4	9
18.《金瓶梅》	468	3	9
19.《牡丹亭》	29	0	3
20.《封神演义》	608	8	88
21.《喻世明言》	324	6	33

续表

序号·文献	所有"被"字句	"被+NP"数量	"被+V"数量
22.《警世通言》	240	3	14
23.《醒世恒言》	481	12	39
24.《初刻拍案惊奇》	253	3	36
25.《二刻拍案惊奇》	270	0	21
26.《型世言》	243	11	26
27.《醒世姻缘传》	414	11	29
28.《长生殿》	27	2	3
29.《桃花扇》	28	0	5
30.《儒林外史》	107	6	3
31.《红楼梦》	247	5	19
32.《镜花缘》	275	14	60
33.《儿女英雄传》	180	6	13
34.《官场现形记》	531	3	39
35.《老残游记》	91	0	7
合计	8632	181	887

第三章附表二　"两栖类"和"纯非被动类"的"被"字句的出现情况

序号·文献	所有"被"字句	"两栖类"	"纯非被动类"
1.《朝野佥载》	68	3	0
2.《广异记》	58	1	1
3.《入唐求法巡礼行记》	39	1	0
4.《伍子胥变文》	30	1	0
5.《朱子语类》	655	62	95
6.《大唐三藏取经诗话》	18	0	4
7.《大宋宣和遗事》	20	0	0
8.《武王伐纣平话》	67	4	3
9.《新编五代史平话》	101	10	2
10.《三国志平话》	35	0	2
11.《元典章·刑部》	227	1	1
12.《元杂剧》	330	8	14

续表

序号·文献	所有"被"字句	"两栖类"	"纯非被动类"
13.《三遂平妖传》	178	9	8
14.《三国演义》	587	7	10
15.《水浒传》	702	10	38
16.《元朝秘史》	85	1	5
17.《西游记》	616	9	25
18.《金瓶梅》	468	9	7
19.《牡丹亭》	29	0	1
20.《封神演义》	608	5	14
21.《喻世明言》	324	2	11
22.《警世通言》	240	2	6
23.《醒世恒言》	481	4	13
24.《初刻拍案惊奇》	253	1	6
25.《二刻拍案惊奇》	270	2	4
26.《型世言》	243	4	1
27.《醒世姻缘传》	414	2	3
28.《长生殿》	27	1	1
29.《桃花扇》	28	1	0
30.《儒林外史》	107	9	4
31.《红楼梦》	247	1	7
32.《镜花缘》	275	0	6
33.《儿女英雄传》	180	1	3
34.《官场现形记》	531	5	13
35.《老残游记》	91	2	4
合计	8632	178	312

第三章附表三 "纯非被动式"的"被"字句的分类情况

序号·文献	"纯非被动类"	(1)	(2)	(3)	(4)
1.《朝野佥载》	0	0	0	0	0
2.《广异记》	1	1	0	0	0
3.《入唐求法巡礼行记》	0	0	0	0	0
4.《伍子胥变文》	0	0	0	0	0

续表

序号·文献	"纯非被动类"	(1)	(2)	(3)	(4)
5.《朱子语类》	95	24	38	30	3
6.《大唐三藏取经诗话》	4	3	1	0	0
7.《大宋宣和遗事》	0	0	0	0	0
8.《武王伐纣平话》	3	1	2	0	0
9.《新编五代史平话》	2	1	1	0	0
10.《三国志平话》	2	2	0	0	0
11.《元典章·刑部》	1	1	0	0	0
12.《元杂剧》	14	5	7	2	0
13.《三遂平妖传》	8	6	3	0	0
14.《三国演义》	10	1	5	3	0
15.《水浒传》	38	14	19	3	2
16.《元朝秘史》	5	0	5	0	0
17.《西游记》	25	15	9	1	0
18.《金瓶梅》	7	3	3	1	0
19.《牡丹亭》	1	1	0	0	0
20.《封神演义》	14	9	5	0	0
21.《喻世明言》	11	2	9	0	0
22.《警世通言》	6	2	3	1	0
23.《醒世恒言》	13	6	6	1	0
24.《初刻拍案惊奇》	6	0	3	2	0
25.《二刻拍案惊奇》	4	2	2	0	0
26.《型世言》	1	0	1	0	0
27.《醒世姻缘传》	3	1	2	0	0
28.《长生殿》	1	0	1	0	0
29.《桃花扇》	0	0	0	0	0
30.《儒林外史》	4	2	1	1	0
31.《红楼梦》	7	3	5	0	0
32.《镜花缘》	6	1	3	1	0
33.《儿女英雄传》	3	2	0	0	0
34.《官场现形记》	13	8	5	0	1
35.《老残游记》	4	1	3	0	0
合计	312	117	142	46	6

第三章附表四　　"自被式"的出现情况

序号·文献	"纯非被动类"	"他被式"	"自被式"
1.《朝野佥载》	0	0	0
2.《广异记》	1	1	0
3.《入唐求法巡礼行记》	0	0	0
4.《伍子胥变文》	0	0	0
5.《朱子语类》	95	52	43
6.《大唐三藏取经诗话》	4	4	0
7.《大宋宣和遗事》	0	0	0
8.《武王伐纣平话》	3	2	1
9.《新编五代史平话》	2	2	0
10.《三国志平话》	2	1	1
11.《元典章·刑部》	1	1	0
12.《元杂剧》	14	14	0
13.《三遂平妖传》	8	7	1
14.《三国演义》	10	10	0
15.《水浒传》	38	37	1
16.《元朝秘史》	5	5	0
17.《西游记》	25	24	1
18.《金瓶梅》	7	7	0
19.《牡丹亭》	1	1	0
20.《封神演义》	14	14	0
21.《喻世明言》	11	11	0
22.《警世通言》	6	6	0
23.《醒世恒言》	13	12	1
24.《初刻拍案惊奇》	6	5	1
25.《二刻拍案惊奇》	4	4	0
26.《型世言》	1	1	0
27.《醒世姻缘传》	3	3	0
28.《长生殿》	1	1	0
29.《桃花扇》	0	0	0
30.《儒林外史》	4	4	0
31.《红楼梦》	7	7	0

续表

序号·文献	"纯非被动类"	"他被式"	"自被式"
32.《镜花缘》	6	6	0
33.《儿女英雄传》	3	3	0
34.《官场现形记》	13	12	1
35.《老残游记》	4	4	0
合计	312	261	51

第四章附表一　"被"字句按照主语情况分类的数量统计

序号·文献	所有"被"字句	紧贴主语类	顺承主语类	省略主语类	其他
1.《朝野佥载》	68	28	27	3	10
2.《广异记》	58	12	27	13	6
3.《入唐求法巡礼行记》	39	7	20	3	9
4.《伍子胥变文》	30	15	13	1	1
5.《朱子语类》	655	179	392	55	29
6.《大唐三藏取经诗话》	18	3	14	1	0
7.《大宋宣和遗事》	20	12	5	0	3
8.《武王伐纣平话》	67	5	59	3	0
9.《新编五代史平话》	101	31	67	1	2
10.《三国志平话》	35	7	26	2	0
11.《元典章·刑部》	227	44	66	13	104
12.《元杂剧》	330	76	121	123	10
13.《三遂平妖传》	178	65	94	14	5
14.《三国演义》	587	251	310	17	9
15.《水浒传》	702	208	403	56	35
16.《元朝秘史》	85	38	40	5	2
17.《西游记》	616	170	396	46	4
18.《金瓶梅》	468	88	358	16	6
19.《牡丹亭》	29	7	9	13	0
20.《封神演义》	608	250	310	36	12
21.《喻世明言》	324	111	169	22	22
22.《警世通言》	240	90	135	13	2
23.《醒世恒言》	481	163	256	38	24

续表

序号·文献	所有"被"字句	紧贴主语类	顺承主语类	省略主语类	其他
24.《初刻拍案惊奇》	253	78	122	10	43
25.《二刻拍案惊奇》	270	88	142	15	25
26.《型世言》	243	75	141	11	16
27.《醒世姻缘传》	414	145	186	25	58
28.《长生殿》	27	13	10	4	0
29.《桃花扇》	28	11	10	6	1
30.《儒林外史》	107	35	64	3	5
31.《红楼梦》	247	92	135	10	10
32.《镜花缘》	275	122	121	17	15
33.《儿女英雄传》	180	80	74	10	16
34.《官场现形记》	531	208	239	37	47
35.《老残游记》	91	29	45	11	6
合计	8632	2836	4606	653	537

第四章附表二 "被"字句按照主语情况分类的比例统计

序号·文献	所有"被"字句	紧贴主语类(%)	顺承主语类(%)	省略主语类(%)	其他(%)
1.《朝野佥载》	68	41.2	39.7	4.4	14.7
2.《广异记》	58	20.7	46.6	22.4	10.3
3.《入唐求法巡礼行记》	39	17.9	51.3	7.7	23.1
4.《伍子胥变文》	30	50.0	43.3	3.3	3.3
5.《朱子语类》	655	27.3	59.8	8.4	4.4
6.《大唐三藏取经诗话》	18	16.7	77.8	5.6	0
7.《大宋宣和遗事》	20	60.0	25.0	0	15.0
8.《武王伐纣平话》	67	7.5	88.1	4.5	0
9.《新编五代史平话》	101	30.7	66.3	1.0	2.0
10.《三国志平话》	35	20.0	74.3	5.7	0
11.《元典章·刑部》	227	19.4	29.1	5.7	45.8
12.《元杂剧》	330	23.0	36.7	37.3	3.0
13.《三遂平妖传》	178	36.5	52.8	7.9	2.8
14.《三国演义》	587	42.8	52.8	2.9	1.5

续表

序号·文献	所有"被"字句	紧贴主语类（%）	顺承主语类（%）	省略主语类（%）	其他（%）
15.《水浒传》	702	29.6	57.4	8.0	5.0
16.《元朝秘史》	85	44.7	47.1	5.9	2.4
17.《西游记》	616	27.6	64.3	7.5	0.6
18.《金瓶梅》	468	18.8	76.5	3.4	1.3
19.《牡丹亭》	29	24.1	31.0	44.8	0
20.《封神演义》	608	41.1	51.0	5.9	2.0
21.《喻世明言》	324	34.3	52.2	6.8	6.8
22.《警世通言》	240	37.5	56.3	5.4	0.8
23.《醒世恒言》	481	33.9	53.2	7.9	5.0
24.《初刻拍案惊奇》	253	30.8	48.2	4.0	17.0
25.《二刻拍案惊奇》	270	32.6	52.6	5.6	9.3
26.《型世言》	243	30.9	55.7	4.5	6.6
27.《醒世姻缘传》	414	35.0	44.9	6.0	14.0
28.《长生殿》	27	48.1	37.0	14.8	0
29.《桃花扇》	28	39.3	35.7	21.4	3.6
30.《儒林外史》	107	32.7	59.8	2.8	4.7
31.《红楼梦》	247	37.2	54.7	4.0	4.0
32.《镜花缘》	275	44.4	44.0	6.2	5.5
33.《儿女英雄传》	180	44.4	41.1	5.6	8.9
34.《官场现形记》	531	39.2	45.0	7.0	8.9
35.《老残游记》	91	32.2	49.5	12.2	6.7
合计	8632	32.85	53.36	7.56	6.22

第五章附表一　"被"字后动词带宾语所有例句统计

序号·文献	所有"被"字句	所有"被"字后动词带宾句	所占比例（%）
1.《朝野佥载》	68	12	17.6
2.《广异记》	58	7	12.1
3.《入唐求法巡礼行记》	39	5	12.8
4.《伍子胥变文》	30	3	10.0
5.《朱子语类》	655	94	14.4

续表

序号·文献	所有"被"字句	所有"被"字后动词带宾句	所占比例（%）
6.《大唐三藏取经诗话》	18	10	55.6
7.《大宋宣和遗事》	20	6	30.0
8.《武王伐纣平话》	67	54	80.6
9.《新编五代史平话》	101	41	40.6
10.《三国志平话》	35	14	40.0
11.《元典章·刑部》	227	29	12.8
12.《元杂剧》	330	123	37.3
13.《三遂平妖传》	178	48	27.0
14.《三国演义》	587	127	21.6
15.《水浒传》	702	221	31.5
16.《元朝秘史》	85	19	22.4
17.《西游记》	616	263	42.7
18.《金瓶梅》	468	200	42.7
19.《牡丹亭》	29	11	37.9
20.《封神演义》	608	179	29.4
21.《喻世明言》	324	62	19.1
22.《警世通言》	240	56	23.3
23.《醒世恒言》	481	81	16.8
24.《初刻拍案惊奇》	253	40	15.8
25.《二刻拍案惊奇》	270	37	13.7
26.《型世言》	243	45	18.5
27.《醒世姻缘传》	414	90	21.7
28.《长生殿》	27	2	7.4
29.《桃花扇》	28	6	21.4
30.《儒林外史》	107	30	28.0
31.《红楼梦》	247	47	19.0
32.《镜花缘》	275	37	13.5
33.《儿女英雄传》	180	41	22.8
34.《官场现形记》	531	102	19.2
35.《老残游记》	91	18	19.8
合计	8632	2160	25.02

第五章附表二 "被"字后动词带宾式的"紧密的带宾结构"和
"松散的带宾结构"统计

序号·文献	所有"被"字后动词带宾句	紧密的带宾结构	松散的带宾结构
1.《朝野佥载》	12	11	1
2.《广异记》	7	5	2
3.《入唐求法巡礼行记》	5	5	0
4.《伍子胥变文》	3	3	0
5.《朱子语类》	94	50	44
6.《大唐三藏取经诗话》	10	4	6
7.《大宋宣和遗事》	6	4	2
8.《武王伐纣平话》	54	47	7
9.《新编五代史平话》	41	32	9
10.《三国志平话》	14	12	2
11.《元典章·刑部》	29	26	3
12.《元杂剧》	123	97	26
13.《三遂平妖传》	48	34	14
14.《三国演义》	127	106	21
15.《水浒传》	221	176	45
16.《元朝秘史》	19	14	5
17.《西游记》	263	183	80
18.《金瓶梅》	200	106	94
19.《牡丹亭》	11	9	2
20.《封神演义》	179	158	21
21.《喻世明言》	62	43	19
22.《警世通言》	56	41	15
23.《醒世恒言》	81	59	22
24.《初刻拍案惊奇》	40	32	8
25.《二刻拍案惊奇》	37	20	17
26.《型世言》	45	28	17
27.《醒世姻缘传》	90	72	18
28.《长生殿》	2	1	1
29.《桃花扇》	6	4	2
30.《儒林外史》	30	18	12

续表

序号·文献	所有"被"字后动词带宾句	紧密的带宾结构	松散的带宾结构
31.《红楼梦》	47	26	21
32.《镜花缘》	37	27	10
33.《儿女英雄传》	41	31	10
34.《官场现形记》	102	71	31
35.《老残游记》	18	14	4
合计	2160	1569	591

第五章附表三　"松散的带宾结构"的出现情况统计

序号·文献	"松散的带宾结构"	(1)	(2)	(3)
1.《朝野佥载》	1	0	1	0
2.《广异记》	2	1	1	0
3.《入唐求法巡礼行记》	0	0	0	0
4.《伍子胥变文》	0	0	0	0
5.《朱子语类》	44	34	7	3
6.《大唐三藏取经诗话》	6	4	0	2
7.《大宋宣和遗事》	2	0	2	0
8.《武王伐纣平话》	7	3	2	2
9.《新编五代史平话》	9	2	5	2
10.《三国志平话》	2	1	1	0
11.《元典章·刑部》	3	0	3	0
12.《元杂剧》	26	13	5	8
13.《三遂平妖传》	14	3	11	0
14.《三国演义》	21	1	19	1
15.《水浒传》	45	16	24	5
16.《元朝秘史》	5	2	3	0
17.《西游记》	80	17	59	4
18.《金瓶梅》	94	7	80	7
19.《牡丹亭》	2	1	1	0
20.《封神演义》	21	10	11	0
21.《喻世明言》	19	5	13	1
22.《警世通言》	15	6	9	0

续表

序号·文献	"松散的带宾结构"	（1）	（2）	（3）
23.《醒世恒言》	22	9	12	1
24.《初刻拍案惊奇》	8	3	4	1
25.《二刻拍案惊奇》	17	4	10	3
26.《型世言》	17	3	13	1
27.《醒世姻缘传》	18	2	14	2
28.《长生殿》	1	0	1	0
29.《桃花扇》	2	0	1	1
30.《儒林外史》	12	1	11	0
31.《红楼梦》	21	2	17	2
32.《镜花缘》	10	4	4	2
33.《儿女英雄传》	10	3	7	0
34.《官场现形记》	31	10	17	4
35.《老残游记》	4	3	1	0
合计	591	170	369	52

第五章附表四　"复指性宾语"和"领属性宾语"的出现情况及所占比例统计

序号·文献	紧密的带宾结构	复指性宾语	比例（%）	领属类宾语	比例（%）
1.《朝野佥载》	11	8	72.7	3	27.2
2.《广异记》	5	2	40.0	3	60.0
3.《入唐求法巡礼行记》	5	2	40.0	3	60.0
4.《伍子胥变文》	3	0	0	3	100.0
5.《朱子语类》	50	25	50.0	25	50.0
6.《大唐三藏取经诗话》	4	3	75.0	1	25.0
7.《大宋宣和遗事》	4	3	75.0	1	25.0
8.《武王伐纣平话》	47	27	57.4	20	42.6
9.《新编五代史平话》	32	18	56.3	14	43.7
10.《三国志平话》	12	6	50.0	6	50.0
11.《元典章·刑部》	26	4	15.4	22	84.6
12.《元杂剧》	97	57	58.8	40	41.2
13.《三遂平妖传》	34	4	11.8	30	88.2

续表

序号·文献	紧密的带宾结构	复指性宾语	比例（%）	领属类宾语	比例（%）
14.《三国演义》	106	19	17.9	87	82.1
15.《水浒传》	176	51	29.0	125	71.0
16.《元朝秘史》	14	7	50.0	7	50.0
17.《西游记》	183	75	41.0	108	59.0
18.《金瓶梅》	106	61	57.5	45	42.5
19.《牡丹亭》	9	6	66.7	3	33.3
20.《封神演义》	158	41	25.9	117	74.1
21.《喻世明言》	43	16	37.2	27	62.8
22.《警世通言》	41	13	31.7	28	68.3
23.《醒世恒言》	59	11	18.6	48	81.4
24.《初刻拍案惊奇》	32	9	28.1	23	71.9
25.《二刻拍案惊奇》	20	6	30.0	14	70.0
26.《型世言》	28	9	32.1	19	67.9
27.《醒世姻缘传》	72	8	11.1	64	88.9
28.《长生殿》	1	0	0	1	100.0
29.《桃花扇》	4	2	50.0	2	50.0
30.《儒林外史》	18	7	38.9	11	61.1
31.《红楼梦》	26	10	38.5	16	61.5
32.《镜花缘》	27	1	3.7	26	96.3
33.《儿女英雄传》	31	11	35.5	20	64.5
34.《官场现形记》	71	30	42.3	41	57.7
35.《老残游记》	14	4	28.6	10	71.4
合计	1569	556	35.44	1013	64.56

第五章附表五　"复指性宾语"的出现情况统计

序号·文献	复指性宾语	（1）名：名	（2）名：代	（3）代：代	（4）前省
1.《朝野佥载》	8	1	7	0	0
2.《广异记》	2	0	2	0	0
3.《入唐求法巡礼行记》	2	1	1	0	0
4.《伍子胥变文》	0	0	0	0	0
5.《朱子语类》	25	11	9	0	5

续表

序号·文献	复指性宾语	(1) 名：名	(2) 名：代	(3) 代：代	(4) 前省
6.《大唐三藏取经诗话》	3	2	1	0	0
7.《大宋宣和遗事》	3	3	1①	0	0
8.《武王伐纣平话》	27	23	4	0	0
9.《新编五代史平话》	18	16	2	1	0
10.《三国志平话》	6	4	0	1	1
11.《元典章·刑部》	4	3	0	0	1
12.《元杂剧》	57	3	2	10	42
13.《三遂平妖传》	4	0	2	0	2
14.《三国演义》	19	8	9	2	0
15.《水浒传》	51	28	8	9	6
16.《元朝秘史》	7	1	1	3	2
17.《西游记》	75	25	17	25	8
18.《金瓶梅》	61	21	25	8	7
19.《牡丹亭》	6	2	1	0	3
20.《封神演义》	41	31	7	2	1
21.《喻世明言》	16	3	6	7	0
22.《警世通言》	13	4	5	2	2
23.《醒世恒言》	11	1	5	2	3
24.《初刻拍案惊奇》	9	2	4	3	0
25.《二刻拍案惊奇》	6	1	2	3	0
26.《型世言》	9	4	1	2	2
27.《醒世姻缘传》	8	3	3	2	0
28.《长生殿》	0	0	0	0	0
29.《桃花扇》	2	0	0	0	2
30.《儒林外史》	7	1	3	3	0
31.《红楼梦》	10	2	3	3	2
32.《镜花缘》	1	1	0	0	0
33.《儿女英雄传》	11	2	1	4	4
34.《官场现形记》	30	5	13	11	1
35.《老残游记》	4	0	3	1	0
合计	556	212	148	104	94

① 此例同时属于（1）、（2）种情况。另有其他少数例子属于不同情况的，不再单独指明。本表所分的四类情况，总数加起来是 558 例，即是少数例子分属不同类的结果。

第五章附表六　　"领属性宾语"中"狭义领属"和
　　　　　　　　"广义领属"的数量及其比例

序号·文献	领属类宾语	狭义领属类	比例（%）	广义领属类	比例（%）
1.《朝野佥载》	3	1	33.3	2	66.7
2.《广异记》	3	2	66.7	1	33.3
3.《入唐求法巡礼行记》	3	1	33.3	2	66.7
4.《伍子胥变文》	3	3	100.0	0	0
5.《朱子语类》	25	15	60.0	10	40.0
6.《大唐三藏取经诗话》	1	0	0	1	100.0
7.《大宋宣和遗事》	1	1	100.0	0	0
8.《武王伐纣平话》	20	10	50.0	10	50.0
9.《新编五代史平话》	14	9	64.3	5	35.7
10.《三国志平话》	6	3	50.0	3	50.0
11.《元典章·刑部》	22	11	50.0	11	50.0
12.《元杂剧》	40	27	67.5	13	32.5
13.《三遂平妖传》	30	22	73.3	8	26.7
14.《三国演义》	87	56	64.4	31	35.6
15.《水浒传》	125	82	66.1	43	33.9
16.《元朝秘史》	7	3	42.9	4	57.1
17.《西游记》	108	71	65.7	37	34.3
18.《金瓶梅》	45	33	73.3	12	26.7
19.《牡丹亭》	3	1	33.3	2	66.7
20.《封神演义》	117	97	82.9	20	17.1
21.《喻世明言》	27	14	51.9	13	48.1
22.《警世通言》	28	15	53.6	13	46.4
23.《醒世恒言》	48	29	60.4	19	39.6
24.《初刻拍案惊奇》	23	18	78.3	5	21.7
25.《二刻拍案惊奇》	14	12	85.7	2	14.3
26.《型世言》	19	11	57.9	8	42.1
27.《醒世姻缘传》	64	51	79.7	13	20.3
28.《长生殿》	1	1	100.0	0	0
29.《桃花扇》	2	2	100.0	0	0
30.《儒林外史》	11	7	63.6	4	36.4

续表

序号·文献	领属类宾语	狭义领属类	比例（%）	广义领属类	比例（%）
31.《红楼梦》	16	12	75.0	4	25.0
32.《镜花缘》	26	16	61.5	10	38.5
33.《儿女英雄传》	20	11	55.0	9	45.0
34.《官场现形记》	41	30	73.2	11	26.8
35.《老残游记》	10	7	70.0	3	30.0
合计	1013	684	67.52	329	32.48

第六章附表一　　"被"字后多 VP 结构句子的数量及其在所有"被"字句中的比例

序号·文献	所有"被"字句	"被"字后为多 VP 结构	所占比例（%）
1.《朝野佥载》	68	13	19.1
2.《广异记》	58	4	6.9
3.《入唐求法巡礼行记》	39	1	2.6
4.《伍子胥变文》	30	1	3.3
5.《朱子语类》	655	48	7.3
6.《大唐三藏取经诗话》	18	8	44.4
7.《大宋宣和遗事》	20	5	25.0
8.《武王伐纣平话》	67	24	35.8
9.《新编五代史平话》	101	45	44.5
10.《三国志平话》	35	7	20.0
11.《元典章·刑部》	227	18	7.9
12.《元杂剧》	330	38	11.5
13.《三遂平妖传》	178	44	24.7
14.《三国演义》	587	90	15.3
15.《水浒传》	702	214	30.5
16.《元朝秘史》	85	19	22.4
17.《西游记》	616	235	38.1
18.《金瓶梅》	468	193	41.2
19.《牡丹亭》	29	6	20.7
20.《封神演义》	608	104	17.1
21.《喻世明言》	324	67	20.7

续表

序号·文献	所有"被"字句	"被"字后为多VP结构	所占比例（%）
22.《警世通言》	240	45	18.8
23.《醒世恒言》	481	63	13.1
24.《初刻拍案惊奇》	253	38	15.0
25.《二刻拍案惊奇》	270	57	21.1
26.《型世言》	243	59	24.3
27.《醒世姻缘传》	414	70	16.9
28.《长生殿》	27	3	11.1
29.《桃花扇》	28	5	17.9
30.《儒林外史》	107	28	26.2
31.《红楼梦》	247	37	15.0
32.《镜花缘》	275	20	7.3
33.《儿女英雄传》	180	34	18.9
34.《官场现形记》	531	99	18.6
35.《老残游记》	91	13	14.3
合计	8632	1755	20.33

第六章附表二　"被"字后多VP结构中的"向心结构"与"离心结构"数量统计

序号·文献	"被"字后多VP结构	"向心结构"	"离心结构"
1.《朝野佥载》	13	13	0
2.《广异记》	4	3	1
3.《入唐求法巡礼行记》	1	1	0
4.《伍子胥变文》	1	1	0
5.《朱子语类》	48	37	11
6.《大唐三藏取经诗话》	8	4	4
7.《大宋宣和遗事》	5	5	0
8.《武王伐纣平话》	24	24	0
9.《新编五代史平话》	45	44	1
10.《三国志平话》	7	5	2
11.《元典章·刑部》	18	18	0
12.《元杂剧》	38	34	4

续表

序号·文献	"被"字后多 VP 结构	"向心结构"	"离心结构"
13.《三遂平妖传》	44	44	0
14.《三国演义》	90	88	2
15.《水浒传》	214	192	22
16.《元朝秘史》	19	18	1
17.《西游记》	235	227	8
18.《金瓶梅》	193	191	2
19.《牡丹亭》	6	6	0
20.《封神演义》	104	104	0
21.《喻世明言》	67	62	5
22.《警世通言》	45	42	3
23.《醒世恒言》	63	61	2
24.《初刻拍案惊奇》	38	36	2
25.《二刻拍案惊奇》	57	53	4
26.《型世言》	59	58	1
27.《醒世姻缘传》	70	69	1
28.《长生殿》	3	3	0
29.《桃花扇》	5	5	0
30.《儒林外史》	28	28	0
31.《红楼梦》	37	36	1
32.《镜花缘》	20	19	1
33.《儿女英雄传》	34	33	1
34.《官场现形记》	99	95	4
35.《老残游记》	13	13	0
合计	1755	1672	83

第六章附表三 "连续被动"和"不连续被动"的数量统计

序号·文献	"向心结构"	(1)	(2)	(3)	(4)
1.《朝野佥载》	13	7	0	3	3
2.《广异记》	3	2	0	1	0
3.《入唐求法巡礼行记》	1	1	0	0	0
4.《伍子胥变文》	1	0	0	0	1

续表

序号·文献	"向心结构"	(1)	(2)	(3)	(4)
5.《朱子语类》	37	18	1	12	6
6.《大唐三藏取经诗话》	4	1	0	2	1
7.《大宋宣和遗事》	5	1	0	1	3
8.《武王伐纣平话》	24	10	0	9	5
9.《新编五代史平话》	44	13	3	21	7
10.《三国志平话》	5	2	0	0	3
11.《元典章·刑部》	18	12	1	4	1
12.《元杂剧》	34	24	1	6	3
13.《三遂平妖传》	44	20	3	11	10
14.《三国演义》	88	40	7	24	17
15.《水浒传》	192	84	13	63	32
16.《元朝秘史》	18	9	1	2	6
17.《西游记》	227	80	18	73	56
18.《金瓶梅》	191	60	14	31	86
19.《牡丹亭》	6	2	1	2	1
20.《封神演义》	104	36	7	39	22
21.《喻世明言》	62	35	3	11	13
22.《警世通言》	42	27	0	8	7
23.《醒世恒言》	61	36	4	8	13
24.《初刻拍案惊奇》	36	18	2	6	10
25.《二刻拍案惊奇》	53	32	1	14	6
26.《型世言》	58	32	0	14	12
27.《醒世姻缘传》	69	38	2	18	11
28.《长生殿》	3	1	0	2	0
29.《桃花扇》	5	4	1	0	0
30.《儒林外史》	28	12	3	10	3
31.《红楼梦》	36	19	4	2	11
32.《镜花缘》	19	9	0	6	4
33.《儿女英雄传》	33	24	1	4	4
34.《官场现形记》	95	55	4	11	25
35.《老残游记》	13	5	1	5	2
合计	1672	769	96	423	384

第六章附表四　　"封闭式"和"开放式"的数量统计

序号·文献	"被"字后多VP结构	"封闭式"		"开放式"	
		狭义	广义	狭义	广义
1.《朝野佥载》	13	3	10	3	3
2.《广异记》	4	1	3	0	1
3.《入唐求法巡礼行记》	1	0	1	0	0
4.《伍子胥变文》	1	0	0	1	1
5.《朱子语类》	48	12	31	6	17
6.《大唐三藏取经诗话》	8	2	3	1	5
7.《大宋宣和遗事》	5	1	2	3	3
8.《武王伐纣平话》	24	9	10	5	14
9.《新编五代史平话》	45	21	37	7	8
10.《三国志平话》	7	0	2	3	5
11.《元典章·刑部》	18	4	17	1	1
12.《元杂剧》	38	6	31	3	7
13.《三遂平妖传》	44	11	34	10	10
14.《三国演义》	90	24	71	17	19
15.《水浒传》	214	63	160	32	54
16.《元朝秘史》	19	2	12	6	7
17.《西游记》	235	73	171	56	64
18.《金瓶梅》	193	31	105	86	88
19.《牡丹亭》	6	2	5	1	1
20.《封神演义》	104	39	82	22	22
21.《喻世明言》	67	11	49	13	18
22.《警世通言》	45	8	35	7	10
23.《醒世恒言》	63	8	48	13	15
24.《初刻拍案惊奇》	38	6	26	10	12
25.《二刻拍案惊奇》	57	14	47	6	10
26.《型世言》	59	14	46	12	13
27.《醒世姻缘传》	70	18	58	11	12
28.《长生殿》	3	2	3	0	0
29.《桃花扇》	5	0	5	0	0
30.《儒林外史》	28	10	25	3	3

续表

序号·文献	"被"字后多VP结构	"封闭式"		"开放式"	
		狭义	广义	狭义	广义
31.《红楼梦》	37	2	25	11	12
32.《镜花缘》	20	6	15	4	5
33.《儿女英雄传》	34	4	29	4	5
34.《官场现形记》	99	11	70	25	29
35.《老残游记》	13	5	11	2	2
合计	1755	423	1279	384	476

第六章附表五　"被"字后多VP结构的项数分布

序号·文献	"被"字后多VP结构	含2个VP的数量	含3个VP的数量	含4个VP的数量	含5个及以上VP数量	峰值
1.《朝野佥载》	13	9	1	2	1	5
2.《广异记》	4	3	1	0	0	3
3.《入唐求法巡礼行记》	1	1	0	0	0	2
4.《伍子胥变文》	1	0	1	0	0	3
5.《朱子语类》	48	35	9	1	3	5
6.《大唐三藏取经诗话》	8	1	5	1	1	7
7.《大宋宣和遗事》	5	3	2	0	0	3
8.《武王伐纣平话》	24	18	4	1	1	5
9.《新编五代史平话》	45	22	13	9	1	5
10.《三国志平话》	7	3	3	0	1	5
11.《元典章·刑部》	18	12	3	2	1	5
12.《元杂剧》	38	28	8	1	1	8
13.《三遂平妖传》	44	26	13	3	2	5
14.《三国演义》	90	50	18	15	7	7
15.《水浒传》	214	103	58	31	22	14
16.《元朝秘史》	19	17	2	0	0	3
17.《西游记》	235	108	65	36	26	11
18.《金瓶梅》	193	101	63	20	9	9
19.《牡丹亭》	6	3	3	0	0	3
20.《封神演义》	104	44	34	13	13	8

序号·文献 \ 多VP结构项数	"被"字后多VP结构	含2个VP的数量	含3个VP的数量	含4个VP的数量	含5个及以上VP数量	峰值
21.《喻世明言》	67	51	11	2	3	5
22.《警世通言》	45	32	10	3	0	4
23.《醒世恒言》	63	40	20	2	1	5
24.《初刻拍案惊奇》	38	25	12	1	0	4
25.《二刻拍案惊奇》	57	46	11	0	0	3
26.《型世言》	59	46	12	1	0	4
27.《醒世姻缘传》	70	53	11	4	2	8
28.《长生殿》	3	3	0	0	0	2
29.《桃花扇》	5	4	1	0	0	3
30.《儒林外史》	28	20	5	2	1	5
31.《红楼梦》	37	30	6	1	0	4
32.《镜花缘》	20	14	3	2	1	6
33.《儿女英雄传》	34	24	8	0	2	6
34.《官场现形记》	99	79	16	4	0	4
35.《老残游记》	13	11	1	1	0	4
合计	1755	1065	433	158	99	14
所占比例（数量/1755）	100%	60.68%	24.67%	9.00%	5.64%	—
2—3、4以上VP的比例	100%	1498例，占85.36%		257例，占14.64%		—

第七章附表一　　"被"字后动词带补语的数量、比例及
各时代分布情况

序号·文献	所有"被"字句	带补语数量	所占比例（%）	各时代分布
1.《朝野佥载》	68	17	25.0	50/195 比例为25.64%
2.《广异记》	58	17	29.3	
3.《入唐求法巡礼行记》	39	16	41.0	
4.《伍子胥变文》	30	0	0	247/673 比例为36.70%
5.《朱子语类》	655	236	36.0	
6.《大唐三藏取经诗话》	18	11	61.1	

续表

序号·文献	所有"被"字句	带补语数量	所占比例（%）	各时代分布
7.《大宋宣和遗事》	20	4	20.0	
8.《武王伐纣平话》	67	27	40.3	
9.《新编五代史平话》	101	48	47.5	290/780 比例为37.18%
10.《三国志平话》	35	12	34.3	
11.《元典章·刑部》	227	45	19.8	
12.《元杂剧》	330	154	46.7	
13.《三遂平妖传》	178	113	63.5	
14.《三国演义》	587	286	48.7	
15.《水浒传》	702	394	56.1	
16.《元朝秘史》	85	25	29.4	
17.《西游记》	616	431	70.0	
18.《金瓶梅》	468	344	73.5	
19.《牡丹亭》	29	13	44.8	3151/5498 比例为57.31%
20.《封神演义》	608	330	54.3	
21.《喻世明言》	324	151	46.6	
22.《警世通言》	240	119	49.6	
23.《醒世恒言》	481	246	51.1	
24.《初刻拍案惊奇》	253	148	58.5	
25.《二刻拍案惊奇》	270	166	61.5	
26.《型世言》	243	136	56.0	
27.《醒世姻缘传》	414	249	60.1	
28.《长生殿》	27	12	44.4	
29.《桃花扇》	28	21	75.0	
30.《儒林外史》	107	69	64.5	
31.《红楼梦》	247	148	59.9	914/1486 比例为61.51%
32.《镜花缘》	275	144	52.4	
33.《儿女英雄传》	180	117	65.0	
34.《官场现形记》	531	347	65.3	
35.《老残游记》	91	56	61.5	
合计	8632	4652	53.89%	—

第七章附表二　"被"字后动词所带各类补语的数量及所占比例（一）

序号·文献	被+V+时间词语		被+V+处所词语		被+V+程度词语	
	数量	比例（%）	数量	比例（%）	数量	比例（%）
1.《朝野佥载》	1	5.9	3	17.6	0	0
2.《广异记》	0	0	0	0	0	0
3.《入唐求法巡礼行记》	0	0	1	6.3	0	0
4.《伍子胥变文》	0	0	0	0	0	0
5.《朱子语类》	1	0.4	5	2.1	2	0.8
6.《大唐三藏取经诗话》	0	0	0	0	0	0
7.《大宋宣和遗事》	0	0	1	25	0	0
8.《武王伐纣平话》	0	0	0	0	0	0
9.《新编五代史平话》	1	2.1	8	16.7	0	0
10.《三国志平话》	0	0	0	0	0	0
11.《元典章·刑部》	0	0	2	4.4	0	0
12.《元杂剧》	0	0	1	0.6	26	16.9
13.《三遂平妖传》	3	2.7	3	2.7	2	1.8
14.《三国演义》	1	0.3	2	0.7	6	2.1
15.《水浒传》	0	0	2	0.5	1	0.3
16.《元朝秘史》	0	0	0	0	0	0
17.《西游记》	4	0.9	2	0.5	1	0.2
18.《金瓶梅》	3	0.9	1	0.3	1	0.3
19.《牡丹亭》	0	0	0	0	3	23.1
20.《封神演义》	2	0.6	6	1.8	2	0.6
21.《喻世明言》	4	2.6	5	3.3	0	0
22.《警世通言》	0	0	3	2.5	1	0.8
23.《醒世恒言》	3	1.2	0	0	0	0
24.《初刻拍案惊奇》	3	2.0	2	1.4	0	0
25.《二刻拍案惊奇》	4	2.4	2	1.2	1	0.6
26.《型世言》	2	1.5	3	2.2	1	0.7
27.《醒世姻缘传》	2	0.8	0	0	2	0.8
28.《长生殿》	0	0	0	0	1	8.3
29.《桃花扇》	0	0	2	9.5	0	0

续表

序号·文献	被+V+时间词语		被+V+处所词语		被+V+程度词语	
	数量	比例（%）	数量	比例（%）	数量	比例（%）
30.《儒林外史》	1	1.4	0	0	0	0
31.《红楼梦》	1	0.7	0	0	1	0.7
32.《镜花缘》	1	0.7	1	0.7	2	1.4
33.《儿女英雄传》	2	1.7	0	0	1	0.9
34.《官场现形记》	2	0.6	0	0	3	0.9
35.《老残游记》	1	1.8	0	0	0	0
合计	42	0.90	55	1.18	57	1.23

第七章附表三　　"被"字后动词所带各类补语的数量及所占比例（二）

序号·文献	被+V+个/一个		被+V+数量词语		被+V+"得"字结构			
	数量	比例（%）	数量	比例（%）	得	的	总	比例（%）
1.《朝野佥载》	0	0	3	17.6	0	0	0	0
2.《广异记》	0	0	0	0	0	0	0	0
3.《入唐求法巡礼行记》	0	0	0	0	0	0	0	0
4.《伍子胥变文》	0	0	0	0	0	0	0	0
5.《朱子语类》	0	0	4	1.7	69	0	69	29.2
6.《大唐三藏取经诗话》	0	0	3	27.3	0	0	0	0
7.《大宋宣和遗事》	0	0	0	0	0	0	0	0
8.《武王伐纣平话》	0	0	1	3.7	1	0	1	3.7
9.《新编五代史平话》	0	0	3	6.3	1	0	1	2.1
10.《三国志平话》	0	0	2	16.7	0	0	0	0
11.《元典章·刑部》	0	0	1	2.2	0	0	0	0
12.《元杂剧》	0	0	12	7.8	2	17	19	12.3
13.《三遂平妖传》	2	1.8	10	8.8	14	0	14	12.4
14.《三国演义》	0	0	10	3.5	3	2	5	1.7
15.《水浒传》	6	1.5	15	3.8	26	10	36	9.1
16.《元朝秘史》	0	0	0	0	0	0	0	0
17.《西游记》	11	2.6	25	5.8	29	1	29	6.7
18.《金瓶梅》	7	2.0	60	17.4	7	19	26	7.6

续表

序号·文献	被+V+个/一个		被+V+数量词语		被+V+"得"字结构			
	数量	比例（%）	数量	比例（%）	得	的	总	比例（%）
19.《牡丹亭》	0	0	0	0	0	1	1	7.7
20.《封神演义》	5	1.5	20	6.1	29	4	33	10.0
21.《喻世明言》	1	0.7	13	8.6	10	1	11	7.3
22.《警世通言》	0	0	9	7.6	8	0	8	6.7
23.《醒世恒言》	1	0.4	19	7.7	19	1	20	8.1
24.《初刻拍案惊奇》	0	0	3	2.0	14	0	14	9.5
25.《二刻拍案惊奇》	1	0.6	10	6.0	15	0	15	9.0
26.《型世言》	7	5.1	9	6.6	10	0	10	7.4
27.《醒世姻缘传》	12	4.8	32	12.9	36	16	52	20.9
28.《长生殿》	0	0	1	8.3	1	0	1	8.3
29.《桃花扇》	0	0	0	0	1	0	1	4.8
30.《儒林外史》	7	10.1	9	13.0	4	6	10	14.5
31.《红楼梦》	1	0.7	15	10.1	7	3	10	6.8
32.《镜花缘》	1	0.7	5	3.5	1	23	24	16.7
33.《儿女英雄传》	4	3.4	12	10.3	17	11	28	23.9
34.《官场现形记》	4	1.2	50	14.4	13	20	33	9.5
35.《老残游记》	2	3.6	4	7.1	5	8	13	23.2
合计	72	1.55	360	7.74	342	143	484	10.40

第七章附表四　　"被"字后动词所带各类补语的数量及所占比例（三）

序号·文献	被+V+动宾/介宾		被+V+趋向动词		被+V+表示结果词语	
	数量	比例（%）	数量	比例（%）	数量	比例（%）
1.《朝野佥载》	4	23.5	5	29.4	2	11.8
2.《广异记》	12	70.6	2	11.8	3	17.6
3.《入唐求法巡礼行记》	4	25.0	8	50.0	3	18.8
4.《伍子胥变文》	0	0	0	0	0	0
5.《朱子语类》	19	8.1	74	31.4	70	29.7
6.《大唐三藏取经诗话》	6	54.5	2	18.2	2	18.2
7.《大宋宣和遗事》	2	50.0	1	25.0	2	50.0

续表

序号·文献	被+V+动宾/介宾		被+V+趋向动词		被+V+表示结果词语	
	数量	比例（%）	数量	比例（%）	数量	比例（%）
8.《武王伐纣平话》	4	14.8	6	22.0	16	59.3
9.《新编五代史平话》	11	22.9	16	33.3	16	33.3
10.《三国志平话》	5	41.7	0	0	5	41.7
11.《元典章·刑部》	20	44.4	5	11.1	23	51.1
12.《元杂剧》	24	15.6	38	24.7	51	33.1
13.《三遂平妖传》	15	13.3	30	26.5	45	39.8
14.《三国演义》	91	31.8	63	22.0	143	50.0
15.《水浒传》	109	27.7	128	32.5	175	44.4
16.《元朝秘史》	8	32.0	11	44.0	9	36.0
17.《西游记》	77	17.7	170	39.4	188	43.6
18.《金瓶梅》	62	18.0	106	30.8	122	35.5
19.《牡丹亭》	1	7.7	4	30.8	5	38.5
20.《封神演义》	65	19.7	117	35.5	115	34.8
21.《喻世明言》	21	13.9	64	42.4	50	33.1
22.《警世通言》	30	25.2	33	27.7	48	40.3
23.《醒世恒言》	32	13.0	86	35.0	105	42.7
24.《初刻拍案惊奇》	25	16.9	47	31.8	67	45.3
25.《二刻拍案惊奇》	28	16.9	58	34.9	66	39.8
26.《型世言》	30	22.1	45	33.1	48	35.3
27.《醒世姻缘传》	35	14.1	62	24.9	74	29.7
28.《长生殿》	1	8.3	0	0	8	66.7
29.《桃花扇》	11	52.4	4	19.0	6	28.6
30.《儒林外史》	12	17.4	20	29.0	20	29.0
31.《红楼梦》	14	9.5	51	34.5	63	42.6
32.《镜花缘》	14	9.7	33	22.9	65	45.1
33.《儿女英雄传》	12	10.3	28	23.9	38	32.5
34.《官场现形记》	22	6.3	147	42.4	112	32.3
35.《老残游记》	8	14.3	18	32.1	18	32.1
合计	834	17.93	1482	31.86	1783	38.33

第七章附表五　"被"字后动词所带多个补语情况统计

序号·文献	被+V+多个补语			其中1个VP带2个补语	
	数量	比例（%）	峰值	数量	比例（%）
1.《朝野佥载》	1	5.9	2	0	0
2.《广异记》	0	0	0	0	0
3.《入唐求法巡礼行记》	0	0	0	0	0
4.《伍子胥变文》	0	0	0	0	0
5.《朱子语类》	8	3.4	2	6	2.5
6.《大唐三藏取经诗话》	3	27.3	4	0	0
7.《大宋宣和遗事》	2	50.0	2	0	0
8.《武王伐纣平话》	3	11.1	2	0	0
9.《新编五代史平话》	7	14.6	3	0	0
10.《三国志平话》	0	0	0	0	0
11.《元典章·刑部》	3	6.7	4	1	2.2
12.《元杂剧》	16	10.4	6	0	0
13.《三遂平妖传》	9	8.0	3	2	1.8
14.《三国演义》	33	11.5	3	9	3.1
15.《水浒传》	75	19.0	5	20	5.1
16.《元朝秘史》	3	12.0	2	1	4.0
17.《西游记》	84	19.5	6	12	2.8
18.《金瓶梅》	54	15.7	4	6	1.7
19.《牡丹亭》	1	7.7	2	0	0
20.《封神演义》	41	12.4	4	7	2.1
21.《喻世明言》	18	11.9	4	6	4.0
22.《警世通言》	13	10.9	3	2	1.7
23.《醒世恒言》	26	10.6	5	2	0.8
24.《初刻拍案惊奇》	13	8.8	4	4	2.7
25.《二刻拍案惊奇》	18	10.8	4	5	3.0
26.《型世言》	18	13.2	2	0	0
27.《醒世姻缘传》	20	8.0	4	2	0.8
28.《长生殿》	0	0	0	0	0
29.《桃花扇》	2	9.5	3	2	9.5
30.《儒林外史》	10	14.5	3	3	4.3

续表

序号·文献	被 + V + 多个补语			其中 1 个 VP 带 2 个补语	
	数量	比例（%）	峰值	数量	比例（%）
31.《红楼梦》	7	4.7	3	0	0
32.《镜花缘》	1	0.7	4	0	0
33.《儿女英雄传》	7	6.0	2	1	0.9
34.《官场现形记》	32	9.2	4	7	2.0
35.《老残游记》	7	12.5	4	0	0
合计	535	11.50	6	98	2.11

参考文献

一 专著类

北大中文系55、57语言班：《现代汉语虚词例释》，商务印书馆1982年版。

［美］伯纳德·科姆里：《语言共性和语言类型》，沈家煊译，华夏出版社1981年版。

［美］布龙菲尔德：《语言论》，袁家骅、赵世开、甘世福译，商务印书馆1933年版。

曹逢甫：《主题在汉语中的功能研究——迈向语段分析的第一步》，谢天蔚译，语文出版社1995年版。

程琪龙：《系统功能语法导论》，汕头大学出版社1994年版。

崔宰荣：《唐宋被动句研究》，博士学位论文，北京大学，2001年。

丁声树等：《现代汉语语法讲话》，商务印书馆1961年版。

冯春田：《近代汉语语法研究》，山东教育出版社2000年版。

冯春田：《〈聊斋俚曲〉语法研究》，河南大学出版社2000年版。

黄伯荣、廖序东：《现代汉语》（增订5版），高等教育出版社2011年版。

蒋冀骋、吴福祥：《近代汉语纲要》，湖南教育出版社1997年版。

蒋绍愚：《近代汉语研究概况》，北京大学出版社1994年版。

蒋绍愚：《近代汉语研究概要》，北京大学出版社2005年版。

蒋绍愚、曹广顺主编：《近代汉语语法史研究综述》，商务印书馆2005年版。

黎锦熙：《新著国语文法》，商务印书馆1992年版。

李临定：《现代汉语句型》，商务印书馆1986年版。

李珊：《现代汉语被字句研究》，北京大学出版社1994年版。

刘坚主编：《二十世纪的中国语言学》，北京大学出版社1998年版。

柳士镇：《魏晋南北朝历史语法》，南京大学出版社1992年版。

陆俭明：《现代汉语语法研究教程》，北京大学出版社2003年版。
吕叔湘主编：《现代汉语八百词》，商务印书馆1980年版。
马建忠：《马氏文通》，商务印书馆1983年版。
孙力平编：《古汉语语法研究论文索引（1900—2000）》，商务印书馆2003年版。
［日］太田辰夫：《中国语历史文法》，蒋绍愚、徐昌华译，北京大学出版社1958年版。
王力：《中国现代语法》，商务印书馆1985年版。
王力：《汉语史稿》，中华书局1958年版。
王力：《汉语语法史》，商务印书馆2000年版。
吴福祥：《敦煌变文12种语法研究》，河南大学出版社2003年版。
吴福祥：《〈朱子语类辑略〉语法研究》，河南大学出版社2003年版。
徐通锵：《基础语言学教程》，北京大学出版社2001年版。
熊学亮：《认知语用学概论》，上海外语教育出版社1999年版。
俞光中、植田均：《近代汉语语法研究》，学林出版社1999年版。
袁宾：《近代汉语概论》，上海教育出版社1992年版。
袁宾：《二十世纪的近代汉语研究》，书海出版社2002年版。
章培恒、骆玉明主编：《中国文学史》，复旦大学出版社1996年版。
张美兰：《祖堂集语法研究》，商务印书馆2003年版。
赵元任：《汉语口语语法》，商务印书馆1979年版。
郑贵友：《汉语篇章语言学》，外文出版社2002年版。
志村良志：《中国中世语法史研究》，中华书局1995年版。
朱德熙：《现代汉语语法研究》，商务印书馆1980年版。
朱德熙：《语法讲义》，商务印书馆1982年版。

二 论文类

艾芹：《被字句的动词还能带宾语吗？》，《咬文嚼字》1999年第9期。
柏晓静、詹卫东：《汉语"被"字句的约束条件与机器翻译中英语被动句的处理》，《汉语被动表述问题研究新拓展——汉语被动表述问题国际学术研讨会论文集》，2003年。
暴拯群：《〈唐三藏西游释厄传〉语言研究》，《信阳师范学院学报》（哲学社会科学版）2003年第1期。
毕圆：《〈老残游记〉"被"字句研究》，《青年作家》（中外文艺版）2010年第12期。

蔡岚岚：《汉英被动句式之比较》，《宁德师专学报》（哲学社会科学版）2001年第1期。

曹广涛：《从汉英被动句看中英文化的异同》，《韶关学院学报》（社会科学版）2002年第11期。

曹翔：《试论"被"的词性》，《江西教育学院学报》（社会科学版）2003年第1期。

曹小云：《〈朝野佥载〉"被"字句研究》，《安徽师范大学学报》1990年第4期。

曹小云：《〈《祖堂集》被字句研究〉商补》，《中国语文》1993年第5期。

曹道根：《"被"的双重句法地位和被字句的生成》，《当代语言学》2011年第1期。

曹道根：《被字句的生成解释及相关问题》，《语言科学》2012年第2期。

曹道根：《谈汉语"被"字句一些最简句法研究中存在的理论问题》，《当代语言学》2008年第1期。

岑玉珍：《"被"字句和"由"字句》，《学汉语》1994年第5期。

常文芳、邰峰：《"被"字句、被动句和受事主语句之间的关系》，《巢湖学院学报》2005年第1期。

陈颖：《关于"被"字句用于好义的考察》，《上饶师专学报》1997年第1期。

陈福迎：《宿迁方言中的两种特殊句式》，《伊犁师范学院学报》（社会科学版）2011年第1期。

陈芳芳：《浅析新兴格式"被××"》，《晋城职业技术学院学报》2013年第2期。

陈年高：《敦博本〈坛经〉的"被"字被动句》，《淮阴师范学院学报》（哲学社会科学版）2010年第6期。

陈晓燕：《被字句中"被"的句法功能》，《安徽文学》2009年第7期。

程相伟：《谈被字句中"被"的词性》，《洛阳师范学院学报》2000年第4期。

程俊：《现代汉语"被"字句与网络新创"被"字句的比对》，《绵阳师范学院学报》2010年第6期。

池昌海、周晓君：《新"被+×"结构及其生成机制与修辞意图》，《福建师范大学学报》（哲学社会科学版）2012年第4期。

崔宰荣：《唐宋时期的特殊"被"字句》，《语文研究》2001年第4期。

崔山佳：《"被……所……""被"字句历时考察》，《语言与翻译》2013

年第 2 期。

邓思颖：《作格化和汉语被动句》，《中国语文》2004 年第 4 期。

邓宗荣：《古汉语被动表示法的几个问题》，《南开学报》1983 年第 2 期。

刁晏斌：《〈朱子语类〉中几种特殊的"被"字句》，《古汉语研究》1995 年第 3 期。

刁晏斌：《近代汉语中"被+施事+谓语"式"被"字句》，《青海师范大学学报》（哲学社会科学版）1995 年第 4 期。

刁晏斌：《两岸四地的"遭"字句及其与"被"字句的差异》，《语言教学与研究》2012 年第 5 期。

刁晏斌：《两岸四地"被"字句对比考察——两岸四地被动句对比研究之一》，《语文研究》2013 年第 2 期。

丁建川、曹贤香：《浅谈被字句》，《岱宗学刊》2000 年第 2 期。

丁勇：《〈元典章〉的被字句》，《孝感学院学报》2006 年第 1 期。

丁力：《变异"被"字句的异质感受与文化信息》，《汉语学报》2011 年第 4 期。

丁一：《新兴"被"字构式的认知语用研究》，《齐鲁师范学院学报》2013 年第 3 期。

董治国：《古代汉语被动句型研究》，《天津教育学院学报》1993 年第 4 期。

董志翘：《中世汉语"被"字句的发展和衍变》，《河南师范大学学报》1989 年第 1 期。

董洪杰、李琼：《"新被字句"及其形成机制分析》，《咸阳师范学院学报》2012 年第 5 期。

段贺磊：《汉语被动句与维吾尔语的被动语态对比研究》，《民族翻译》2009 年第 4 期。

段兴臻：《"由"字句和"被"字句的多角度比较》，《临沂师范学院学报》2010 年第 5 期。

樊友新：《从"被就业"看"被"的语用功能》，《合肥师范学院学报》2010 年第 2 期。

范晓：《被字句谓语动词的语义特征》，《长江学术》2006 年第 2 期。

范晓：《"被"后宾语在篇章中与上下文关系的考察》，《语言科学》2007 年第 3 期。

范颖睿：《"被"字句谓语动词的语义指向与感情色彩指向》，《内蒙古师范大学学报》（哲学社会科学版）2013 年第 3 期。

方光焘:《关于古汉语被动句基本形式的几个疑问》,《中国语文》1961 年第 10—11 月号。

方林刚:《新被字句的选择性继承与创新》,《重庆师范大学学报》(哲学社会科学版) 2011 年第 3 期。

冯胜利:《"管约"理论与汉语的被动句》,《中国语言学论丛》(第一辑),北京语言文化大学出版社 1997 年版。

冯英:《汉语被动语态表达方式的历史演变》,《云南师范大学学报》1998 年第 2 期。

冯文贺、姬东鸿:《"把第被"及其相关句式的依存分析》,《外国语》(上海外国语大学学报) 2011 年第 5 期。

高霄、王慧青:《〈红楼梦〉"被"字句句法研究》,《云南财贸学院学报》(社会科学版) 2005 年第 5 期。

高海莲:《"被××"的认知分析》,《济源职业技术学院学报》2010 年第 4 期。

高剑华:《论"被"字句教学》,《齐齐哈尔大学学报》(哲学社会科学版) 2008 年第 1 期。

高军青:《敦煌变文"被"字句主语的语用分析》,《武陵学刊》2010 年第 6 期。

高艳:《新兴被字句的语用功能及句法特点》,《吉林师范大学学报》(人文社会科学版) 2012 年第 5 期。

邰峰:《现代汉语"被"字短语》,《淮北煤炭师范学院学报》(哲学社会科学版) 2003 年第 3 期。

邰峰:《关于广义"被"字句》,《阜阳师范学院学报》(社会科学版) 2004 年第 4 期。

谷婷婷:《英汉被动句式的比较》,《宿州师专学报》2003 年第 2 期。

顾穹:《论汉语被动句在历史发展过程中的变化规律》,《东岳论丛》1992 年第 1 期。

郭鸿杰、韩红:《100 语料库驱动的英汉语言接触研究:以"被"字句为例》,《外语教学与研究》2012 年第 3 期。

郭立萍:《"被"字句超常搭配的零度与偏离》,《淮北煤炭师范学院学报》(哲学社会科学版) 2009 年第 6 期。

桂孟秋:《面向留学生的"被"字句语用教学——基于 HSK 动态作文语料库的研究》,《江汉大学学报》(人文科学版) 2011 年第 1 期。

韩陈其:《论古代汉语被动句的结构层次》,《徐州师范学院学报》1985 年第 4 期。

韩艳梅：《"被××"新兴构式的类型细分及差异分析》，《成都理工大学学报》（社会科学版）2013 年第 5 期。

郝璐：《浅析新兴结构——"被×"格式》，《安徽文学》2011 年第 5 期。

何继军：《近代汉语被字句综述》，《河北理工学院学报》（社会科学版）2004 年第 1 期。

何妍霓：《〈红楼梦〉中"被"字句的语义平面分析》，《青年作家》（中外文艺版）2010 年第 11 期。

赫琳：《先秦"被·动"式、"见·动"式再认识》，《古汉语研究》2001 年第 3 期。

黄锦君：《二程语录中的被动句和被字句》，《西南民族学院学报》（哲学社会科学版）2002 年第 5 期。

黄月圆、杨素英、高立群、张旺熹、崔希亮：《汉语作为第二语言"被"字句习得的考察》，《世界汉语教学》2007 年第 2 期。

黄晓雪、李崇兴：《"被"表原因的来源》，《汉字文化》2007 年第 5 期。

洪波：《语篇层面的"被"字句及其教学》，《云南师范大学学报》2003 年第 3 期。

淮姝蓉：《新式"被××"结构探析》，《晋中学院学报》2013 年第 4 期。

胡金晓、南潮：《"被"字句的语用分析及对对外汉语教学的启发》，《湖北师范学院学报》（哲学社会科学版）2012 年第 4 期。

胡显耀、曾佳：《翻译小说"被"字句的频率、结构及语义韵研究》，《外国语》（上海外国语大学学报）2010 年第 3 期。

汲传波：《被动句中"被"、"让"的分工》，《喀什师范学院学报》（社会科学版）2001 年第 1 期。

江蓝生：《被动关系词"吃"的来源初探》，《中国语文》1989 年第 5 期。

江蓝生：《汉语使役与被动兼用探源》，《祝贺梅祖麟汉语历史句法及构词法论文集》，巴黎 1999 年版。

蒋冀骋：《二十世纪的近代汉语研究》，载《二十世纪的中国语言学》，北京大学出版社 1998 年版。

蒋荔：《浅谈构式"被+××"》，《科教文汇》2012 年第 11 期。

蒋绍愚：《近代汉语研究概述》，《古汉语研究》1990 年第 2 期。

蒋绍愚：《"给"字句、"教"字句表被动的来源——兼论语法化、类推和功能扩展》，载《语法化与语法研究》（一），商务印书馆 2003 年版。

蒋绍愚：《受事主语句的发展与使役句到被动句的演变》，刊于《意义与形式——古代汉语语法论文集》，高嶋谦一、蒋绍愚主编，Lincom，Gmb H. 2004 年版。

蒋绍愚：《近代汉语的几种被动式》，《陕西师范大学学报》（哲学社会科学版）2009 年第 6 期。

金波生：《简说被字句》，《咬文嚼字》1999 年第 9 期。

金湘泽：《汉语的被动结构》，《宁波师专学报》1979 年第 2 期。

金允经：《被字句中"被+NP"的特点》，《汉语学习》1996 年第 3 期。

劲松：《被字句的偏误和规范》，《汉语学习》2004 年第 1 期。

柯贤兵：《英汉被动句式的比较》，《高等函授学报》（哲学社会科学版）2005 年第 1 期。

匡群：《略论古今汉语的被动句》，《邵阳师专学报》1980 年第 1—2 期。

雷仁有、包朗：《语言学视阈下的被就业现象》，《和田师范专科学校学报》2013 年第 1 期。

李晋荃：《话题连贯和述题连贯》，《语言教学与研究》1993 年第 1 期。

李岚：《试论"被"字句的分类及其褒义倾向》，《南平师专学报》（社会科学版）1997 年第 3 期。

李临定：《"被"字句》，《中国语文》1980 年第 6 期。

李奇瑞：《古汉语被动句的语义范畴》，《九江师专学报》1988 年第 3 期。

李巧玲：《英语被动句与汉语"被"字句的比较》，《辽宁教育行政学院学报》2005 年第 5 期。

李人鉴：《关于"被"字句》，《扬州师院学报》1980 年第 2 期。

李润桃：《"被"字句语义问题初探》，《殷都学刊》1996 年第 2 期。

李思明：《〈水浒〉中的积极被动句——"蒙"字句》，《安庆师院学报》1990 年第 1 期。

李宗江：《汉语被动句的语义特征及其认知解释》，《解放军外国语学院学报》2004 年第 6 期。

李青：《现代汉语"被"字句的主观性研究》，《大连大学学报》2011 年第 2 期。

李明：《构式语法视角下的偏离性"被"字句探究》，《文学界》（理论版）2012 年第 12 期。

李炳媛：《〈四世同堂〉"被"字句定量分析》，《科教文汇》2007 年第 10 期。

李莉：《"被××"现象的模因论阐释》，《长春理工大学学报》（社会科学版）2011 年第 3 期。

李学军：《"被组合"何以会流行?》，《语文建设》2011 年第 1 期。

李肖婷：《"被"字句和被动意义》，《绵阳师范学院学报》2010 年第 6 期。

梁东汉：《现代汉语的被动式》，《内蒙古大学学报》1962 年第 6 期。

梁锦祥：《汉语被字句句法三说》，《华南师范大学学报》（社会科学版）2005 年第 1 期。

梁倩倩：《模因视阈下"被××"流行语现象浅析》，《宁波教育学院学报》2010 年第 5 期。

廖飞华、唐巧娟：《试析被字句的语篇功能》，《六盘水师范高等专科学校学报》2011 年第 2 期。

林红：《"被"字句在近代汉语中的运用》，《长春大学学报》2000 年第 6 期。

林荣钦、林菁：《新型"被××"结构之研究》，《福建师大福清分校学报》2013 年第 1 期。

林燕、徐兴胜：《"被"字句的派生问题研究》，《河北北方学院学报》2008 年第 5 期。

刘慧英：《论近古时期汉语的特殊"被"字句》，《语文学刊》1998 年第 6 期。

刘继超：《"被""把"同现句的类型及其句式转换》，《江西师范大学学报》（哲学社会科学版）1997 年第 1 期。

刘继超：《〈儿女英雄传〉中的"把""被"同现句》，《古汉语研究》1999 年第 2 期。

刘继超、高月丽：《"被""把"同现句与"被"字句比较研究》，《陕西师范大学学报》（哲学社会科学版）1998 年第 3 期。

刘捷：《古代汉语被动句式诠析》，《怀化师专学报》1998 年第 1 期。

刘进：《从〈水浒传〉前 70 回看近代汉语中的零主语"被"字句》，《云梦学刊》2005 年第 6 期。

刘进：《语法化理论综述》，《殷都学刊》2006 年第 1 期。

刘进：《近代汉语"被"字句研究中的主要问题》，《殷都学刊》2009 年第 1 期。

刘进：《近代汉语"被"字句的语义色彩及相关问题》，《安庆师范学院学报》（社会科学版）2010 年第 10 期。

刘进：《"被"字句的历史发展及不表示被动关系的成因》，《殷都学刊》2012 年第 3 期。

刘世儒：《被动式的起源》，《语文学习》1956年第8期。
刘世儒：《论汉语"被动式"的传统用法》，《北京师范大学学报》1963年第1期。
刘叔新：《现代汉语被动句的范围和类别问题》，载中国社会科学院语言研究所现代汉语教研室编《句型和动词》，语文出版社1987年版。
刘子瑜：《敦煌变文中的被动句式》，《湖北大学学报》（哲学社会科学版）1997年第1期。
刘利红：《从"被"字的语法化演变看其词性》，《湖南财经高等专科学校学报》2010年第5期。
刘潇萌：《当代汉语新"被"字句浅析》，《北方文学》2011年第8期。
刘荣琴：《浅谈"被"字的词性归属》，《时代文学》2008年第5期。
刘清宇：《浅谈网络新型"被"字句》，《剑南文学》（经典教苑）2012年第2期。
刘子妤：《关于流行语"被××"的语义、语用浅析》，《现代语文》（语言研究版）2013年第2期。
刘杰、邵敬敏：《析一种新兴的主观强加性贬义格式——"被××"》，《语言与翻译》2010年第1期。
柳士镇：《〈百喻经〉中的被动句式》，《南京大学学报》（哲学社会科学）1985年第2期。
卢惠惠、刘斐：《从语法构式"被"字句到修辞构式"被组合"》，《南阳师范学院学报》2011年第4期。
陆俭明：《汉语句法成分特有的套叠现象》，《中国语文》1990年第2期。
陆俭明：《有关被动句的几个问题》，《汉语学报》2004年第2期。
罗敏：《真假命题与"被"字网络流行语》，《安康学院学报》2010年第4期。
吕景先：《唐明之间汉语的被动式》，《河南师范大学学报》1980年第2期。
吕景先：《古汉语的被动式》，《河南师范大学学报》1982年第2期。
吕叔湘：《被字句、把字句动词带宾语》，《中国语文》1965年第4期。
吕文华：《"被"字句和无标志被动句的变换关系》，载中国社会科学院语言研究所现代汉语教研室编《句型和动词》，语文出版社1987年版。
吕文华：《"被"字句和意义被动句的教学构想》，《语言教学与研究》2013年第2期。
吕佩：《"被××"组合研究综述》，《菏泽学院学报》2013年第S1期。

马贝加：《动词的次类变换在汉语语法化过程中的作用》，载《语法化与语法研究》（一），商务印书馆2003年版。

马静：《新"被××"结构概述》，《焦作大学学报》2013年第3期。

马志刚：《于狭义领属关系论领主句、保留宾语被动句与抢夺类双宾句的关联性》，《华文教学与研究》2013年第3期。

梅祖麟：《从汉代的"动、杀"、"动、死"来看动补结构的发展——兼论中古时期起词的施受关系的中立化》，《语言学论丛》1991年第16辑。

梅祖麟：《汉语语法史中几个反复出现的演变方式》，载《古汉语语法论集》，郭锡良主编，语文出版社1998年版。

莫红霞：《"被"字句中"被"字宾语有无的制约条件》，《杭州师范学院学报》2002年第2期。

莫红霞：《汉语"被"字句的句式选择和表达功能》，《浙江工业大学学报》（社会科学版）2004年第2期。

莫婷：《浅谈〈金瓶梅〉中"被"字句的语用分析》，《价值工程》2010年第28期。

木村英树：《北京话"给"字句扩展为被动句的语义动因》，《汉语学报》2005年第2期。

聂鸿英：《"由"字句、"被"字句之比较》，《延边大学学报》（社会科学版）2007年第4期。

聂志军：《"被"字被动句研究综述》，《内江师范学院学报》2008年第11期。

牛保义：《"被"字的语义数量特征和被动句——汉语被动句的认知语义基础研究》，《暨南大学华文学院学报》2003年第2期。

潘海华：《词汇映射理论在汉语句法研究中的应用》，《现代外语》1997年第4期。

潘文：《"被"字句的语体差异考察》，《南京师范大学学报》（社会科学版）2006年第2期。

潘冬：《汉语"A被VP"句式的顺应性研究》，《牡丹江师范学院学报》（哲学社会科学版）2011年第1期。

彭淑莉：《汉语动词带宾语"被"字句习得研究》，《汉语学习》2008年第2期。

彭淑莉：《双音节光杆动词"被"字句成活条件再考察》，《语言文字应用》2009年第2期。

彭淑莉：《留学生习得"被"字句的缺失类偏误分析》，《云南师范大学学报》（对外汉语教学与研究版）2010 年第 3 期。
彭淑莉：《单音节光杆动词"被"字句的习得考察及教学建议》，《洛阳理工学院学报》（社会科学版）2011 年第 6 期。
彭永爱：《用构式层级观解读"被××"》，《湖北函授大学学报》2012 年第 9 期。
戚晓杰、柴建坤：《汉语新兴"被××"结构探微》，《盐城师范学院学报》（人文社会科学版）2012 年第 4 期。
桥本万太郎：《汉语被动式的历史、区域发展》，《中国语文》1987 年第 1 期。
邱玉冰：《汉语"被"字句的结构和语义变化及其英译》，《肇庆学院学报》2011 年第 4 期。
仇栖锋：《汉语焦点和"被"字句》，《沙洋师范高等专科学校学报》2006 年第 2 期。
三生：《"被""把"同现的句子》，《咬文嚼字》1999 年第 9 期。
沙扬：《试论汉语被动句及其从上古到中古的发展》，《徽州师专学报》1990 年第 1 期。
尚来彬：《主观强加事件否定构式"被×"》，《辽宁教育行政学院学报》2012 年第 5 期。
邵桂珍：《汉语被动句功能研究述评》，《暨南大学华文学院学报》2002 年第 2 期。
邵敬敏、赵春利：《"致使把字句"和"省隐被字句"及其语用解释》，《汉语学习》2005 年第 4 期。
申智奇：《新型"被"字结构的认知语用解读》，《外语与外语教学》2011 年第 2 期。
沈锡伦：《晚唐宋元被字句考察》，《上海师范大学学报》1988 年第 3 期。
施春宏：《新"被"字式的生成机制、语义理解及语用效应》，《当代修辞学》2013 年第 1 期。
施发笔：《论〈水浒传〉中表示被动的"被"和"吃"》，《新疆大学学报》（社会科学版）2001 年第 4 期。
师蕾：《试辨"被"字句、被动句和受事主语句》，《佳木斯教育学院学报》2013 年第 1 期。
石定栩、胡建华：《"被"的句法地位》，《当代语言学》2005 年第 3 期。
石定栩：《"被"字句的归属》，《汉语学报》2005 年第 1 期。

石定栩:《长短"被"字句之争》,《青海民族学院学报》2008年第3期。
石田琢智:《试论"被"字句》,《北京印刷学院学报》2005年第1期。
石毓智:《被动标记"让"在当代汉语中的发展》,《语言学论丛》2005年第31辑。
史国东:《近代汉语被字句结构略探》,《渤海学刊》1994年第1、2期。
史国东:《近代汉语被字句结构的特点》,《安徽师范大学学报》(人文社会科学版)2000年第2期。
史晓懿:《浅论现代汉语中的"被"字句现象》,《科教导刊》2011年第5期。
孙园园:《领主属宾"被"字句的特点及使用动因考察》,《理论界》2011年第8期。
唐钰明、周锡:《论上古汉语被动式的起源》,《学术研究》1985年第5期。
唐钰明、周锡:《论先秦汉语被动式的发展》,《中国语文》1985年第4期。
唐钰明:《汉魏六朝被动式略论》,《中国语文》1987年第3期。
唐钰明:《古汉语被动式动词带宾语的考察》,载《人类学论文选集(2)》,中山大学出版社1987年版。
唐钰明:《唐至清的"被"字句》,《中国语文》1988年第6期。
唐钰明:《古汉语被动式变换举例》,《古汉语研究》1988年第1期。
唐韵:《"则被NV杀O也"句式探析——元杂剧特色句式探索之三》,《菏泽学院学报》2006年第1期。
唐淑宏:《光杆动词"被"字句存活条件》,《沈阳师范大学学报》(社会科学版)2010年第3期。
陶东兴:《新型"被"字句的构式语法解析》,《吉林广播电视大学学报》2013年第8期。
田甜、王苹:《"被字现象"所折射的》,《长沙大学学报》2010年第4期。
万素花、依米古丽:《维吾尔族学生汉语"被"字句习得偏误分析》,《塔里木大学学报》2008年第2期。
汪敏锋:《新格式"被××"的词化及演进》,《安庆师范学院学报》(社会科学版)2011年第2期。
王改改:《北京话口语中的"被"字句》,《汉语学习》2003年第2期。
王红梅:《现代汉语动词带宾语"被"字句分类初探》,《长治学院学报》

2006 年第 1 期。

王红梅：《动词带宾语"被"字句的形成过程浅析》，《晋中学院学报》2006 年第 2 期。

王还：《英语和汉语的被动句》，《中国语文》1983 年第 6 期。

王静：《从语义级差看现代汉语"被"字的使用》，《语言教学与研究》1996 年第 2 期。

王力：《汉语被动式的发展》，《语言学论丛》（第 1 辑），新知识出版社 1957 年版。

王敏红：《〈醒世恒言〉被动句式考察》，《绍兴文理学院学报》2003 年第 3 期。

王明华：《〈金瓶梅词话〉中的被字句》，《杭州师范学院学报》（人文社会科学版）2001 年第 6 期。

王玉彪：《试论古代汉语的被动句》，《广西社会科学》2004 年第 6 期。

王振来：《现代汉语"被动表述"研究综述》，《锦州医学院学报》（社会科学版）2006 年第 1 期。

王礼正：《两种复杂被字句的生成：句式糅合》，《安庆师范学院学报》（社会科学版）2010 年第 4 期。

王明月：《新兴"被××"式被字句研究》，《长春大学学报》2013 年第 9 期。

王欣：《把字句和被字句的类型逻辑语法处理方案》，《烟台大学学报》（哲学社会科学版）2013 年第 3 期。

王超：《从"被××"格式看"被"的语法化历程》，《教育教学论坛》2011 年第 6 期。

王春杰：《认知视角下新"被××"的语义特征》，《广西教育学院学报》2012 年第 1 期。

王虎、黄蓉：《近代汉语被动式研究综述》，《广州广播电视大学学报》2012 年第 6 期。

王国栓：《语序与汉语"被"字句的生成——从"鸡吃了"谈起》，《语言研究》2012 年第 1 期。

王振来、柴东英：《介词标记"被"、"把"同现的构句机制及情景语义研究》，《渤海大学学报》（哲学社会科学版）2012 年第 1 期。

王红梅：《动词带宾语"被"字句成因浅析》，《太原大学教育学院学报》2011 年第 4 期。

王韦皓：《"被"字式的语义变化》，《西北成人教育学报》2009 年第

6期。

王淑华、杨仁君：《关于"被自杀、被就业"等的语言学考察》，《宁夏大学学报》（人文社会科学版）2011年第4期。

王奇贤：《近代汉语"被"字句来源及用法简论》，《传奇·传记文学选刊》（理论研究）2011年第3期。

王芸华：《"被"字句谓语动词终结的实现》，《河南理工大学学报》（社会科学版）2009年第1期。

王黎今：《日语"受身文"和汉语"被"字句的语义对比研究》，《日语学习与研究》2008年第6期。

王笑楠：《基于HSK动态作文语料库的"被"字句偏误分析》，《学术交流》2013年第S1期。

魏培泉：《古汉语被动式的发展与演变机制》，载《中国境内语言暨语言学》第二辑《历史语言学》，台北史语所1994年版。

魏占元：《古代汉语的被动句》，《延安教育学院学报》1997年第1期。

吴庚堂：《"被"字的特征与转换》，《当代语言学》1999年第4期。

吴门吉、周小兵：《"被"字句与"叫、让"被动句在教学语法中的分离》，《云南师范大学学报》2004年第4期。

吴门吉、周小兵：《意义被动句与"被"字句习得难度比较》，《汉语学习》2005年第1期。

吴友纯：《动词后带宾语的"被"字句的语义研究》，《湘潭师范学院学报》（社会科学版）2006年第1期。

吴芳、黄燕旋：《从语篇功能看近代以来被字句的发展》，《聊城大学学报》（社会科学版）2011年第4期。

吴增欣、吴平：《"把"字句和"被"字句的语义差异》，《安庆师范学院学报》（社会科学版）2010年第10期。

向熹：《水浒中的"把"字句、"将"字句和"被"字句》，《语言学论丛》1958年第2辑。

萧斧：《被动式杂谈》，《语文学习》1952年第3期。

谢佰良：《古代汉语被动式的结构特点》，《西部学坛》1988年第1期。

谢景芝：《英汉被动句的对比与翻译》，《中州学刊》2004年第6期。

谢燕琳：《〈三遂平妖传〉"被"字句研究》，《社科纵横》2006年第1期。

谢质彬：《被动句在发展过程中出现的若干特殊句式》，《河北大学学报》1989年第3期。

解惠全、洪波：《古代汉语表示被动的"被"和"见"》，《天津师范大学学报》1987 年第 5 期。

辛承姬:《包含有连动关系的"被"字句》,《汉语学报》2005 年第 1 期。

辛承姬:《NP1 + 被 + NP2 + VP1 + VP2》,《江汉大学学报》(人文科学版) 2005 年第 2 期。

邢福义:《承赐型"被"字句》,《语言研究》2004 年第 1 期。

熊学亮、王志军:《被动句式的原型研究》,《外语研究》2002 年第 1 期。

熊学亮、王志军:《被动句认知解读一二》,《外语教学与研究》2003 年第 3 期。

熊学亮:《新颖表达的社会语用解读》,《当代外语研究》2012 年第 7 期。

熊仲儒:《汉语被动句句法结构分析》,《当代语言学》2003 年第 3 期。

徐德宽:《基于最简方案框架的汉语"被"字结构研究》,《外语学刊》2007 年第 4 期。

徐虹:《现代汉语被动句标式、被动标记研究综述》,《安徽文学》2011 年第 7 期。

徐建鑫:《空语类——移位理论对汉语被字句及其动词的解释应用》,《辽宁教育行政学院学报》2009 年第 9 期。

许巧云、蔚华萍:《关汉卿杂剧"被"字句研究》,《西南民族大学学报》(人文社科版) 2006 年第 1 期。

许巧云:《关汉卿杂剧"被"字句研究(续)》,《贵州大学学报》(社会科学版) 2007 年第 5 期。

许绍早:《〈水浒〉中的"被"字句》,《东北人民大学学报》1956 年第 3 期。

许仰民:《论水浒全传的被动句》,《古汉语研究》1990 年第 1 期。

许仰民:《论〈金瓶梅词话〉的被动句》,《殷都学刊》1990 年第 2 期。

薛凤生:《"把"字句和"被"字句的结构意义——真的表示"处置"和"被动"?》,载戴浩一、薛凤生主编《功能主义与汉语语法》,北京语言学院出版社 1994 年。

薛凤生:《古汉语中的主语省略与所谓的被动句型》,载《中国语言学论丛》(第一辑),北京语言文化大学出版社 1997 年版。

严耀华:《古汉语的被动表示法》,《文科月刊》1983 年第 10 期。

严玉培:《从句式语法看被字句的句式语义属性》,《红河学院学报》2009 年第 4 期。

颜力涛:《论现代汉语中的"被"字、"把"字套用句式——从句式中"被"字或"把"字与"给"字替换的角度分析》,《大庆师范学院学报》2009 年第 1 期。

颜力涛、金颖男、谢静、贺敬华:《汉语复合被字小句时间关系的考察》,《大庆师范学院学报》2010 年第 5 期。

杨爱娇:《古汉语被动语标演变规律新探》,《人文论丛》2000 年卷,武汉大学出版社 2000 年版。

杨奔:《关于"被"字句用于非遭受义的考察》,《玉林师范学院学报》(哲学社会科学) 2001 年第 1 期。

杨国文:《汉语"被"字式在不同种类的过程中的使用情况考察》,《当代语言学》2002 年第 1 期。

杨美宇、杨耀普:《试论古代汉语中被动式》,《黑龙江教育学院学报》1993 年第 1 期。

杨明义:《〈西游记〉中"被""把"合用句略考》,《汉语学习》2000 年第 1 期。

杨学军:《汉语里的特殊被动句》,《辽宁教育学院学报》1985 年第 2 期。

杨宗兵:《被动结构不等于被动句》,《古汉语研究》1996 年第 3 期。

杨海明:《被字句的层级与扩张》,《西南民族大学学报》(人文社科版) 2007 年第 4 期。

杨艳:《从词性和语义发展的角度试析被字句中"被"字词性》,《湖北函授大学学报》2011 年第 4 期。

杨吉风:《长、短"被"字句句法生成新探》,《潍坊教育学院学报》2010 年第 5 期。

杨吉风、赵云峰:《功能"再造"理论与"被"字句生成的重新思考》,《乐山师范学院学报》2010 年第 7 期。

杨吉风:《"被"字句生成的非移位理论探讨》,《河北经贸大学学报》(综合版) 2010 年第 2 期。

杨吉风:《动词被动化与"被"字句生成的重新思考》,《鲁东大学学报》(哲学社会科学版) 2011 年第 1 期。

杨巍:《另类"被××"格式语义及应用分析》,《常熟理工学院学报》2012 年第 3 期。

姚红卫:《〈水浒传〉被字句句法特征考察》,《上饶师范学院学报》2009 年第 4 期。

姚俊、宋杰:《"被"字反讽句的认知与解读》,《外语学刊》2012 年第 1 期。

殷相印:《〈骆驼祥子〉"被"字句定量分析》,《济宁师范专科学校学报》

2005 年第 2 期。
游舒:《被字句的语息表达对其成分消隐的制约与影响》,《华中科技大学学报》(社会科学版) 2005 年第 3 期。
游舒:《"A 被 BV"句式的存活机制》,《长江学术》2008 年第 2 期。
于善志、杨艳琴:《最简方案框架下"主语 + 被 + VIP"的句法生成探究》,《宁波大学学报》(人文科学版) 2012 年第 6 期。
俞光中:《零主语被字句》,《语言研究》1989 年第 2 期。
袁宾:《近代汉语特殊被字句探索》,《华东师范大学学报》1987 年第 6 期。
袁宾:《祖堂集被动句研究》,《中国语文》1989 年第 1 期。
袁宾:《"蒙"字句》,《语言科学》2005 年第 6 期。
袁宾:《元代杂剧里的"被……V 杀……"句型》,《长江学术》2006 年第 1 期。
袁义林:《被动式发展琐议》,《山东师范大学学报》1989 年第 1 期。
原慧:《怎一个"被"字了得——"被×"探析及其翻译》,《牡丹江教育学院学报》2011 年第 5 期。
岳立静:《元明之间的"被"字句》,《古汉语研究》1999 年第 4 期。
曾常红:《现代汉语中"被"字与"把"字套用的句式》,《语言研究》2004 年第 1 期。
曾丹:《〈水浒全传〉"被"字句的介词宾语考察》,《怀化学院学报》2011 年第 3 期。
曾柱、袁卫华:《试析"被"的另类组合现象》,《长江学术》2010 年第 2 期。
张伯江:《被字句和把字句的对称与不对称》,《中国语文》2001 年第 6 期。
张冬红:《续析〈儒林外史〉"被"字句》,《时代文学》(下半月) 2008 年第 11 期。
张洪明:《汉语"被"的语法化》(英文原稿 The Grammaticalization of "Bei" in Chinese, 发表于台北"中央研究院"历史研究所出版的 Chinese Language and Linguistics 第二册 Historical Linguistics 专辑),宋晨清译,参见吴福祥主编《汉语语法化研究》,商务印书馆 2005 年版。
张洪超:《"二拍"被动句研究》,《徐州师范大学学报》(哲学社会科学版) 2001 年第 3 期。
张潜:《"被"字句研究概述》,《南京师范专科学校学报》1999 年第

3 期。

张蓉、余颖:《汉语被动式研究综论》,《武汉交通管理干部学院学报》2003 年第 3 期。

张世禄:《谈谈古代汉语的被动句》,《逻辑与语言学习》1984 年第 3 期。

张心武:《敦煌变文中的被动句式》,《新疆大学学报》1987 年第 4 期。

张谊生:《助词"被"的使用条件和表义功用——兼论"被"的虚化轨迹》,载《语法化与语法研究》(一),商务印书馆 2003 年版。

张云徽:《"被"字句的变换》,《开封大学学报》1996 年第 1 期。

张菊华:《现代汉语欧化语法现象——以"被字句"的发展为例》,《湖北科技学院学报》2013 年第 2 期。

张延俊:《"特殊被字句"形成机制研究》,《语言科学》2010 年第 3 期。

张昊远:《"被+×"结构和"被"字句的比较研究》,《文学教育》2013 年第 10 期。

张景霓、曹思海:《〈醒世姻缘传〉"被"字句主语考察》,《百色学院学报》2010 年第 2 期。

张建理、朱俊伟:《"被××"句的构式语法探讨》,《杭州师范大学学报》(社会科学版) 2010 年第 5 期。

张万禾:《被动意义说略》,《语文建设》2007 年第 9 期。

张昕:《"被"字句的语义特征和语用功能初探》,《宝鸡文理学院学报》(社会科学版) 2010 年第 2 期。

张莹莹:《汉语"被动句"教学研究》,《甘肃联合大学学报》(社会科学版) 2011 年第 4 期。

赵宏:《浅析英汉"被"字句语义特征》,《本溪冶金高等专科学校学报》2002 年第 1 期。

赵艳梅:《新被字句的句式变异和语义隐略》,《南京理工大学学报》(社会科学版) 2012 年第 4 期。

赵秀文:《〈西洋记〉"被"字句研究》,《湖北第二师范学院学报》2008 年第 5 期。

赵艳梅:《流行语"被××"的真值和非真值意义初探》,《广东海洋大学学报》2012 年第 5 期。

赵文超:《语段推导理论框架内"被"字句派生模式新探》,《广州大学学报》(社会科学版) 2008 年第 7 期。

郑剑平:《〈金瓶梅〉的"被"字句考察》,《西南民族学院学报》(哲学社会科学版) 2003 年第 3 期。

郑会青：《浅谈"被×"格式》，《学周刊》2011年第6期。

郑淑花：《〈朱子语类〉被字句的衍变》，《宜春学院学报》2012年第1期。

周斌武：《论古汉语里的被动句》，《南京大学学报》1981年第4期。

周崇谦：《"施受同辞"与被动标志》，《张家口职业技术学院学报》2000年第1期。

周崇谦：《近代汉语被动句的分类》，《张家口职业技术学院学报》2000年第2期。

周崇谦：《〈世说新语〉被动句的历史地位》，《张家口职业技术学院学报》2001年第4期。

周崇谦：《〈水浒传〉的被动句》，《张家口职业技术学院学报》2003年第3期。

周红：《论"被"字句的反向致使性与句式特征》，《齐齐哈尔大学学报》（哲学社会科学版）2005年第5期。

周红：《"把"字句、"被"字句与致使力的传递》，《齐齐哈尔大学学报》（哲学社会科学版）2008年第3期。

周晓静：《浅析"被就业"的非常规性》，《济宁学院学报》2010年第5期。

周晓辉：《被字句与无标记被动句的话题功能》，《河北科技师范学院学报》（社会科学版）2010年第4期。

周晓辉：《篇章中"被"后宾语隐现情况的考察》，《安康学院学报》2011年第4期。

周文华、肖奚强：《基于语料库的外国学生"被"字句习得研究》，《暨南大学华文学院学报》2009年第2期。

周健：《"被"字句中"被"字的词性分析》，《徐州师范大学学报》（哲学社会科学版）2011年第3期。

周健：《"被"字句生成句法研究综述》，《牡丹江大学学报》2011年第11期。

周莹萍：《近二十年来被字句研究述评》，《赤峰学院学报》（科学教育版）2011年第5期。

周锦国：《试论流行词语"被××"结构能否进入语法层面》，《毕节学院学报》2011年第12期。

朱琳：《现代汉语动词带宾语的"被"字句》，《语文学刊》2001年第3期。

朱小舟：《试论英语被动态与汉语被动句之差异》，《郴州师范高等专科学校学报》2002年第3期。
朱英贵：《汉语被动句形式标志纵横谈》，《西南民族大学学报》（人文社科版）2005年第9期。
朱华飞：《语言系统新成员——"被××"构式探析》，《东莞理工学院学报》2013年第4期。
朱洁雅、梁正宇：《新兴"被字句"的应用语言学研究》，《科技信息》2012年第24期。
朱军：《非自主性位移与汉语动词带宾语"被"字句的认知解释》，《语言教学与研究》2010年第4期。
邹先道：《英译汉中的"被"字句问题》，《汉中师范学院学报》（社会科学）2004年第2期。
祖人植：《"被"字句表义特性分析》，《汉语学习》1997年第3期。

三 文献类

《隋唐嘉话·朝野佥载》，中华书局1979年版。
《全唐五代小说》，中华书局2014年版。
《近代汉语语法资料汇编》（唐五代卷），刘坚、蒋绍愚主编，商务印书馆1990年版。
《近代汉语语法资料汇编》（宋代卷），刘坚、蒋绍愚主编，商务印书馆1992年版。
《朱子语类》，黎靖德编，中华书局1988年版。
《近代汉语语法资料汇编》（元代明代卷），刘坚、蒋绍愚主编，商务印书馆1995年版。
《武王伐纣平话》，中国古典文学出版社1955年版。
《三国志平话》，上海古典文学出版社1955年版。
《新编五代史平话》，上海古典文学出版社1954年版。
《大元圣政国朝典章·刑部》，祖生利、李崇兴点校，山西古籍出版社2004年版。
《六十种曲》，中华书局2007年版。
《元人杂剧选》，人民文学出版社1998年版。
《新校元刊杂剧三十种》，徐沁君校点，中华书局1980年版。
《三遂平妖传》，中华书局2004年版。
《三国演义》，人民文学出版社1953年版。

《水浒传》，人民文学出版社 1975 年版。
《元朝秘史》，齐鲁书社 2005 年版。
《西游记》，人民文学出版社 1955 年版。
《金瓶梅》，人民文学出版社 1985 年版。
《牡丹亭》，人民文学出版社 1963 年版。
《封神演义》，广东人民出版社 1980 年版。
《三言——喻世明言、警世通言、醒世恒言》，齐鲁书社 1993 年版。
《拍案惊奇》，人民文学出版社 1991 年版。
《二刻拍案惊奇》，岳麓书社 1993 年版。
《型世言》，中华书局 1993 年版。
《醒世姻缘传》，齐鲁书社 1997 年版。
《长生殿》，人民文学出版社 1983 年版。
《桃花扇》，人民文学出版社 1959 年版。
《儒林外史》，齐鲁书社 1993 年版。
《红楼梦》，上海古籍出版社 2003 年版。
《镜花缘》，人民文学出版社 1982 年版。
《儿女英雄传》，上海古籍出版社 2001 年版。
《官场现形记》，人民文学出版社 1978 年版。
《老残游记》，人民文学出版社 1982 年版。

后　　记

　　本书是在我十年前博士学位论文的基础上修改、补充而成的，感谢国家社科基金后期资助项目的资助，同时也感谢中国社会科学出版社的推荐，尤其是卢小生主任和编辑老师的辛勤劳动，本书才得以顺利出版。由于个人水平所限，这本书肯定存在各种不足之处，还希望各位专家学者批评指正。

　　感谢蒋绍愚老师多年来对我的指导和关怀。从我考入北大的时候起，蒋老师就认真地指导我学习，本书的选题也是与蒋老师多次商量之后定下来的。论文在写作过程中一直得到了他的细心指点，我的许多想法都是在跟蒋老师的讨论中逐渐成熟起来的。在汉语语法的研究上，蒋老师是鼓励新想法、新观点的，哪怕是跟导师相左的观点，蒋老师也加以鼓励，并指出哪些地方需要改进。蒋老师站在我的角度考虑问题，指出了我在行文中出现的前后矛盾的地方，积极帮助我进一步完善这种分析思路。对于我论文的每一稿，蒋老师都看得非常仔细，旁边标注了密密麻麻的小字，这很让我感动。这篇论文的确凝聚了蒋老师的很多心血。蒋老师指出的问题中，有一些是我现在仍然没有考虑清楚的，因而在论文中没有体现出来，我会在蒋老师的启发下进一步考虑这些问题，毕竟"被"字句是汉语史中的重要课题，解决这个课题需要几代人的不懈努力。除学习和论文之外，蒋老师还关心我的生活。蒋老师真是一位不可多得的老师，我由衷地向他表示感谢。

　　感谢刘淑学老师多年来对我的指导和帮助。我于2000年考入河北大学中文系，跟随刘老师学习音韵学和方言学。刘老师对我在学习上严格要求，在生活上细心照顾，让我感觉遇到了这么好的一位老师真是一种幸福。我现在还时常记起刘老师给我和刘丽辉同学在她家里上语音学课程的时候，她一遍一遍地教我们发音、手把手教我们怎么记音、仔细教我们辨音的情形。她鼓励我们考博深造，正是在她的指导和鼓励之下，我和刘丽辉同学才考上了北大，得到了这么好的进一步学习的机会。来北大学习之后，刘老师还经常打来电话询问学习和生活的情况，询问有无实际生活中的困难。她的爱人张国斌老师对我也非常关心，在这里，我要对他说一声由衷的感谢。

感谢王理嘉、张联荣、朱庆之、杨荣祥和李娟五位老师出席我的综合考试；感谢宋绍年、耿振生、孙玉文和杨荣祥四位老师参加我的选题报告，他们对我的论文的初期构想进行了严密的论证，提出了很好的意见，为我下一步的论文写作指明了方向；感谢张联荣、宋绍年、邵永海和胡敕瑞四位老师参加我的预答辩，他们对我即将完稿的论文提出了很好的修改意见，指出了论文中存在的错误，使我有时间尽快加以修正。感谢论文的五位匿名评审专家和参加我答辩会的张双棣、张联荣、殷国光、宋绍年、张美兰五位老师。还要感谢陆俭明、王洪君等所有给我开过课程的老师（包括上面提到的参加我的综合考试、开题报告和预答辩的老师中给我开过课程的老师），他们的精彩课程给我提供了丰富的知识，他们的授课风采给我留下了深刻的、美好的印象。

感谢中国作家协会的初克堡先生多年来对我的支持与厚爱。

感谢李香、邵丹两位师姐和张雁师兄对我考博提供的帮助。入学之后，宋亚云、金春梅、谭代龙、帅志嵩等师兄、师姐在学习、生活上对我的帮助也很多。北大的学术氛围浓厚，我结识了许多成绩优秀、乐于助人的博士生、硕士生同学，他们是：陈雪竹、李慧贤、张明莹、杜轶、刘宝霞、郭浩瑜、黎路遐、黄斌、李建强、陈国华、陈祝琴、宋华强等同学。陈雪竹同学经常和我讨论复杂"被"字句的一些问题，给我提出了许多好的建议。杜轶师妹从我入学前的博士生面试、入学后的综合考试、选题报告、预答辩到答辩一直给我做记录，生活中也给予我许多帮助，我非常感谢她。

感谢我大学时期的冯光华、冯孝明、郑生韬等同学在我读研、读博期间对我的无私帮助；感谢我硕士时期的桑宇红、武文杰、孙书杰、刘丽辉等师兄弟姐妹对我提供的热心帮助。

感谢我的第一所母校——吉林市蛟河市太阳小学，我的最后一所母校——北京大学和其他六所遍布山东、陕西、河北各省的我一次次毕业或转学的母校，我在这些学校的美好校园里度过了美好的时光，学到了许多知识，使我受益匪浅、终生难忘。

感谢江苏师范大学文学院的领导和同事们多年来对我的支持和关心，文学院大家庭般的温暖氛围和"中文不老、薪火相传"的办学理念使我能够安心、愉快地工作与生活。感谢我这十年来在江苏师范大学所结识的本科生、研究生同学。

感谢前辈学者，他们的辛勤成果使我受益匪浅。

最后感谢我的家人多年来对我的默默关怀与支持，我永远感激他们。

刘进

2018年6月1日

于徐州